시로 쓴 부처님의 생애
佛所行讚
불 소 행 찬

馬鳴菩薩造 北涼天竺三藏曇無讖 譯
마명보살조 북량천축삼장담무참 역

정왜 우리말 역

〈서 문〉

이번에 봉인사 적경스님과 도반 상운스님과 존경하
는 준수스님과 도서출판 도반 김광호 거사님과 이상
미 보살님과 두 아드님이신 김평건군과 피아니스트
김예찬 불자의 큰 발원에 의해서 기존의 「붇다차리타
(Buddhacarita)」로 그 뜻은 '붓다의 생애'라는 불소행
찬(佛所行讚)을 완역하여 누구나 일상에서 읽기 쉽고
이용하기 좋은 한글판을 발간하게 된 것을 매우 기쁘
게 생각합니다.
이 책은 제목에서도 알 수가 있듯이 부처님의 일대사를
시로써 찬탄한 문학집으로 심오한 가르침들을 통해서 중
생들로 하여금 먼저 삶 속에서 깨닫게 한 뒤, 자신이 대면
한 생로병사의 단계에서 그것을 상기하여 고통에서 벗어
남을 실현하고, 또한 무지와 번뇌의 업에 의해서 발생하
는 윤회의 업장들의 실체를 간파한 뒤 괴로움 해탈의 광
명 속으로 들어가 깨달음을 이루게 하고, 또한 다양한 오
욕락의 혼란상과 마음의 착란 속에서 육도에 떨어지지 않
고 윤회에서 벗어나는 해탈의 법들을 자세히 설명한 불교
문학의 정수입니다.
돌이켜 보면 대저 살아있는 자는 누구나 생로병사를
면할 수가 없습니다. 이것은 연기의 법칙에 의해서 오
욕락과 삼계육도에 몸을 의탁하고 사는 모든 중생들

이 필연적으로 겪는 윤회의 고통인 것입니다.

석가세존께서,
"누군들 낳아준 부모가 소중하지 않으랴만

그러나 마침내 이별하고 마는 것을
아무리 살아서 서로를 지킨다 하여도
죽음에 다다르면 능히 붙잡을 수가 없느니라.

다만 꿈속에서 잠깐 만난 것과 같아서
어느새 갑자기 항상 함이 없어 흩어지나니

마치 사람이 길을 따라 갈 적에
도중에서 잠깐 서로 만났다가
모름지기 잠시 후에 제각기 갈라지듯이
이별하는 이치도 본래 그와 같음이라.
서로 모여 잠깐 동안 친하더라도
인연의 이치를 따라 저절로 헤어지는 법
친하다는 것의 거짓 만남을 깊이 깨달아
응당 근심하고 슬퍼하지 않아야 하느니라." 고 말씀하
심과 같습니다.

그러나 여기서 한 가지 간과해서는 안 될 것이 있습니다. 비록 생로병사가 누구에게나 평등하고 예외가 없는 것일지라도 생로병사의 상황과 결과는 결코 같지 않다는 사실입니다. 다시 말하여, 아파서 병원을 가는 환자나 병을 고쳐주는 의사는 같은 병원이라도 전혀 다르듯이 평소 부처님 가르침을 알지 못하고 죽음을 맞이하는 것은 그 결과의 과보가 전혀 다르다는 것입니다.

죽음은 말 그대로 삶의 끝이 아니라, 각자의 번뇌와 선악의 업에 따라 육도세계에 다시 태어나서 끝없는 생로병사의 괴로움을 겪게 하는 고통의 관문일 뿐이며, 여기에는 윤회세계에서 영원히 해탈하고 안락을 누리는 붓다의 니르바나의 불멸의 행복이 있지 않다는 사실과 그들에게는 선취의 임시적인 안락만이 있을 뿐 진정한 해탈이 있지 않다는 것입니다.

그러나 아라한의 성자인 붓다와 보살들은 범부들과 같이 똑같이 죽을지라도 그 죽음은 삼계에서 해탈하고 생사윤회에서 벗어나는 해탈의 문이자, 열반의 세계로 들어가는 환희의 문입니다. 그렇습니다.「붓다차리타(Buddhacarita)」로 그 뜻은 '붓다의 생애'라부르는 이 불소행찬(佛所行讚)은 중생들이 그냥 무의미하게 맞이하고 놓쳐버리는 삶의 본질을 소상히 밝히고,

그것을 해탈의 길로 바꿔주는 심오한 행법들을 우리에게 제시해 주고 있는 참으로 소중하기 그지없는 가르침입니다.

그러므로 붓다의 진리의 가르침을 금강석처럼 단단하게 믿고 가르침대로 수행하면 고통의 수레처럼 보이는 우리들의 삶은 생사해탈과 열반의 행복을 얻게 하는 환희의 시간이 될 것입니다.

본문 가운데에서

"독사와 함께하는 것 같았는데
이제야 큰 고요함에 들어
모든 괴로운 인연들이 이미 끝났느니라.

다시는 다음 몸을 받지 않기에
미래의 괴로움을 영원히 쉬었으니라."

그러므로 삶은 붓다의 고향에 돌아가는 귀향이며, 재회이며, 설렘이며, 행복이며, 희열이며, 삼매이며, 또 하나의 희망이자 축복이며, 대변신이라 할 수 있으며, 또한 삶은 투명한 광명이며, 환희의 날갯짓이며, 찬란한 빛의 향연인 것이며, 삶은 더 이상 슬픔과 이별이 교차하는 고통의 장소가 아닙니다. 우리들이 무시이래의 윤회 삶 속에서 잊고 지내던 그리운 법성의 어머니와 다시 만나는 내 자성의 본성이 기쁨에 겨워 환희의 눈물을 쏟는 축복의 장소인 것입니다. 그러므로 이 불소행찬(佛所行讚)은 우리들의 해맑은 영혼의 귓가에 들려주는 최후의 깨달음의 노래인 것입니다.

끝으로 해탈의 선물로 남겨주신 이 마명보살의 가피는 우리들의 중생계가 다 할 때까지 끝나지 않을 것입니다. 비록 마명보살님께서 인간계를 떠나셨지만, 미래의 인연 깊은 중생들을 맞이하기 위해서 영겁토록 사바세계를 지켜보고 계십니다.

이 책을 만나는 모든 사람들에게 삼보의 가피와 더불어 존귀하신 스승님의 자비심과 가피가 충만하고, 모두가 깨달음과 해탈의 지고한 행운이 함께하기를 간절히 발원합니다.

⟨목 차⟩

제 1 권

01장. 생품(生品)
- 부처님이 룸비니에 탄생하다.

1-1
감자왕의 먼 후예로 태어나신
석가 종족의 가장 훌륭한 왕으로서
깨끗한 재물과 순수한 덕을 갖추었으니
그러므로 정반이라 이름하였다.
모든 백성들이 좋아하며 우러러 존경함이
마치 초승달을 대하듯이 하였고
왕은 제석천왕과 같았으며
부인은 제석천왕의 부인과 같으셨다.

1-2
마음가짐은 대지처럼 편안하고
마음이 깨끗함은 연꽃과 같으셨으며
아름다움을 비유하여 이름을 마야라 하였나니
그는 실로 견줄 이 없으셨다.
저 도솔천에서 코끼리의 형상을 하고
신으로 강림하여 태속에 들자
어머니는 모든 걱정 시름을 벗어났으며
미혹하고 거짓된 마음을 내지 아니하였다.

1-3

저 세속적인 시끄러움을 싫어하시고
조용한 숲에 계심을 좋아하셨으니
룸비니는 훌륭하고 아름다운 동산으로
샘물이 흐르고 꽃과 열매가 흐드러졌다.
고요하고 고요하여 선정을 들기에 알맞아
그곳에서 노닐기를 왕에게 청하니
왕은 그 뜻의 원하는 것을 알아차리고
기특한 생각이라 여기셨다.

1-4

안팎의 권속들에게 분부하시어
동산 숲으로 함께 나가게 하니
그때 왕후이신 마야 부인은
저절로 출산 시기를 아셨다.
편안하고 좋은 침상에 누우시니
매우 많은 채녀들이 모셨으며
때는 4월 8일이라서
맑고 온화한 기운이 조화롭고 알맞았다.

1-5

재계하고 깨끗한 덕 닦았기에
보살은 오른쪽 옆구리로 탄생하셨으며
큰 자비로 온 세상 건지시려고
어머니를 고생스럽게 하지 않으셨다.

우류왕은 다리로 태어났고
비투왕은 손으로 태어났으며
만타왕은 정수리로 태어났고
가차왕은 겨드랑이로 태어났다.

1-6

보살도 또한 그와 같아서
오른쪽 옆구리로 탄생하셨으며
차츰차츰 태에서 나오시자
그 광명이 널리 두루 환하게 비추었다.
허공에서 떨어진 것과 같이
자궁의 문을 통하지 않으셨으며
한량없는 겁 동안 덕을 닦으시어
태어나면서 죽지 않는 법을 저절로 아셨다.

1-7

조용하고 편안하여 허둥대지 아니하고
밝게 나타남이 미묘하고 단정하고 장엄하였으며
밝게 태에서 나타나는 모습
가히 처음 떠오르는 태양과 같았다.
살펴보면 지극히 밝고 빛나지만
바라보는 눈에 해롭지 아니하고
아무리 보아도 눈부시지 않아
허공 가운데의 달을 보는 것 같았다.

자신의 몸의 광명 밝게 비춤이
햇빛이 등불 빛을 무색케 함과 같이
보살의 황금빛 몸의 광명이
널리 두루 비춤도 이와 같았다.
바르고 참된 마음 흐트러지지 아니하고
편안하고 조용히 일곱 걸음 걸을 때
발바닥의 안정되고 평안한 걸음걸이는
영롱하게 빛나는 일곱 개의 별과 같았다.

동물의 왕 사자 같은 걸음으로
사방을 두루 관찰하면서
진실한 이치 환히 통달하였기에
능히 이와 같은 말씀을 하셨다.

"금생은 부처를 이루기 위한 생으로서
곧 최후의 마지막 생이 되리라.
나는 오직 이 한생에
마땅히 일체 중생을 제도하리라"

마땅한 때에 허공 가운데에서
두 줄기의 깨끗한 물이 흘러내리니
한 줄기는 따뜻하고 한 줄기는 시원하여

부처님이 룸비니에 탄생하다.

정수리에 쏟아져 몸을 안락하게 하였다.
보배 궁전에 편안히 들어
유리 평상에 누워 계시자
천왕이 금꽃 같은 손으로
평상의 네 발을 떠받들었다.

1-12

모든 하늘들은 허공 가운데에서
보배 일산을 들어 모시고
위신을 받들어 찬탄하면서
부처님이 도를 성취하시길 권하였다.
모든 용왕들도 즐겁고 기뻐하면서
뛰어난 법을 간절히 우러렀으며
과거에도 부처님을 받들었으므로
이제 보살 만남을 얻게 되었다.

1-13

만다라 꽃을 흩으면서
오롯한 마음으로 즐겁게 공양하였으며
여래가 세상에 나타나시자
정거천도 즐겁고 기뻐하였다.
애욕의 기뻐함을 이미 떠났건만
법을 위하여 기뻐하고 좋아하였으니
괴로움의 바다에 빠진 중생들에게
해탈을 얻게 해주기 위함이었다.

1-14

수미보배 산의 왕이
이 대지를 굳게 지키고 있다가
보살이 세상에 나타나시자
공덕이 바람에 날리게 되었다.
널리 모든 대지가 울리고 흔들림이
풍랑이 뱃전을 두드림과 같았으며
전단의 고운 가루 향기와
많은 보배의 연꽃이 장엄하였다.

1-15

바람 부는 대로 허공을 따라 날리고
어지럽게 휘날려 흘러내렸으며
하늘의 옷이 허공에서 내려와
몸에 닿자 신묘한 안락함이 생겨났다.
해와 달은 평상시와 같았지만
빛의 밝기는 몇 배나 더하여 나타났으며
세계의 모든 타는 불은
섶이 없어도 저절로 불타올랐다.

1-16

맑고 시원한 우물에선 깨끗한 물이
앞서거니 뒤서거니 저절로 솟아올랐으므로
왕후의 궁녀들은 이상히 여겨
일찍이 없던 일이라 찬탄하였다.

다투어 달려가 마시고 목욕하자
모두 다 안락한 생각이 일어났으며
한량없이 많은 하늘의 정령들이
법을 좋아해 모두 구름처럼 모여들었다.

1-17

룸비니 동산의
나무숲 사이가 가득히 찼으며
기이하고 특이한 많은 묘한 꽃들은
제철도 아니건만 활짝 피었다.
흉악하고 사나운 중생 무리도
일시에 자비의 마음이 생겨났으며
세상의 모든 질병들이
치료하지 않아도 저절로 사라졌다.

1-18

어지럽게 울던 모든 짐승들
잠자코 조용해져 소리가 사라졌으며
많은 개울물은 모두 흐름을 멈추었고
흐린 물은 모두 다 맑아졌다.
하늘에는 구름의 가려짐이 없고
하늘의 북은 저절로 울렸으며
일체의 모든 세간들
모두 안온해지고 즐거움을 얻었다.

마치 황폐하고 어지러운 나라가
홀연히 현명한 임금을 만남과 같이
보살이 이 세상에 오신 까닭은 세상의
중생을 괴로움에서 건지기 위함이었다.
오직 저 마군의 하늘 왕만이
크게 떨면서 크게 근심하고 괴로워하였으며
부왕은 태어난 아들을 보고
일찍이 없었던 기이하고 특별한 일이라 하였다.

본래 성품은 비록 평온하고 진중하였으나
몹시 놀라 보통 때의 얼굴이 바뀌었으며
숨이 거듭 가슴에 번갈아 일어나고
한편으론 기쁘고 다시 한편으론 두려웠다.
부인은 그 아들을 보시고
평범한 방법으로 태어나지 않음이라
여인의 성품에 겁 많고 나약하여
얼음이나 숯불을 품은 듯 두려워졌다.

좋고 나쁜 모습을 분별하지 못하고
도리어 근심하고 무서워함을 일으켰으며
오래 보살피던 여러 유모들도
서로들 어지러이 신명께 기도하였다.

21

부처님이 룸비니에 탄생하다.

제각기 항상 섬기던 신을 청하여
태자가 편안하기를 발원하였다
그때 그 수풀 속에는
관상을 잘 보는 바라문이 있었다.

1-22

위의와 많은 지식 갖추었고
훌륭한 말솜씨와 명성이 높았으며
상을 보고는 마음에 환희심을 일으켜
일찍이 없었던 일이라 기뻐 뛰다가
놀라고 두려워하는 왕의 마음을 알고는
진실한 내용을 왕에게 아뢰었다.

1-23

"이 세간에 태어난 사람이면
누구나 특별하고 훌륭한 아들을 구하는데
왕이시여 태자는 보름달과 같으니
응당히 큰 환희의 마음을 일으키소서.
지금 태어나신 기특한 아드님은
반드시 종족을 드러내 빛내리니
마음을 편히 하여 진실로 기뻐하며 경하하고
아무런 의심이나 염려를 일으키지 마십시오.

1-24

신령스럽고 상서로움이 가문과 나라에 모여
지금부터 갈수록 편안하고 창성하리니

지금 태어나신 특별히 뛰어난 아드님은
반드시 이 세상을 구원할 것입니다.
생각하건대 이 보살의 몸은
황금빛 미묘한 광명이 있으니
이와 같이 특별히 뛰어난 모습은
틀림없이 바른 깨달음을 이루실 것입니다.

1-25

만일 세상의 즐거움을 익힌다면
반드시 전륜성왕이 되어
드넓은 이 대지의 주인으로서
바른 법으로 용맹하게 다스릴 것입니다.
4천하를 다스리는 왕이 되어
모든 왕들을 통솔하고 제어함이
마치 세상의 모든 광명 가운데에서
햇빛이 가장 으뜸인 것과 같을 것입니다.

1-26

만일 산속의 숲에 머무신다면
오롯한 마음으로 해탈을 구하고
진실한 지혜를 성취하여
널리 세상을 비출 것입니다.
비유하면 수미산은
널리 모든 임금의 왕이 되고
모든 보배 중에는 황금이 으뜸이 되고

23

부처님이 룸비니에 탄생하다.

많은 물 가운데에는 바다가 으뜸이 됨과 같습니다.

1-27

모든 별 중에는 달이 으뜸이 되고
모든 광명 가운데에는 해가 으뜸이 되듯이
여래가 세상에 계시면
모든 사람 중에 으뜸이 될 것입니다.
청정하며 길고 또 넓은 눈
아래위로 깜빡일 땐 긴 속눈썹 드러나며
바라보는 눈동자는 검푸른 빛으로
밝고도 빛남이 반달 모양과 같습니다.
이 모습을 일컬어 어찌 평등하고
특별히 뛰어남이 아니라 하겠습니까."

1-28

이 때 왕이 바라문에게 말하였다.
"만약 그대 말한 것과 같다면
이와 같이 기이하고 특별한 모습은
어떠한 인연인 까닭으로
선왕 때에는 응하지 않다가
나의 대에 이르러 나타났는가."

1-29

바라문은 왕에게 아뢰었다.
"그와 같은 말씀을 하지 마소서.
많은 지식과 더불어 밝은 지혜와

명칭과 그리고 갖가지 사업 등
이와 같은 네 가지 일들은
선후를 따져서 응하는 것이 아니며
물질들의 성질이 생겨나는 이치는
제각기 인연 따라 일어납니다.

1-30
이제 마땅히 모든 비유를 들어 설명하리니
왕께서는 이제 자세히 들어 주소서.
비구와 앙기라
이 두 선인 종족은
오랜 세월이 지나고서야
제각기 뛰어남이 다른 아들을 낳았으니
비리가발저와
더불어 숙가라였으며

1-31
능히 제왕론을 지었지만
조상을 따라서 온 것이 아니었습니다.
살라살 선인은
오랫동안 경론을 단절하였었지만
그가 낳은 바라바는
뒤를 이어 다시 경론을 밝혔으니
현재 지견이 생겨난 것은
반드시 조상을 말미암음이 아닙니다.

1-32

비야사 선인은

모든 경론을 많이 지었으며

그의 후손인 발미는

게송의 장구를 널리 모았으며

아저리 선인은

의학의 여러 논서를 이해하지 못했지만

후손 아저리는

능히 모든 병을 잘 치료하였습니다.

1-33

바라문인 구시 선인은

외도의 논서 익히지 않았지만

그의 후손 가제나왕은

외도의 법을 모두 알았습니다.

감자왕의 시조는

능히 바다의 조수를 막지 못하였지만

사가라왕에 이르러서는

천 명의 왕자를 낳아 길러서

1-34

능히 큰 바다 조수까지 모두 막아

정해 놓은 경계를 넘지 못하게 하였습니다.

도나구 선인은

스승이 없이 선도를 얻었습니다.

무릇 명예와 칭송을 얻는 것이
모두 다 자신의 힘에서 생기거나
혹은 선조는 훌륭한데 후손이 졸렬한 경우도 있고
혹은 선조는 졸렬한데 후손은 훌륭한 경우도 있습니다.

1-35

제왕이나 모든 신선들이
반드시 그 조상을 이어받지는 않습니다.
그러므로 모든 세상의 일들은
선후를 보고 응하는 것이 아니니
대왕이시여, 곧 이와 같으므로
마땅히 기쁜 마음을 내소서.
기쁜 마음을 내시게 되면
영원히 의혹에서 벗어나게 될 것입니다."

1-36

왕이 선인의 말을 듣고
기뻐하여 공양을 더욱더 올렸다.

1-37

"내 이제 훌륭한 아들을 낳았으니
마땅히 전륜성왕의 자리를 물려주고
내 나이 노쇠하고 늙으면
집을 떠나서 범행을 닦아서
성스런 왕자로 하여금 세상을 버리고
숲으로 들어가는 일이 없게 하리라."

1-38

그때 근처 동산에는
고행을 실천하는 선인이 있었으며
이름이 아시타라 하였는데
관상 보는 법을 잘 아는 사람이었다.

1-39

그는 왕궁의 문 앞에 와서
왕에게 말하기를 "범천이 응한 상이며
고행으로 바른 법 닦기를 좋아할 상으로서
이 두 가지 상이 다 드러나고
범행의 상을 두루 갖추었습니다."

1-40

그때 왕은 크게 기뻐하여서
곧 궁궐 안으로 맞아들여서
공경하고 공양을 베풀어 청하니
궁 안으로 들어왔다.
오직 왕자만 보는 것을 좋아할 뿐
아무리 아름다운 채녀들이 있다 하여도
텅 빈 숲에 머무름과 같았다.
바른 법의 자리에 편안히 앉게 하여서

1-41

더욱 공경하여 받들어 섬기니
그 모습 마치 안저첩왕이

바시타를 섬기는 것과 같았다.
그때 왕은 선인에게 말하였다.

1-42

"나는 이제야 큰 이익을 얻었으므로
대 선인을 괴롭히고 수고롭게 하였더니
황공하게도 오셔서 나의 청을 들어주었으니
모든 마땅히 해야 할 일 있으시면
오직 원하건대 때에 따라 분부하소서."

1-43

이와 같이 권하여 청하기를 마치자
선인은 크게 기뻐하며 말하였다.

1-44

"훌륭하십니다. 항상 승리하는 왕으로서
많은 덕을 모두 다 갖추었으며
즐거이 와서 구하기 좋아하는 자에게는
은혜 베풀고 바른 법 높이며
어질고 지혜로운 뛰어난 종족으로서
겸손하고 공손하며 잘 따라 순종하였으므로
과거에 모든 묘한 인연을 심어
훌륭한 열매 지금에야 나타났습니다.

1-45

왕께서는 마땅히 저의 말을 들으소서.
지금 여기에 온 인연은

나는 태양의 길을 따라 오다가
허공 가운데의 하늘에서 말씀하시기를
왕이 태자를 낳았다고 말하면서
마땅히 정각의 도를 이루리라고 하였으며
아울러 조금 전 상서로운 상을 보고
이제 일부러 여기에 이르렀나니
저 석가왕의 바른 법 당간을
세우는 것을 보고자 해서입니다."

1-46

왕은 선인의 말을 듣고
결정되어 가려졌던 의심에서 벗어나
태자를 데리고 나오도록 명하여
그 선인에게 보였다.
선인이 태자를 관찰하여 보니
발바닥엔 일천 개의 복륜이 있고
손가락과 발가락 사이엔 그물막이 있으며
눈썹 사이에는 흰 털이 나 있었다.

1-47

남근은 말처럼 감추어져 있으며
얼굴빛은 불빛처럼 빛났으니
일찍이 봄이 없었던 일이란 생각이 들어
눈물 흘리면서 크게 탄식하였다.
왕은 선인이 우는 것을 보고

아들 생각하는 마음에 전율하여
기운이 맺혀 가슴에 응어리지고
놀라고 두근거려 편안하지 못하였다.

1-48

얼떨결에 문득 자리에서 일어나
선인의 발에 머리를 조아리고
선인에게 아뢰어 말하였다.

1-49

"이 아이는 기이하고 특별하게 태어났고
얼굴도 지극히 단정하고 엄숙하여
하늘 사람이나 거의 다름이 없다 하며
선인께서 사람 중에 제일이라 말해 놓고
어찌하여 근심하고 슬퍼하십니까.
장차 아이의 수명이 짧아
내가 근심과 슬픔을 일으킬까 그러함입니까?

1-50

오랫동안 목마르다 감로 얻었지만
다시 도로 잃지나 않을까 해서입니까?
장차 재물을 잃어버리거나
집에 상을 당하고 나라를 망치지나 않을까 해서입니까?
만일 훌륭한 아들이 있어
나라를 맡길 수만 있다면
나는 죽을 때에도 마음이 기뻐서

안락하게 저 세상에 태어날 것입니다.

1-51

비유하면 사람의 두 눈이
한쪽은 감겨 있고 한쪽은 뜬 것과 같거나
가을의 서리로 꽃은 피었으나 아무리 맺으려 하여도
열매가 없는 것처럼 하여서입니까.
사람의 친족들 중에
아들에게 하는 것보다 깊은 사랑은 없나니
마땅히 지금 말씀을 하여서
나로 하여금 다시 살아나게 하여 주소서."

1-52

선인은 부왕이 마음속에 품은
큰 근심과 두려움을 알아차려서
곧 대왕에게 말하여 알렸다.

1-53

"대왕이시여, 두려워하지 마소서.
조금 전에 대왕께 이미 다 말씀드렸나니
부디 스스로 의심을 일으키지 마소서.
지금의 상도 전과 다름없나니
응당 다른 생각을 품을 것이 없습니다.
스스로 내 나이 늙은 것 생각하고
슬프고 애달파서 울며 탄식함이며
이제 나의 목숨이 끝나려 하는 때에

이 아드님 세상에 응하여 나셨습니다.
다시 나지 않기 위하여 세상에 나셨으니
이분을 다시는 만나기 어렵습니다.
마땅히 거룩한 왕의 자리 던져 버리고
다섯 가지 욕망의 경계에 집착하지 않으며
열심히 애써 고행을 닦아서
진실한 깨달음을 얻어서
항상 모든 중생을 위하실 것입니다.

어리석고 어두운 장애를 없애주고
이 세상을 영원히 환하게 밝혀서
지혜의 광명이 태양의 빛과 같을 것이며
중생이 괴로움의 바다에 빠져
갖가지의 병으로 물거품 삼고
쇠하고 늙음으로 큰 물살 삼으며
죽음으로 바다의 큰 물결을 삼을 때
법의 수레인 지혜의 배를 타고

모든 흐름의 어려움을 건널 것입니다.
지혜로 흐르는 물 거슬러 오르고
깨끗한 계로 언덕을 삼으며
삼매는 청량한 못이 되고

바르게 모두 받아들임은 기특한 섬이 될 것이니
이와 같이 매우 깊고도 넓은
바른 법의 큰 강물이 되어
애욕에 목마른 모든 중생들이

1-57

그것을 마심으로 되살아나게 될 것입니다.
다섯 가지 욕망의 경계에 물들어 집착하다가
모든 괴로움에 핍박당하고
나고 죽는 넓은 벌판에서 헤매이면서
아득하여 돌아갈 곳 알지 못하였는데
보살이 세상에 나오심은
해탈의 길을 알리기 위하여서이니
세간 탐욕의 불길이

1-58

경계의 섶을 맹렬히 태울 때
대자비의 구름을 일으켜서
법의 비를 내려 꺼지게 할 것입니다.
어리석음과 어둠은 두터운 문이며
탐욕은 빗장과 자물쇠가 되어
모든 중생들을 막아 가두지만
해탈로 나가는 요긴한 문을
금강의 지혜로 못 빼는 도구가 되어

은애와 애정의 화살을 뽑아낼 것입니다.
어리석음에 가려져 스스로 묶여
곤궁하고 괴로워도 의지할 곳이 없더니
법왕이 세상에 나타나시어
능히 중생의 결박을 풀어주실 것입니다.
왕이시여, 이 아드님 때문에
스스로 근심하거나 슬픔을 일으키지 마시고
마땅히 저 중생들이 욕심에 집착하여

바른 법 어김이나 근심하소서.
저는 이제 늙음과 죽음에 시달려
성인의 공덕에서 멀어지고 떠나서
모름지기 갖가지 선정을 닦는다 하여도
그 이익을 얻지 못할 것이며
이 보살이 계신 곳에서
끝내 바른 법을 듣지 못하여
몸이 무너지고 목숨 끝난 뒤에는
반드시 세 가지의 어려운 하늘에 태어날 것입니다."

왕과 모든 권속들은
이 선인의 말을 듣고는
그 자신의 근심을 알아차렸으니

이로써 모든 두려움이 없어졌다.

1-62

"이 기이하고 특별한 아들이 태어나
나의 마음이 크게 편안함을 얻었지만
집을 떠나 세상의 영화를 버리고
선인의 도를 닦고 익힌다면
마침내 왕의 자리를 이을 자가 없어
다시 나로 하여금 기쁘지 아니하리라."

1-63

그때 그 선인은
왕을 향하여 진실을 말하였다.

1-64

"틀림없이 왕께서 걱정하는 것처럼
장차 바른 깨달음의 도를 이룰 것입니다."

1-65

왕과 권속들 가운데에서
모든 사람의 마음을 위로한 후에
본래 자기의 신력으로써
허공을 날아 멀리 떠나가 버렸다.
그때 정반왕은
아들의 기특한 상을 보고
또 이 아사타 선인의
결정된 진실한 말을 듣고는

아들을 마음으로 공경하고 존중하며
보배처럼 보호하고 언제나 생각하여
천하에 큰 사면령을 내려서
감옥의 죄수들까지 모두 풀어 주었다.
세상 사람들 아들 나을 때의 법을 따라
마땅히 취하고 버릴 일을 따랐으며
모든 경전의 방론에 의거하여
일체의 모든 할일을 다 하였다.

아들 낳은 지 만 열흘이 되어
안온하고 마음이 이미 태평하여지니
모든 천신께 두루 제사 드리고
널리 도 있는 이에게 보시하였다.
사문이나 바라문들에게는
주문을 발원하며 길한 복을 빌고
모든 신하들에게 나라 안의 가난하고
궁핍한 이들에게도 베풀라고 하셨다.

촌이나 도성의 채녀들에게
소, 말, 코끼리, 재물 따위를
각기 저마다의 필요에 따라
모든 이에게 미치도록 베풀어주었다.

좋은 때를 점을 쳐서 가려
아들을 데리고 본궁으로 돌아갈 적에
두 마리의 반듯하고 희고 깨끗한 코끼리와
일곱 가지의 보배로 장엄한 수레는

갖가지 빛깔의 구슬로 얽어
밝고 고와 지극히 찬란하였다.
부인은 태자를 안고
두루 돌면서 천신께 예배하고
그런 다음 보배 수레에 오르니
채녀의 무리들이 따라 모셨다.
왕은 여러 신하들과 더불어
모두 다 함께 그 뒤를 따르니

마치 제석천이
모든 하늘들에 둘러싸인 것과 같았다.
마혜수라가
갑자기 여섯 명의 아들을 낳으면서
갖가지 모든 것을 갖추어 설하고
공급하여 주고 그 복을 청하는 것과 같이
이제 왕도 태자를 낳고서
모든 것을 갖추어 베푸는 것 또한 그러하였다.

비사문 천왕이
나라구바를 낳았을 때
저 모든 하늘 무리들이
모두 다 크게 환희하였듯이
왕도 이제 태자를 낳으니
가비라위국의
일체의 모든 백성들이
환희함이 또한 이와 같았다.

(01. 생품. 生品 終)

02장. 처궁품(處宮品)
– 카필라성 궁궐에서 생활하다.

2-1

그때 정반왕의 집은
거룩한 아들이 탄생하였으므로
친족들과 이름난 자제들과 모든 신하들이
모두 충성스럽고 어질게 되어졌다.
코끼리와 말과 보배수레들과
나라의 재물과 칠보로 된 그릇 등은
날이 갈수록 더욱더 늘어나서
쓰임에 따라 모여들고 생겨났다.

2-2

모든 감추어졌던 한량없는 것들도
저절로 자연스레 땅에서 솟아 나왔다.
맑고 깨끗한 설산에 사는
모질고 사나운 흰 코끼리들도
부르지 않았는데도 저절로 오고
길들이지 아니하여도 저절로 조복 되었다.
가지가지 크기의 얼룩말들은
지극히 단정하고 엄숙한 생김새에

2-3

붉은 갈기와 가늘고 긴 꼬리를 가졌으며

뛰거나 달리는 것이 나르는 것과 같았다.
또 들에서 자란 것들도
때맞추어 저절로 모여들었으며
순수한 빛깔로 잘 길들여진 소들
살이 찌고 건강하고 잘생긴 생김새
바른 걸음의 순수한 향내 나는 젖소들
때에 맞춰 모두들 구름처럼 모여들었다.

2-4

원한을 품은 사람은 마음이 가라앉고
공평하고 바른 사람은 더욱 순수하고 후덕하여지며
본디 친한 사람은 한층 더 친밀하여지고
어지럽고 거스름은 모두 다 사라졌으며
바람은 잔잔히 불고, 비는 때에 맞추어 내리고
천둥도 울지 아니하고, 벼락도 치지 아니하며
농사는 그 때를 기다리지 아니하여도
몇 갑절 풍요로운 수확을 하였다.

2-5

오곡은 곱고 향기롭고 감미로우며
가볍고 부드러워 잘 소화되었으며
모든 회임하여 잉태함이 있는 자들은
몸이 편안하고 또한 온화하여졌다
네 가지 성스러운 공양을 받는 분들과
모든 그 밖의 세상 사람들도

카필라성 어귀에서 생활하다.

재물이 저마다 저절로 넉넉하여져서
남에게 구할 생각들이 없어졌다.

2-6

교만도 없고 이간이나 미워함도 없으며
또한 성내거나 해칠 마음도 없어
일체의 모든 남자나 여자는
모든 사람이 오래도록 함께함과 같아졌다.
하늘의 제사 지내는 사당과 모든 사원들과
동산과 수풀과 우물과 샘과 연못들도
모두가 하늘의 물건과 같아졌으며
때맞추어 저절로 생겨났다.

2-7

모든 경계가 합쳐져서 굶주림이 없고
전쟁과 몹쓸 병도 그쳤으며
온 나라의 모든 백성들이
친족같이 서로 사랑하고 공경하되
법을 사랑함으로 서로들 즐기고 좋아하고
더러운 욕심에 물들임을 일으키지 않았으며
옳음으로 재물을 구하고
이익을 탐하는 마음이 있지 않았다.

2-8

법을 위하여 은혜를 베푸는 행을 하고
보답이 돌아옴을 바랄 생각이 없었으며

네 가지 범행을 닦고 익혀서
성내고 해칠 마음이 멸해 없어졌다.
과거의 마루 왕이
일광 태자를 낳았을 적에
온 나라는 좋은 상서로움을 입어
모든 나쁜 것들이 일시에 그쳤다.

2-9

이제 대왕이 태자를 낳자
그 덕 또한 그와 같아서
갖가지의 덕을 갖췄다는 뜻으로
이름을 싯다르타라 하였다.
그때 마야부인은
그가 낳은 아들을 보니
단정함이 하늘 아기와 같았고
모든 아름다움을 모두 다 갖추었다.

2-10

지나친 기쁨을 스스로 이기지 못하여
그만 목숨을 마치고 천상에 태어났으므로
큰 자비를 갖춘 마하파자파티는
태자를 보니 하늘 아기와 같고
덕스러운 모습이 세상에서 빼어나며
이미 친어머니가 목숨을 마쳤으므로
친아들같이 사랑하며 길렀고

아들 또한 친어머니같이 공경하였다.

2-11

마치 해나 달이나 불의 광명이
적은 데서부터 점점 넓어지는 것처럼
태자 자라는 것도 날로 새롭고
덕스러운 모습도 또한 그러하였으므로
값을 매길 수 없는 전단향,
염부단향, 이름난 보배,
몸을 보호하는 신선의 약,
영락 등으로 몸을 장엄하였다.

2-12

주변의 작은 모든 이웃 나라는
왕이 태자를 낳았다는 소식을 듣고
모든 진귀한 갖가지의 보배와
소, 양, 사슴, 말, 수레 등을 바치고
보배 그릇 등을 장엄하여 바쳐서
태자의 마음을 기쁘게 하였다.
비록 모든 장신구가 꾸며져 있고
갓난아기의 좋은 노리개가 있었지만

2-13

태자의 성품은 태연하고 묵직하며
몸은 어렸으나 마음은 원숙하였으며
마음은 높고 수승한 경계에 깃들어

빛나고 화려함에 물듦을 싫어하고
모든 학술과 기예를 닦고 배울 때는
한 번 들으면 스승을 뛰어넘었다.
부왕은 총명하고 통달하며 생각의 깊음이
세상 사람들보다 뛰어난 것을 보고

2-14

널리 명망 있고 호걸스런 종족 가운데
풍교와 예의 있는 가문을 찾았는데
아름다운 용모와 단정한 여인이 있었으니
그 이름이 야수다라였으며
마땅히 태자의 아내로 맞아
그 마음을 잡도록 유도하였다.
태자의 뜻은 고상하고 원대하며
덕이 높고 모습이 맑고 밝아

2-15

마치 범천의 맏아들인
사나구마라와 같았다.
어진 아내의 아름다운 용모와
조신하고 맑고 묘한 자태는
아름답고 곱기가 하늘의 왕후와 같았기에
함께 있으면서 밤낮으로 사랑하였다.
그를 위하여 청정한 궁을 세우니
크고 화려하고도 지극히 장엄하였으며

높이 솟아 허공 속에 있는 듯하고
아득히 멀어 가을 구름 같았으며
따뜻하고 시원함이 네 철에 알맞아
때를 따라 좋은 곳 가려 살 때
기녀들은 언제나 빙 둘러 있고
하늘 음악 소리는 어울려 연주되었으며
더러운 소리나 빛깔을 가까이하여
세상을 싫어하는 생각을 나지 않게 하였다.

마치 저 하늘의 건달바의
자연으로 된 보배 궁전에
연주하는 여인이 하늘 음악을 연주하여
소리와 빛깔이 마음과 눈을 부시게 하듯이
보살이 높은 궁전에 살 때의
그 음악도 또한 그와 같았다.
그 부왕은 태자를 위하여
고요히 살면서 순수한 덕을 닦아

어질고 자애롭게 바른 법으로 교화하되
어진 이와 친하고 나쁜 벗을 멀리하였으며
마음이 은혜하고 사랑함에 물들지 않아
욕심 일으키는 독한 생각에 대하여

마음을 추스르고 모든 감각기관을 단속하여
가볍고 급한 마음을 멸하고 제거하여 버렸으며
온화한 얼굴로 분쟁을 잘 듣고서
대중의 마음을 잘 다스려 사랑으로 가르쳤고

2-19

모든 외도들에게 베풀어서 교화하여
모든 거스름을 도모하는 술수를 끊었으며
학문을 가르쳐 모든 세상을 구제하여
만백성 모두 안락을 얻게 하되
나의 아들을 안락하게 하는 것과 같이
만백성 또한 그와 같이 하였다.
불을 섬기고 모든 신을 받들며
손 모아 합장한 채 달빛을 마시고

2-20

항하 강물 속에 몸을 씻으며
법의 물로써 그 마음을 씻어 내어
복을 비는 것 자기 위함이 아니고
오직 그 아들과 만백성을 위함이었다.
사랑하는 말이라 하여 의로움 없음이 아니고
의로운 말이라 하여 사랑이 아님이 아니며
사랑하는 말이라 하여 진실됨이 아님이 아니고
진실한 말이라 하여 사랑이 아님이 아니었다.

부끄러워함이 있기 때문에
능히 진실되게 말하지 못하나니
사랑하고 사랑하지 않는 일에서도
탐하고 성내는 생각에 의지하지 않았으며
고요하고 묵묵함에 뜻을 두어
공평하고 바르게 다툼을 멈추게 하고
하늘에 제사하지 않았으니
살생하지 않은 복이 그보다 나았다.

구하는 것 많은 저 대중들을 보면
풍족하게 베풀어 바라는 것보다 넘치게 하고
마음에는 전쟁하고 다툴 생각이 없어
덕으로써 원수를 항복받았으며
하나를 조복 받아 일곱을 보호하고
일곱을 떠나보내 다섯을 억제하며
셋을 얻어서 셋을 깨닫고
둘을 알아서 둘을 버렸다.

정을 구하다가 그 죄를 저질러
죽음에 다다르면 너그럽게 용서하여 주고
추하고 나쁜 말로 억압하지 아니하고
부드러운 말로써 가르쳐 훈계하였으며

재물을 힘써 베풀어
살아갈 길을 제시하여 주고
신선의 도를 받아 배워서
원망하고 성내는 마음을 멸하여 버렸다.

2-24

명예와 덕망이 널리널리 퍼졌으니
세간이 영원히 망하여 없어져도
왕으로서 밝은 덕을 닦으면
온 나라가 모두 받들어 익히는 것이
마치 사람의 마음이 편하고 고요하면
온몸과 모든 감각기관이 따르는 것 같았다.
그 때 정반왕의 태자와
어진 아내 야수다라가

2-25

나이 점점 들어가자
라후라를 잉태하여 낳았다.
정반왕은 스스로 생각하기를
'태자는 이미 아들을 낳았으니
대대로 계속해서 후사를 이어
올바른 교화가 끝이 없으리라.
태자는 이미 아들을 낳았으니
그 아들에 대한 사랑 나와 같아서

다시는 출가할 생각을 아니 하고
다만 힘써 착함을 닦을 것이니
나는 이제 마음 크게 편안하여
하늘에 태어난 즐거움과 다름없구나.'
마치 저 오래전의 처음 시기에
선왕이 도에 머문 것처럼
청정한 업을 즐겨 행하고
제사 때에도 살생하지 않았다.

2-27

불꽃처럼 성하게 훌륭한 업을 닦아
왕도 훌륭하고 범행도 훌륭하며
종족도 훌륭하고 재보도 훌륭하며
용맹과 건강도 기예도 훌륭하여
밝음을 나타내어 온 세상 비춤이
천 개의 태양 빛과 같았다.
소위 왕이 하여야 할 일은
장차 그 아들을 드러내는 것이요

2-28

아들을 드러냄은 종족을 위함이고
명성으로 종족을 빛나게 함이었으며
명성이 높으면 하늘에 태어남을 얻고
하늘에 태어남은 즐거움을 위함이니

이미 즐거우면 지혜가 늘어나
도를 깨달아 바른 법을 펼 수 있을 것이니
먼저 훌륭한 명성이 있는 곳에
모든 묘한 도를 받아 행하니

2-29

오직 바라는 것은 태자로 하여금
아들을 사랑하여 집을 버리지 않는 것이었다.
일체의 모든 나라의 왕들은
낳은 아들이 아직 나이 어리므로
왕이 되어 나라를 다스릴 수 없을 것이요
생각하는 그 마음이 방탕하여지고
정을 따라 세상 즐거움에 집착하여
능히 왕의 종족 잇지 못할까 염려하였다.

2-30

이제 왕은 태자의 삶이
마음대로 다섯 가지 욕망의 즐거움을 누리면서
다만 세상 영화만 즐기기 바랄 뿐
도를 배우게 하려 하지 않았다.
과거의 보살 왕들도
그 도가 비록 깊고 견고하였어도
세상의 영화와 즐거움 익히다가
아들을 낳아 왕의 대를 잇게 하고
그런 뒤에야 산 숲으로 들어가

한가하고 고요한 도를 수행하였음이라.

(2장. 처궁품. 處宮品 終)

03장. 염환품(厭患品)
– 세속 삶을 싫어하고 근심하다.

3-1

밖에는 모든 동산과 숲이 있고
흐르는 샘물과 맑고 시원한 못과
갖가지의 꽃들과 과일 나무들이
늘어서서 그윽한 그늘을 드리웠다.
다른 종류의 모든 기이한 새들은
훨훨 날면서 그 속에서 노닐었고
물과 육지의 네 가지 꽃들은
불타는 빛깔로 묘한 향기를 풍겼다.

3-2

기녀들은 그에 따라 음악을 연주하고
시위 따라 태자에게 노래 불렀으며
태자는 음악 소리를 듣고
동산 숲의 아름다움을 찬탄하였다.
마음속에 심히 기쁨을 못 이겨
나가서 유람하고 보고 즐길 생각이
마치 묶여 있는 난폭한 코끼리가
언제나 넓은 들을 그리워하듯 하였다.

3-3

아버지 왕은 태자가 동산에 유람하러

나가기를 원한다는 것을 듣고
곧 모든 신하에게 분부를 내려
장식들을 법도에 맞게 장엄하게 갖추었다.
왕자가 다니는 길을 바르고 평평하게 하고
또 모든 추하고 더러운 것과
늙고, 병들고, 쇠약하고, 졸렬하고,
빈궁함에 괴로워하는 이들을 제거하였다.

3-4

태자로 하여금 편안하지 못하여
보고 불쾌한 마음을 일으키지 않게하기 위하여
모든 장엄이 모두 다 갖추어졌으므로
절하고 말하여 원함을 청하였다.
왕은 태자를 보고
머리를 쓰다듬고 얼굴을 들여다보며
슬프고 기쁜 마음이 한데 얽혀
입으로는 허락하나 마음은 만류하였다.

3-5

모든 보배로 장식하고 꾸민 수레에는
흼칠하고 잘생긴 네 마리의 말을 매고
어질고도 착하며 재주 능하고
용모와 자태가 아름다운 소년이
신묘하게 깨끗하고 고운 꽃으로 장식된 옷을 입고
수레에 함께 타서 고삐를 잡았다.

거리마다 모든 꽃을 흩뿌리고
보배 장막으로 길가를 가렸으며

길가에 늘어선 담장과 가로수는
모든 보배로운 장엄구들로 꾸몄으며
비단으로 된 일산과 모든 깃발은
바람을 따라 어지러이 나부끼었다.
길가에 늘어선 구경꾼들은
몸을 기울이고 영화로움을 바라보았으니
물끄러미 바라보되 깜박이지 아니하니
마치 푸른 연꽃을 벌여 놓은 것과 같았다.

신하들과 백성들이 모두 호위하며 따르는 것이
별들이 큰 별을 따름과 같았고
입은 다르나 같은 소리로 찬탄하여
세상 드문 일이라 칭송하고 공경하였다.
귀하고 천하거나 가난하고 부유하거나
어른이나 어린이나 또한 젊은이들도
모두 다 공경하고 예배하면서
다만 상서로움이 있기만을 원하였다.

도시 사람이나 시골 사람이나
태자가 행차하신다는 말을 듣고

높은 이건 낮은 이건 말할 것 없이
깨어 있거나 잠자거나 서로 알릴 새가 없었다.
여섯의 가축을 몰아들일 겨를도 없이
미처 돈과 재물을 받아들일 새도 없이
열린 문을 닫고 잠글 시간도 없이
서로 다투어 길가로 달려나갔다.

3-9

누각 위에서나 언덕이나 나무에서나
열린 창가에서나 골목길 사이에서
몸을 기울이고 눈을 다투어
뚫어져라 바라봐도 싫증이 없었다.
높은 데서 보던 사람 땅으로 내려간 듯하고
땅에서 보던 사람 허공에 오르듯 하였으니
마음이 온전히 쏠려 자신을 망각한 채
몸과 정신이 한꺼번에 나는 듯이 하였다.

3-10

공손하고 정성스레 그 모습을 보고
함부로 허튼 마음을 일으키지 않았으며
아름다운 몸매와 건장한 몸체는
마치 연꽃이 핀 것 같은 모양이였다.
이제 나와서 이 동산 숲에 계시니
거룩한 신선의 법을 이루기를 원하였다.
태자는 새로 닦아 놓은 길과

장엄하게 많은 사람들이 따르고

3-11

옷과 수레의 선명한 빛을 보고서
마음이 흐뭇해져 기쁨이 가득했다.
온 나라 백성들은 태자를 우러러보고
근엄한 거동과 훌륭한 수레의 행렬을 뵙자
마치 저 하늘의 모든 무리들과
하늘 태자의 탄생을 보는 것 같았다.
그때 정거천의 왕이
홀연히 내려와 길옆에 있으면서

3-12

쇠약한 노인의 모습으로 변하여
이 세상 싫어하는 마음을 내게 하였으므로
태자는 그 노인의 모습을 보고
놀랍고 괴이하여 마부에게 물었다.

3-13

"저 사람은 어떤 사람이기에
머리는 희고 등은 굽으며
눈은 어둡고 온몸을 떨면서
지팡이에 의지하여 비틀비틀 걷는가.
젊었던 몸이 갑자기 변하여 저러한가.
본래 받은 성품이 그러한 것인가."

마부는 마음에 주저함이 있어
감히 사실대로 답하지 못하자
정거천 왕이 신통력을 부려
그로 하여금 진실을 고백하게 하였다.

3-15

"몸은 변하고 기운은 허약해져서
근심만 가득하고 즐거움은 적으며
즐거움을 잃고 모든 감각 기관은 무너지나니
이것을 일러 쇠하고 늙은 모습이라 합니다.
저 사람도 본래는 어린애로서
어머니 젖 먹으며 자라났으며
어린아이 시절엔 장난기 가득하였고
단정한 모습으로 다섯 가지 욕망도 즐겼는데
세월이 흘러 몸뚱이가 쭈그러들고
지금은 늙게 되어 무너져갑니다."

3-16

태자가 길게 탄식하면서
다시 마부에게 물어보았다.
"단지 저 사람 혼자 쇠하고 늙는 것인가
우리들도 또한 마땅히 저러한가."

3-17

마부가 다시 대답하였다.

"태자님도 또한 그런 운명이 있습니다.
세월이 지나면 몸이 저절로 변하여
반드시 닥칠 것임은 의심할 바가 없습니다.
젊은이 누군들 늙지 않음 없건만
온 세상 알면서도 기대합니다."

3-18

보살로서 오랜 세월 동안
청정한 지혜의 업을 닦아 익히고
모든 덕의 씨앗을 널리 심었기에
원하는 꽃과 열매를 맺게 되었다.
쇠하고 늙어감의 괴로움을 듣고
전율하여 온몸의 털이 곤두섰으니
번개 치고 천둥 치는 소리를 듣고
뭇짐승 놀라서 치달리듯 하였다.

3-19

보살도 또한 그와 같아서
두려움에 떨면서 길게 한숨짓고
늙음의 괴로움에 마음 얽매여
머리를 떨군 채 똑바로 눈뜨고
쇠하고 늙어가는 고통 생각하면서
세상 사람들 무엇을 애착하고 즐기는가.
늙음 앞에 모든 것은 허물어져서
거기에 부딪치면 분간할 것이 없는데

비록 젊음의 육체와 힘이 있어도
어느 것 하나 변하지 않는 것이 없나니
눈앞에서 그 모습 뻔히 보면서
어찌 싫어하여 떠나지 않는가.

보살이 곧 마부에게 분부하였다.
"어서 빨리 수레 돌려 돌아가자.
순간순간에 늙고 쇠함 닥쳐오나니
동산 구경이 무엇이 만족할 것인가."

마부는 곧 분부 받고 바람처럼 달려서
수레바퀴 날려 본궁으로 돌아왔으며
태자의 마음은 황혼 속에 헤맴이
마치 빈 묘지 사이로 들어가는 것 같았으며
부딪치는 일마다 정 붙지 아니하고
사는 곳은 잠깐도 편안하지 않았으며
왕은 태자가 기뻐하지 않는단 말을 듣고
다시 나가 놀기를 태자에게 권하였다.

곧 모든 신하들에게 분부를 내려서
전보다 더욱더 훌륭하게 장엄하였다.
정거천은 다시 병자로 변화하여

겨우 목숨만 부지한 채 길가에 나타났다.
몸은 깡마르고 배는 부풀어 올랐으며
호흡은 헐떡이고 길게 내쉬며
팔다리 뒤틀려 바싹 마르고
구슬피 울면서 신음하고 있었다.

3-24
태자는 마부에게 물었다.
"이는 또 어떠한 사람인가."
"이는 병에 걸린 사람인데
4대가 모두 뒤틀리고
여위고 기운이 빠져 견딜 수가 없어
이리저리 남의 신세를 집니다."

3-25
태자는 마부의 대답을 듣고
곧 불쌍하고 가엾은 마음이 생겨 물었다.
"오직 이 사람만이 병에 걸렸는가.
다른 사람도 또한 마땅히 저러한가."

3-26
대답하여 이르기를 "이 세상 사람이면
누구나 모두 또한 그러합니다.
몸이 있으면 반드시 병이 생겨나건만
어리석어 잠깐의 환락을 즐길 뿐입니다."

태자는 마부의 대답을 듣고
곧 너무나도 두렵고 무서움이 일어나
몸과 마음이 한꺼번에 떨려오니
마치 파도에 비치는 달과 같았다.

"이 큰 괴로운 세계 속에 살면서
어떻게 스스로 능히 편안할 수 있으리오.
아아, 슬프다. 세상 사람들
어리석어 미혹되고 어둠에 가려
병의 도적 기약 없이 이르거늘
그런데도 기뻐하고 좋아하는 마음을 일으키는구나."

수레를 돌려 다시 돌아와서는
시름에 잠겨 병의 고통을 생각하면서
마치 어떤 사람이 매를 맞을 때
몸을 움츠리고 매를 기다리는 것 같았으며
한적한 궁전 속에 조용히 쉬면서
오로지 세상의 쾌락에서 벗어나기만을 바랐다.

왕은 다시 태자가 돌아왔단 말을 듣고
어떠한 일 있었는지 명령하여 물었다.
대답하기를 "병든 사람을 보았습니다."

이에 왕은 몸을 잃은 듯이 두려워
길을 담당했던 사람을 심하게 꾸짖고
가슴이 막혀 더 이상 말을 못하였다.

3-31

다시 기녀의 무리들을 늘리고
음악은 전보다 배나 뛰어나게 하였다.
이렇게 눈과 귀를 기쁘게 하여
세속의 즐거움으로 집을 싫어하지 않게 하였다.
밤낮으로 여인과 음악을 다 하였으나
그 마음이 조금도 기뻐하지 아니하였다.
왕은 몸소 나가서 돌아다니며
보다 아름답고 좋은 동산을 구하였다.

3-32

모든 채녀를 가려 뽑으니
자태와 용모가 아름답고 요염하고
아첨하고 간교함으로 능히 받들 줄 알고
아리따운 얼굴로 능히 사람을 홀렸다.
왕은 행차하는 길을 더 잘 손보고
더러운 모든 것을 다 치우게 한 뒤에
좋은 마부에게 특별히 명령하여
잘 살피며 길을 가려서 가라 하였다.

3-33

그때 정거천왕이

다시 죽은 사람으로 변화하여
네 사람이 함께 상여를 메고
보살의 앞에 나타났을 때
다른 사람들은 모두 보지 못하고
보살과 마부만 그것을 보았다.

3-34

물었다. "이것은 또 무슨 가마이기에
깃발과 꽃으로 장엄하여 꾸미고
따르는 사람들이 모두 근심하고 슬퍼하며
머리를 풀어 헤치고 울부짖는가."

3-35

천신은 마부를 시켜
대답하기를 "이것은 죽은 사람인데
모든 감각 기관이 무너지고 목숨이 끊어지면
마음은 흐트러지고 생각의 의식이 떠나며
정신은 가고 몸뚱이는 말라빠져
마른 나무처럼 뻣뻣이 굳어집니다.
일가친척과 모든 친구들이
본래부터 은애로 얽혔었건만
이제는 모두 다 보기 싫어하여
빈 무덤 사이에 내다 버립니다."

3-36

태자는 죽음이란 말을 듣고

슬프고 아픈 마음 한데 맺혀 물었다.
"오직 이 사람만이 죽는 것인가
천하 사람도 또한 그러한 것인가."

3-37

대답하기를 "두루 모두 다 그러하나니
대저 시작이 있으면 반드시 끝이 있는 법
어른이나 어린이나 또 젊은이나
몸이 있으면 무너지지 않는 법이 없습니다."

3-38

태자는 마음으로 놀라고 슬퍼하여
수레 앞 가로 댄 나무에 몸을 기댄 채
숨길이 끊어질 듯 탄식하였다.
"세상 사람들 어찌 하나같이 잘못하는가.
이 몸이 없어질 줄 뻔히 알면서도
오히려 방일하게 살아가는가.
마음은 고목이나 돌이 아니거늘
일찍이 항상 함이 없음을 걱정하지 아니하는구나."

3-39

곧 수레를 돌려서 돌아가라고 명령하였다.
"다시는 이와 같이 놀 때가 아니니라.
목숨이 끊어져 죽는 것이 기약이 없거늘
어떻게 함부로 마음대로 놀겠는가."

마부는 왕의 명령을 받았기에
두렵고 두려워 감히 돌리지 못하고
괴로워 수레를 몰아 빨리 달려
어느덧 그 동산에 이르렀다.
숲 속에는 맑고 깨끗한 물이 넘쳐흐르고
아름다운 나뭇잎이 모두 피어 한창이고
갖가지의 신령한 새와 기이한 짐승들이
날고 달리면서 즐겁게 노래할 때
모든 것들이 빛나 귀와 눈을 즐겁게 함이
하늘의 난타 동산 같았다.

(3장. 염환품. 厭患品 終)

– 오욕락의 욕망에서 벗어나다.

4-1

태자가 동산 숲에 들어갔을 적에
많은 여자들이 나와서 받들어 맞이하고
모두들 만나기 어렵다는 생각을 일으키어
다투어 생글대며 그윽한 공경 다하였으며
제각기 재주와 좋은 몸가짐과 맵시를 다하여
받들어 모시면서 태자가 좋아하는 것들을 따라
어떤 이는 손과 발을 잡고 있으며
혹은 그 몸을 두루 주물러 주었다.

4-2

혹은 거듭 웃음으로 수작을 걸었고
혹은 근심스러운 표정을 지었으며
꾀를 내어 태자를 즐겁게 하여
사랑하고 즐기는 마음을 일으키게 하려 하였다.
많은 여자들이 태자를 보자
빛나는 얼굴 하늘 사람의 몸과 같아서
갖가지 장식으로 꾸미지 않더라도
본바탕의 몸이 치장한 것보다 뛰어났다.

4-3

모두 다 우러러 바라보며

월천자가 오셨다고 하며
갖가지의 방편을 베풀었으나
보살의 마음은 움직이지 아니하였다.
그러자 서로들 돌아보며
부끄러워 침묵하며 말을 못하고 있는데
어떤 바라문의 아들이
이름이 우타이라고 하였다.

4-4

여러 채녀들에게 말하기를
"너희들 모두는 단정하기 그지없고
총명하고 또 재주도 뛰어나며
색의 힘도 또한 보통이 아니다.
아울러 모든 세간의 은밀한
음욕의 방법까지 알고 있으며
자태와 얼굴은 세상에 드물고
모양은 왕녀의 얼굴과 같아

4-5

하늘이 보면 그들 아내를 버리고
신선도 그 때문에 무너지리니
어떻게 인간의 왕자가
능히 그 정을 느끼지 못하는가.
이제 이 왕의 태자는
비록 튼튼하고 굳은 마음을 지니고

청정한 덕 순수하게 갖추었더라도
여인의 힘은 이기지 못하리라.

4-6

옛날에 손타리는
능히 큰 선인을 무너뜨렸고
그로 하여금 애욕을 익히게 하여
발로써 그 정수리를 밟았다고 하며
오랫동안 고행한 구담 선인도
또한 천후에게 무너졌으며
승거 선인의 아들은
애욕을 익힘으로 그 흐름을 따랐으며.

4-7

비시바의 범상한 선인은
도를 만 년 동안 닦았으나
천후에게 깊이 집착하여
하루 사이에 갑자기 무너졌느니라.
저와 같은 여러 아름다운 여자들은
그 힘으로 모든 범행을 이겼거늘
하물며 너희들과 같은 기술로
능히 왕자를 감동시키지 못한단 말인가.

4-8

마땅히 다시금 모든 방편을 동원하여
왕가의 대물림이 끊어지지 않게 하여라.

여인의 본바탕 비록 미천하나
운명을 이김을 따라 존귀하고 영화롭거늘
어찌하여 그 기술을 다 부리지 못하여
그로 하여금 더러운 마음을 일어나게 하는가."

4-9

그때 여러 채녀들
우타이의 말을 기쁘게 듣고
그 용기와 기쁜 마음이 더 하였으니
좋은 말에 채찍을 가하는 것과 같았으므로
그들은 곧 태자 앞으로 나아가
저마다 갖가지의 애교를 부렸다.
노래하고 춤추며 혹은 농담 붙이고
눈썹을 치켜들고 흰 이빨을 드러내며

4-10

아름다운 눈매로 서로 살짝 엿보고
얇은 옷에 하얀 살을 아련히 드러내어
요염하게 흔들며 천천히 걸어가
거짓으로 친밀하게 점점 가까이 갔다.
정욕이 그 마음에 무르익은 데다
겸하여 대왕의 뜻을 받들었으니
오만하게 은밀한 곳 문란히 드러내며
그 부끄러워하는 마음을 잊어버렸다.

태자의 마음은 견고하여
의연한 그 모습 변하지 않았나니
마치 저 크고 비범한 코끼리가
수많은 코끼리에게 둘러싸여도
그 마음이 능히 어지럽지 않는 것과 같이
대중 속에 있어도 언제나 한가로웠다.
또 마치 제석천왕이
뭇 천녀들에게 둘러싸인 것처럼

태자가 동산 수풀에 있을 때
둘러싸임도 또한 이와 같았다.
혹은 의복을 단정하게 하고
혹은 손과 발을 씻으며
혹은 향수를 몸에 바르고
혹은 꽃으로 장엄하게 꾸미고
혹은 영락을 착용하고
혹은 몸을 부여안기도 하며

혹은 편안히 베개나 자리가 되어 주고
혹은 몸을 기대어 소곤거리기도 하였으며
혹은 세속의 유희로 꼬드기고
혹은 갖가지 음욕의 일을 이야기하며

혹은 모든 음욕의 몸짓을 지어
그 마음을 움직이려 꾀하였다.
보살의 마음은 깨끗하고 맑으며
견고하여 가히 움직이기 어려웠으니

4-14

모든 채녀가 지껄이는 말을 듣고
근심하지도 아니하고 기뻐하지도 않은 채
곱절이나 싫어하는 생각을 내어
이것은 참으로 기괴하다 탄식했으며
비로소 모든 여인들의 음욕의 마음이
이와 같이 치성함을 알았다.

4-15

"젊고 건강한 모습도 잠깐이어서 갑자기
늙음, 죽음으로 무너지는 것을 알지 못하나니
슬프다, 크게 미혹됨이여
어리석음이 그 마음을 덮었구나.
마땅히 늙고, 병들고, 죽음을 생각하여
밤낮으로 부지런히 힘쓰고 노력하리라.
칼끝이 내 목에 다다라 있거늘
어찌하여 오히려 웃으며 즐기겠는가.

4-16

다른 이가 늙고 병들고 죽는 것을 보고도
자신을 돌아보아 살펴볼 줄 알지 못한다면

이는 곧 흙이나 나무로 만든 사람이니
마땅히 어찌 마음에 생각인들 있겠는가.
마치 빈 벌판의 두 그루 나무가
꽃과 잎이 다 함께 무성하다가
한 그루 이미 베어져 나가도
다른 하나는 두려움을 알지 못하듯
이 세상의 모든 사람들
마음 없음이 또한 그와 같구나."

4-17

그때에 우타이가
태자 앞에 이르러서
편안하고 고요히 선정의 사유에 들어
마음에 다섯 가지 욕망의 생각이 없는 것을 보고
곧 태자에게 말하였다.

4-18

"대왕께서 일찍이 아들의 좋은
벗이 되어 달라는 칙령을 받았기에
이제 마땅히 정성된 말을 올립니다.
진실한 벗에는 세 가지의 종류가 있습니다.
능히 이익이 되지 않는 것을 없애 주고
남에게 이익이 되는 일을 만들어 주며
어려움을 만났을 적에 버리지 않는 것입니다.
저는 이미 착한 벗이라 불렸으니

장부의 의리를 저버리고
품은 생각 다 말하지 않으면
어떻게 세 가지의 유익하다 말 하겠습니까.
이제 그러므로 진실된 말을 말하여
충성스런 저의 마음을 나타내려 합니다.
나이는 한창 젊은 때이고
얼굴과 몸도 충분히 갖추었거늘
여인을 소중히 여기지 않으면

그것은 훌륭한 사람의 근본이 아닙니다.
설령 진실로 진실한 마음이 없다 하더라도
마땅히 응당 방편으로 받아들여야 합니다.
마땅히 부드럽고 겸손한 마음을 내어
그 뜻을 받아들여 따라야 합니다.
애욕으로 교만을 늘리는 것
여인보다 더한 것 없습니다.
또 지금은 마음에 비록 어긋난다 하여도

응당 법의 방편을 따라야 합니다.
여인을 따르면 마음이 즐겁게 되고
따르는 것이 장엄거리가 됩니다.
만약 사람으로서 순리를 거스르면

꽃과 열매가 없는 나무와 같으리니
어찌하여 응당 그대로 따르려 하고
그 일을 거두어 받으려 하십니까.
이미 얻기 힘든 경계를 얻었거늘

4-22

가볍게 생각을 일으키지 마셔야 합니다.
애욕은 가장 제일가는 것으로
하늘도 오히려 능히 잊지 못하였고
제석왕도 오히려
구담 선인의 아내와 사통하였습니다.
아가타 선인이
오랜 세월 고행을 닦았던 것은
천후를 구하기 위함이었으나

4-23

끝내 그 소원의 결실을 이루지 못하였습니다.
바라타 선인이나
저 월천자나
바라사 선인
그리고 가빈사라들
이와 같은 많은 무리들도
모두 여인 때문에 무너졌습니다.
하물며 지금은 자기의 경계이거늘

오욕락의 욕망에서 벗어나다.

능히 즐기지 아니하겠습니까.
과거 세상에 덕의 종자를 심었기에
이 묘한 많은 갖춤 얻었습니다.
세상 사람들 모두 즐겨 집착하건만
태자의 마음은 도리어 반기지 않으십니까."

그때에 왕의 태자는
친구 우타이의
달콤한 말과 능란한 말솜씨로
세간의 모습을 잘 말하는 것을 들으시고
우타이에게 대답하셨다.

"그대 성심으로 말하는 것 감사하다.
내가 이제 마땅히 너에게 말하리니
다시 유의하여 마음으로 들어 주어라.
묘한 경계를 업신여긴다거나 또한
세상 사람들의 즐거움을 모르는 것은 아니나
다만 덧없는 형상을 보았기에
근심스런 마음 일으키는 것이니라.
만일 그 법이 항상 존재하는 것이라서

늙음, 병듦, 죽음의 괴로움이 없다면

나도 또한 마땅히 그 즐거움을 누려

끝내 싫어하여 떠나려는 마음이 없을 것이니라.

만일 모든 여색으로 하여금

끝까지 쇠하거나 변함없게 한다면

애욕이 비록 허물이 되더라도

오히려 사람의 정을 머물 수 있을 것이니라.

사람에게는 늙음, 병듦, 죽음이 있어

4-28

응당 자기 자신도 즐거울 것이 없겠거늘

어찌 하물며 다른 사람에 대하여

물들어 집착하는 마음을 일으킬 것인가.

항상 함이 없는 다섯 가지 욕망의 경계는

자기 자신도 또한 그러하나니

그런데 사랑하고 즐거워하는 마음을 일으키면

그것은 곧 금수와 다름이 없을 것이니라.

그대가 모든 신선들을 인용하여

4-29

다섯 가지 욕망을 익혀 집착하게 하였더라도

그것들을 곧 싫어하고 근심해야만 하거늘

애욕을 익힘으로 멸망하게 하겠는가.

또 훌륭한 사람이라고 칭송 듣는 이들도

다섯 가지 욕망의 경계에 집착하여 좋아하다가

또한 다시 함께 멸망하고 말았나니

마땅히 저들은 훌륭하지 못한 줄 알아야 하느니라.
만일 거짓으로 방편을 말하여

4-30

그 익힘은 곧 진실로 물들어 집착하게 되는 것
어떻게 방편이라 이름하겠는가.
허망하고 거짓됨 따르는 일들
나는 그런 일은 하지 않나니
진실로 그대로 따르는 사람은
그것을 곧 그릇된 법이라 하느니라.
이 마음을 억제하기 어려워

4-31

일을 따르면 곧 집착이 생기고
집착하면 곧 허물을 보지 못하나니
어떻게 방편이라 하여 따르겠는가.
순리를 따르다가 마음이 어그러졌다는
이런 이치를 나는 보지 못하였느니라.
이와 같이 늙음, 병듦, 죽음은
큰 괴로움이 쌓인 덩어리이니
나로 하여금 그 가운데 떨어지게 하는 것

4-32

그것은 착한 벗의 말이 아니니라.
오호라 우타이여.
참으로 간담이 크다 하겠구나.

태어남, 늙음, 병듦, 죽음의 근심
그 괴로움 너무도 두려운 것이어서
눈에 보이는 것 모두 다 썩는 데도
거기에서 오히려 즐거움을 쫓는구나.
나는 이제 고달프고 힘도 빠졌으며

4-33

그 마음 또한 옹졸하고 비좁아졌느니라.
늙음, 병듦, 죽음을 가만히 생각하면
언제 들이닥칠지 예측할 수가 없어
밤낮으로 잠자는 것도 잊고 있나니
무슨 경황에 다섯 가지 욕망을 즐길 것인가.
늙음, 병듦, 죽음은 불꽃같아서
결정하여 이를 것임은 의심함이 없거늘
오히려 걱정하고 근심됨을 알지 못한다면
참으로 나무나 돌과 같은 마음이 될 것이라.”

4-34

태자는 우타이를 위하여
여러 가지 교묘한 방편으로써
애욕이 깊은 근심이 됨을 말씀하시느라
어느 사이 날이 저문 줄을 알지 못하였다.
그때 모든 채녀의 무리들은
기교와 풍류며 갖가지 장엄거리 등
일체의 모든 것을 아무 데도 쓸 데가 없어

부끄러워하며 성으로 되돌아갔다.

태자가 그 동산 수풀을 보자
장신구들은 모두 다 못쓰게 되고
기녀들도 모두 다 되돌아가니
그곳은 텅텅 비어 적막하였으며
덧없다는 생각이 갑절이나 더하여
머리 숙인 채 본궁으로 돌아갔다.
아버지인 왕은 그 태자가 다섯 가지
욕망에 대한 마음이 끊어졌단 말을 듣고

지극히 걱정하고 괴로워함이 크게 일어나
예리한 칼날이 심장을 도려내는 듯이 하였으므로
곧바로 모든 신하들을 불러들여
어떠한 방법을 써야 할까 묻자
모두들 말하기를 다섯 가지 욕망으로는
능히 그 마음을 붙들 수가 없다고 하였다.

(4장. 이욕품. 離欲品 終)

05장. 출성품(出城品)
- 카필라의 성 밖으로 떠나가다.

5-1

왕은 다시 갖가지의 훌륭하고
묘한 다섯 가지의 욕망의 도구를 더하여
낮이나 밤이나 오락으로써 태자의
마음을 더하여 즐겁게 하려 하였으나
태자는 더욱더 싫어하여 멀리하고
끝내 사랑하고 즐길 마음이 없어졌으며
다만 나고 죽는 괴로움을 생각하기를
마치 화살 맞은 사자와 같았다.

5-2

왕은 모든 대신들로 하여금
귀족의 명문자제들과
나이 젊고 출중한 용모에
총명하고 지혜롭고 예의를 아는 자들을 모아
낮이나 밤이나 같이 놀고 머물며
태자의 마음을 잡게 하였으며
이와 같이 한 지 얼마 되지 않아
왕에게 다시 나가 유람하고자 아뢰었다.

5-3

잘 길들인 준마를 타고

여러 가지 보배를 갖추어 장엄하고
모든 귀족 자제들과 더불어
둘러싸여 다 함께 성 밖으로 나갔으니
비유하면 마치 네 가지 꽃이
햇빛이 비출 적에 모두 다 피어나는 것처럼
태자의 빛나는 신묘한 풍경에
따르는 모두 다 그 광명을 입었다.

5-4

성을 나가 동산으로 나아갈 적에
정비한 길은 넓고도 또 평평하였으며
나무마다 꽃과 열매가 무성하니
마음이 즐거워 돌아가는 것도 잊고 있을 적에
길가에서 밭을 가는 사람이
흙을 뒤칠 때 모든 벌레들이 죽어 감을 보고
태자의 마음에 가엾은 생각이 들어
바늘로 찌르는 듯 마음이 한층 더 아팠다.

5-5

또 그 농부를 보니
일에 시달려 몸은 마르고 초췌하고
흐트러진 머리칼에 땀을 흘리며
온몸은 흙먼지를 뒤집어썼으며
밭을 가는 소도 또한 피곤하고 지쳐서
혀를 **빼물고** 숨을 급하게 헐떡거릴 적에

자비한 성품을 지닌 태자는
지극하게 불쌍하고 연민하는 마음이 일어났다.

5-6

개탄하고 길게 탄식을 일으키며
말에서 몸을 내려 맨땅에 앉으셨으며
이러한 모든 괴로움을 관찰하시고
태어나고 죽는 법을 깊이 생각하며
슬프다. 모든 세상 중생들
어리석고 미련하여 능히 깨닫지 못하다니.
모든 사람들의 무리들을 편안하게
제각기 마음대로 앉게 하셨다.

5-7

스스로는 염부 나무 그늘에
단정히 앉아 바르고 깊게 사유하고
모든 태어나고 죽음과 일어나고 멸함
덧없이 변하는 것 관찰하니
마음이 안정되고 편안하여 움직임이 없으며
다섯 가지 욕망의 울타리는 구름처럼 사라졌으며
깨우침이 있고 또한 관찰이 있어
첫 번째 번뇌가 없는 선정에 들어갔다.

5-8

욕망을 여의자 기쁨과 즐거움이 일어나
바른 삼매의 경지를 얻었으며

이 세간은 참으로 고달프고 괴로운 것이라.
늙음, 병듦, 죽음으로, 무너지는 것
몸이 끝날 때까지 큰 괴로움을 받건마는
사람들은 스스로 깨어나 알지 못하고서
다른 이의 늙어감, 병듦, 죽음만 싫어하나니
이야말로 곧 커다란 근심거리 아닌가.

5-9

나는 이제 훌륭한 법 구하고자 하나니
마땅히 세상 사람과 같이 부응하지 아니하고
스스로의 태어나고, 늙고, 병들고, 죽음에서
도리어 다른 사람을 싫어하지 않으리라.
이와 같이 진실하게 관찰하니
젊은 육체와 힘과 목숨은
새롭고 새로워 잠깐도 머물지 아니하고
마침내 멸해 없어지는 법으로 돌아갔다.

5-10

기뻐하거나 또한 근심하지도 아니하고
의심하거나 또한 어지럽지도 않으며
빠져들거나 욕심에 집착하지도 아니하고
무너지거나 그것을 혐오하여 피하지도 않았으며
고요하고 편안하여 모든 번뇌에서 벗어나니
지혜의 광명이 갈수록 밝아졌다.

그때 정거천왕은
비구의 모습으로 변화하여
태자가 계신 곳으로 다가가자
태자는 일어나 공손히 맞이하였으며
물었다. "그대는 누구시오."
답하였다. "출가한 사문입니다."

"늙음, 병듦, 죽음을 두려워하고 싫어하므로
출가하여 해탈을 구한답니다.
중생들 늙고, 병들고, 죽으며
변하여 무너짐이 잠시도 쉼이 없습니다.
그러므로 나는 항상 하고 안락하며
멸함도 없고 태어남도 없음을 구하고 있으며
원수든 친한 이든 평등한 마음으로 대하고
재물이나 색을 구하는 일에 애쓰지 않습니다.

편안한 곳은 오직 산속의 숲속으로
텅 비고 고요하여 경영할 것이 없으니
번뇌의 생각은 이미 쉬었고
쓸쓸히 비어 있고 한가한 곳에 의지하며
깨끗하거나 거친 것 가리지 아니하고
걸식한 것으로 이 몸을 유지합니다."

카필라의 성 밖으로 떠나가다.

그리고 곧 태자 앞에서
가벼이 날아올라 하늘로 가 버렸다.
태자는 마음으로 기뻐하며
오직 과거의 부처만을 생각하였으며
이러한 위의를 건립하니
남겨진 모습 이제야 보고
단정히 앉아 바르고 깊이 사유하다가
곧 바른 법의 생각이 이루어졌다.

'마땅히 어떠한 방편을 써야
마음에 원하는 대로 길이 출가할 수 있을까.'
정을 거두고 모든 감각 기관을 억제하고
천천히 일어나 성으로 들어갔다.
권속들 모두 뒤를 따르며
부디 머물러 멀리 떠나지 말라 하니
마음속에 가엾은 생각이 일어나
세상 밖으로 벗어나려는 욕망을 놓았다.

몸은 비록 길을 따라 돌아가지만
마음은 실로 숲속에 머무르니
마치 매어 있는 미친 코끼리가
늘 넓은 들판만 생각하듯 하였다.

그때 태자가 성으로 들어가니
남자와 여자들은 길가에서 맞이하고
노인들은 아들 삼기를 희망하고
젊은 여자들은 아내 되기를 희망하였다.

5-17

혹은 형이나 아우가 되거나
모두 친척이나 권속 되기를 원하였으며
만일 원하는 대로 따라준다면
모든 집착과 바라는 것을 끊으리라 하였다.
태자는 마음으로 매우 환희하였으니
문득 집착 끊는다는 소리를 듣고
만일 소원대로 따라 준다면
이 원은 반드시 마땅하게 이루어지리라.

5-18

쌓인 즐거움 끊기를 깊이 생각하면서
열반을 향한 마음 더욱더 하였으니
몸은 금산의 봉우리와 같고
통통한 팔은 코끼리 코와 같으며
그 음성은 봄날의 우렛소리와 같고
검푸른 눈은 커다란 소의 눈과 같았으며
다함없는 법으로 마음을 삼고
마치 보름달 빛처럼 빛나는 얼굴에

사자왕의 걸음걸이로
천천히 본궁으로 들어갔다.
마치 제석의 아들과 같이
마음으로 공경하고 또한 몸도 공손히
부왕의 처소로 나아가
머리 조아려 문안 올리고
다시 태어나고 죽음의 두려움을 아뢰어
출가하게 하여 달라고 간절하게 청하였다.

"일체의 모든 세간은
만나면 반드시 헤어지나니
그러므로 원하건대 이 집을 떠나
진정한 해탈을 구하려 하나이다."

부왕은 출가한다는 말을 듣고서
마음이 곧 크게 두려워 벌벌 떠니
마치 커다란 미친 코끼리가
작은 나뭇가지를 흔드는 것 같았으며
곧 앞으로 나아가 태자의 손을 잡고
눈물을 흘리면서 타일러 말하였다.

"부디 그런 말 그만두어라.

아직 법에 귀의할 때가 아니니라.
젊을 때엔 마음이 항상 흔들려
행하는 일마다 잘못이 많으니라.
기특한 다섯 가지 욕망의 경계에
마음이 아직 떠나지 못하였다면
집을 나가 고행을 닦더라도
능히 마음이 결정되지 못하리라.

5-23

텅 비고 고요한 넓은 들에서
그 마음이 아직 고요히 멸하지 못하였다면
너의 마음에 비록 법을 좋아하더라도
나의 이 시기만은 아직 못하리니
너는 마땅히 나라 일 맡아 다스리고
나로 하여금 먼저 출가케 하여라.
아비를 버리고 후사를 끊는 것
그것은 곧 잘못된 법이 되느니라.

5-24

당부하건데 출가할 마음을 접고
세간의 법을 받아 익혀서
안락하고 좋은 이름 널리 퍼뜨리고
그런 연후에 출가함이 마땅하리라."

5-25

태자는 다시 공손한 말로

다시 부왕에게 아뢰었다.

"오직 네 가지 일만 보전할 수 있다면
마땅히 출가할 마음을 접겠습니다.
저의 목숨 보전하여 영원히 살고
병 없고 또 늙어 쇠하지 않으며
모든 살림살이 모자라지 않는다면
명령대로 출가를 그만두겠습니다."

5-26

부왕이 태자에게 타일렀다.

"너는 부디 그런 말을 하지 말라.
그와 같은 네 가지 일을
누가 능히 보전하여 없앨 수 있겠는가.
네 가 이러한 네 가지 원을 구한다면
정녕 남의 웃음거리가 될 것이니
우선 집을 떠날 마음을 그치고
다섯 가지 욕망을 받아 익히거라."

5-27

태자는 다시 왕에게 아뢰었다.

"네 가지 원을 가히 보전할 수 없다면
응당 아들이 집 떠남을 허락하시고
원하건대 만류하여 그만두게 하지 마소서.
아들은 지금 불붙은 집에 있거늘
어찌하여 나가는 것을 허락하지 아니하십니까.

헤어져 갈라짐은 평범한 이치이거늘
무엇 때문에 구함을 허락하지 아니하십니까.

5-28
당연히 저절로 닳아 없어질 것이라면
법으로써 벗어남만 같지 못하리니
만약 법으로써 벗어나지 못한다면
죽음이 닥쳐올 때 누가 능히 보전하겠습니까."

5-29
부왕은 아들의 마음이
결정되어 움직일 수 없는 것을 알고
단지 온 힘을 다하여 만류하여 볼 뿐
더 이상 여러 말을 하지 않았으며
다시 모든 채녀들을 늘려
묘한 다섯 가지 욕망의 즐거움을 더하고
낮이나 밤이나 힘써 막고 감시하여
기어이 집을 나가지 못하게 하였다.

5-30
나라의 모든 신하들이
태자가 계신 곳에 나아가
널리 모든 예법을 본보기로 들어
왕의 명령 따르기를 권유하였다.
태자는 부왕이
비통하여 눈물 흘리는 것을 보고

우선 본궁으로 돌아와서
단정히 앉아 묵묵히 생각하였다.

5-31

궁중의 모든 채녀들이
가까이서 둘러싸 모시고
안색을 엿보아 살피면서
잠시도 한눈을 팔지 않았다.
마치 가을 숲 속의 사슴이
사냥꾼을 바르게 보듯이 하였으니
태자의 단정한 얼굴은
마치 진금산과 같았다.

5-32

기녀들 모두 우러러 살피면서
분부 받들어 말과 얼굴 엿보며
공경하고 두려워하며 그 마음을 살핌이
마치 저 숲 속의 사슴 같았으며
점점 날이 저물어 해가 져서
태자가 어두운 방 안에 있으면
그 광명이 더욱더 빛나고 밝아
해가 수미산을 비추는 것 같았다.

5-33

일곱 가지 보배로 된 자리에 앉아
오묘한 전단향을 피우고

채녀들의 무리는 둘러싸고
갖가지 묘한 하늘의 즐거운 소리들인
건달바의 소리로 연주하니
비사문 아들의 음악 소리와 같았으나
태자의 마음속의 생각은
멀리 떠나는 즐거움이 제일이었다.

5-34

아무리 갖가지의 묘한 음악 연주하여도
또한 그 마음엔 관심이 없었으니
그때 정거천의 아들은
태자가 때가 되면
결정하여 응당히 집을 떠날 줄을 알고
홀연히 사람으로 변하여 내려와
조용하게 모든 기녀들의 무리들을
모두 다 깊은 잠에 빠지게 하였다.

5-35

몸의 거동을 제대로 추스르지 못하여
저마다 추한 꼴을 제멋대로 드러냈으니
정신없이 잠이 들어 서로 엎어지고 자빠졌고
악기는 가로 세로 어지럽게 흩어졌으며
곁에 기대거나 혹은 뒤척이며
혹은 다시 못물에 던져진 듯이 하였으며
영락은 끌리는 사슬과 같았고

의상은 온몸을 얽었다.

거문고 안고 땅에 쓰러진 모습은
마치 형벌을 받는 사람 같았으며
누렇고 푸른 옷 여기저기 흩어져
가지 꽃이 꺾인 것과 같았으며
늘어진 몸으로 벽에 기대 잠자는 모양이
마치 각궁을 걸어 놓은 듯이 하였으며
혹은 손으로 바라지 창문을 부여잡으니
마치 목매 죽은 시체 같았다.

신음소리 자주 내고 길게 하품하며
가위눌려 소리치고 침과 눈물을 흘렸으며
흐트러진 머리카락과 추한 꼴을 드러냄이
마치 미친 사람 보는 것과 같고
화만은 드리워져 얼굴 가리고
혹은 얼굴을 땅에 묻으며
혹은 몸 일으켜 흔들어대는 모습이
저 홀로 흔드는 새와 같았다.

몸을 맡겨 서로 베게로 삼고
손발을 서로 포갠 채
혹은 얼굴을 찡그리고 미간을 찌푸리며

혹은 눈은 감았으며 입은 벌어지고
갖가지로 몸이 흩어지고 어질러짐이
시신이 널린 듯 어수선하였다.
그때 태자는 단정히 앉아
모든 채녀를 관찰하였다.

5-39

'조금 전에는 모두 지극히 단정하고 엄숙하며
말하고 웃으며 마음으로 아첨하고 묻고
아리땁고 고운 자태로 아양을 떨더니
지금은 모두 추하고 더럽기가 그지없구나.
여자의 본 성품이 이러하거늘
어떻게 가히 친하고 가까이 하리오.
목욕하고 거짓으로 꾸미고 단장하여
남자의 마음을 속이고 유혹하는 것
나는 이제 깨달아 알았나니
결정하건대 출가를 의심할 것이 없으리라.'

5-40

그때 정거천왕이
하늘에서 내려와 문을 활짝 여니
태자는 그때 천천히 일어나
모든 채녀들 사이를 빠져나가서
집 안에서 머뭇거리다가
차익을 불러 분부하였다.

5-41

"내가 지금 마음이 너무나도 간절하여
감로의 샘물을 마시고자 하나니
말에 안장 얹어 시급히 끌고 오거라
죽지 않는 곳으로 가고자 하노라."

5-42

스스로 알아 마음을 결정하고
견고하고 굳은 맹세로 장엄하였으니
채녀들 본래는 단아하고 바르더니
지금은 모두 추한 모습을 보였다.
대문도 전에는 잠겨 있더니
지금은 모두 다 저절로 열려 있으니
이와 같이 모든 상서로운 모양을 보나니
제일의 올바른 길이어라.

5-43

차익은 속으로 생각하였다.
'응당히 태자의 명령을 받들어야 하나
벗어난 것을 부왕이 알게 되면
응당 심하게 죄의 책임을 물을 것이니라.'

5-44

모든 하늘은 신통력을 일으키어
어느새 말을 끌고 왔으며
평평한 수레에 뛰어나게 좋은 말

모든 보배로 아로새긴 안장을 갖추었다.
높고 푸른 갈기와 긴 꼬리
굽은 등덜미에 짧은 털과 귀
사슴 가슴에 거위 목덜미
넓고 둥근 이마에 표주박 코

5-45

용 목구멍과 얼굴에 가슴은 네모져서
준마의 모습을 모두 갖추었다.
태자는 말의 목을 어루만지고
몸을 문지르면서 타일렀다.

5-46

"부왕께서는 언제나 너를 타고
적군에게 나아가면 번번이 적군을 이겼는데
나는 이제 네 힘에 의지하여
저 멀리 감로의 나루를 건너고자 하노라.
싸움터에는 수많은 군사들이 있고
영광스런 즐거움에는 친구들이 많으며
상인들이 보배를 구했을 때에는
즐겁게 따르는 이 또한 많지만

5-47

괴로움을 당해서는 좋은 벗 만나기가 어렵고
법을 구할 때에는 반드시 친한 벗이 적은 법
이 둘을 감당해낼 수 있는 자라면

카필라의 성 밖으로 떠나가다.

마침내 이로움과 안락을 얻으리라.
내 이제 집을 떠나고자 하는 것은
괴로워하는 중생들을 건져내기 위함이니
너도 이제 자신도 이익 되게 하고
아울러 모든 중생들을 건져야 하리라.
마땅히 그 힘을 다하여
오래 달리되 지지치 말아라."

5-48

이렇게 타이른 뒤 천천히 말에 올라
고삐를 잡고 새벽길을 달리니
사람의 모습은 햇빛이 흐르는 듯하고
말의 모습은 떠 있는 흰 구름과 같았으며
몸단속하여 흔들리지 아니하고 신속하게
기운을 막아 부르짖어 울지 않았다.
네 신이 달려와 발을 받치니
은밀하고 고요하여 소리가 없고

5-49

겹겹이 잠긴 단단한 대궐의 문도
하늘의 신으로 하여금 저절로 열렸다.
공경하고 소중하신 이 아버지보다 더한 이 없고
사랑이 깊기로는 자식보다 더한 이 없으며
안이나 밖이나 모든 권속들
은애와 사랑으로 얽히고 얽혔으나

정을 버리고 남겨둔 생각이 없이
표연히 떨치고 성 안을 빠져나갔다.

5-50

맑고 깨끗한 연꽃 같은 눈으로
진흙 가운데에서 살기 위하여 가면서
부왕이 계신 궁전을 돌아보고 바라보며
하직을 아뢰는 말을 하였다.
'태어남. 늙음. 죽음을 벗어나지 못하면
영원히 이와 같은 인연 속에서 노닐지 않을 것입니다.'
일체의 모든 하늘의 무리들과
허공의 용들과 귀신까지도

5-51

따라서 기뻐하고 칭찬하며
오직 이것만이 참 진리라 말하였으며
모든 하늘과 용과 귀신 무리들
얻기 어려운 마음 얻은 것 축하하고
제각기 자신의 힘의 광명으로써
인도해 그 밝음을 도와주었다.
사람이나 말의 마음 모두가 예리해
달려감이 흐르는 별과 같았으며
동녘 하늘 동트려면 아직도 멀었는데
어느새 3유순을 나아갔다.

(5장. 출성품. 出城品 終)

제 2 권

06장 . 차익환품(車匿還品)
– 마부차익 말과 함께 돌아오다 .

잠깐 사이에 밤은 빠르게 지나가고
많은 사람들의 눈빛이 비추어 나오는 곳
숲의 나무 사이를 돌아보니
바가바 선인이 사는 곳이었다 .
숲속에 흐르는 물은 너무도 맑고 깨끗하며
짐승들은 사람을 가까이 따르니
태자가 보고는 마음으로 기뻐하여
온몸의 고달픔이 저절로 풀렸다 .

6-2
'이것은 곧 상서로움이 되리니
반드시 일찍이 없었던 이익을 얻으리라 .'
다시 또 저 선인을 보니
그는 마땅히 공양 받을 만한 사람이라 .
몸소 그 위의를 잘 지키고
잘났다거나 교만스런 자취조차 없었다 .

6-3
말에서 내려 손으로 머리를 쓰다듬으며

"너는 이제 이미 나를 건져 주었노라."
자비스런 눈으로 차익을 바라보니
마치 청량한 물로 씻은 것과 같았다.

6-4
"준마가 나는 듯이 치달릴 때
너는 언제나 말의 뒤를 따랐다.
너의 깊은 공경과 부지런함과
게으름 없는 노력에 감동하였노라.
다른 일이야 더 이상 따질 것이 없고
오직 너의 진실한 마음만 가질 뿐이다.
마음으로 공경하고 몸으로 애썼으니
이 두 가지를 이제야 비로소 보았노라.

6-5
사람은 마음에 지극한 정성이 있더라도
몸의 힘이 그것을 견뎌내지 못하고
힘이 견딘다 해도 마음이 따르지 못하거늘
너는 바로 그 둘을 다 갖추었구나.
세간의 영화와 이익을 던져 버리고
발을 내딛어 나를 따라왔구나.
어떤 사람인들 이익을 향하지 아니하랴.
이익이 없으면 친척도 떠나건만

6-6
너는 이제 얻을 것이 없이 나를 따라서

현재 세상의 이익을 구하지 않았구나.
대저 사람이 자식을 낳아 기르는 것
조상의 대 잇기 위함이며
왕을 받들어 공경하는 까닭은
길러준 은혜를 갚으려 함이니라.
이 세상 모두들 이익을 구하는데
너만 홀로 이익을 등지고 왔구나.

6-7

지극한 말은 번잡하지 않나니
이제 마땅히 간략하게 너에게 말하리라.
너는 나를 섬기는 일 이미 끝났으니
이제 다시 말을 타고 돌아가거라.
진실로 나는 지금까지 오랜 세월 동안
구하던 것 이제야 얻었느니라."

6-8

곧바로 보배 영락을 풀어
차익에게 주면서
"이것을 너에게 주나니 잘 간직하라.
이것으로 너의 슬픔 위로하노라."

6-9

정수리에 마니 보석으로 된 보배로운 관
빛나는 광명은 그 온몸을 비추었으며
곧 벗어 손바닥에 올려놓으니

해가 수미산을 비추는 것과 같았다.

"차익이여. 이 구슬 가지고
부왕 계신 곳으로 돌아가거라.
이 구슬 가져다 왕의 발에 예배하고
나의 정성된 마음을 나타내 다오.
나를 위하여 왕에게 아뢰고 청하여라.
원하건대 사랑하고 연민하는 정 버리시라고
태어남, 늙음, 죽음을 벗어나기 위하여
고행의 숲에 들어왔음이라고

또한 하늘에 태어나기를 구하는 것도 아니며
우러러 그리워하는 마음이 없는 것이 아니고
또한 어떠한 원한을 품은 것도 아니며
오직 근심과 슬픔을 버리고자 할 뿐이며
오랜 세월 동안 은혜와 애욕을 쌓아봐야
반드시 언제인가는 이별해야 하나니
언제인가는 헤어져야하기 때문에
해탈할 인연을 구하는 것이라고

만일 해탈을 얻었다고 하면
영원히 어버이 떠나는 일 없을 것이지만
근심을 끊기 위하여 집을 나왔나니

아들을 위하여 근심을 일으키지 말아 달라 하여라.
다섯 가지 욕망이란 근심의 근본이 되나니
마땅히 욕망에 대한 근본을 근심하시라고
우리 조상으로서 모든 훌륭한 왕은
뜻이 굳고 단단하여 흔들리지 않으셨노라.

6-13

이제 나는 그 재산 물려받았지만
오직 법 아닌 것 마땅히 버렸다고 하여라.
대저 사람은 목숨이 끝날 때
그 재산 모두를 아들에게 넘기며
아들들 대부분이 세속의 이익을 탐하지만
나는 법의 재물을 더 좋아한다 하여라.
만일 말씀하시기를 나이가 젊고 건장할 때는
공부할 때가 아니라고 하신다면

6-14

마땅히 아시라. 바른 법 구함에는
때이건 때 아니건 가릴 것이 없으며
무상하여 정하여진 기약이 없이
죽음의 원수는 항상 따르고 엿보며
그러므로 나는 오늘이야말로
결정하건대 법을 구할 때라 하여라.
위와 같은 모든 것을 아뢰어라.
너는 나를 위하여 모두 아뢰고

6-15

오직 원하는 것은 부왕으로 하여금
다시는 나를 돌이켜 그리워하지 마시라 하여라.
만약에 일부러 나를 헐어 비방함으로써
왕으로 하여금 애정을 끊게 할 수 있다면
너는 삼가거나 말을 아끼지 말고
왕으로 하여금 생각이 끊어져 없어지게 하여라."

6-16

차익은 태자의 분부를 받들고
슬픔에 겨워 정신이 혼미해져
두 손을 합장하고 무릎 꿇고 앉아
태자의 말에 다시 대답하였다.

6-17

"이와 같이 분부대로 갖추어 말씀을 드리면
의심하건대 더욱더 근심과 슬픔이 더할 것이고
근심과 슬픔이 더욱더 깊어지면
코끼리가 진흙탕에 깊이 빠진 것과 같아질 것입니다.
결정하건대 은혜와 애욕을 등진다면
마음 있는 이 누군들 슬퍼하지 않겠습니까.
쇠나 돌도 오히려 꺾어지고 부서지겠거늘
하물며 슬픈 감정에 빠진 이 어찌겠습니까.

6-18

태자님께서는 깊은 궁중에서 자라나

젊고 호강하여 몸이 부드럽나니
가시덤불 숲 속에 부드러운 몸 던져
고행을 어찌 견딜 수 있겠습니까.
처음에 저에게 명하여 흰말 준비케 하셨을 때
제 마음이 매우 불안하였지만
천신이 나타나 못 견디게 재촉하여
저로 하여금 속히 장엄하게 하였습니다.

6-19

어떠한 뜻이 있어 태자로 하여금
결정하여 깊은 궁전을 버리게 하였습니까.
이 카필라국의
모든 곳에 슬픔과 고통을 일으키십니까.
부왕께서는 이미 나이 늙으셨고
아들 생각하는 사랑 또한 깊나니
결정하건대 집을 버리고 나가신다면
그것은 곧 합당한 일이 아니십니다.

6-20

그릇된 견해로 부모도 없다고 한다면
그것이야 곧 다시 말할 것 없겠지만
마하파자파티는 오랫동안 기르면서
젖 먹여 키우느라 육신이 쪼그라들었습니다.
자비와 사랑을 가히 잊기가 어렵나니
부디 은혜를 등지는 이 되지 마십시오.

어린 아이 기르는 어머니의 공덕은
훌륭한 종족이라면 능히 받들어 섬기나니

6-21

뛰어난 것 얻었다 하여 다시 버린다면
그것은 곧 훌륭한 사람이 아니옵니다.
야수다라의 훌륭한 아들은
나라를 이어받고 바른 법을 맡았으나
그 나이 아직은 어리디 어리니
이도 또한 응당히 버릴 수 없는 것입니다.
이런 이치 어기고 부왕을 버리고
종친과 권속들도 모두 다 버렸지만

6-22

부디 더 이상 저만은 버리지 말아 주십시오.
결코 존귀한 분을 떠나지 않을 것입니다.
저의 마음은 뜨거운 불을 품은 듯하여
혼자서는 궁중으로 돌아감이 감당하기 어렵습니다.
이제 텅 빈 저 들판 가운데에다
태자를 버리고 돌아간다면
마치 저 수만제가
라마를 버린 것과 다름없을 것입니다.

6-23

지금 만일 홀로 궁으로 돌아가면
왕께 나아가 무엇이라 아뢸 것이며

온 궁중 사람에게 책망을 들을 적에
또 다시 무슨 말로 대답하겠습니까.
조금 전에 태자께서 저에게 말씀하시길
방편으로 헐어 비방하라 하셨으나
존귀하신 분의 공덕 앞에서
어떻게 거짓으로 꾸며 말씀을 드리겠습니까.

6-24

저는 너무도 부끄럽고 부끄러워
혀가 있어도 능히 말하지 못하리니
설령 무슨 할 말이 있다고 한들
천하에 어느 누가 그 말을 믿겠습니까.
만일 달빛이 뜨겁다 말할 때
세간에서 믿는 자가 있다면
태자가 행하는 것이 벗어남이 있어
법다운 행이 아니라고 믿을 것입니다.

6-25

태자님의 마음은 부드럽고 연약하여
언제나 모든 것을 자비롭게 대하시니
깊이 사랑하면서 버린다는 것
그것은 곧 본마음에서 어긋나는 것입니다.
원하건대 가히 생각하여 궁으로 돌아가시어
어리석은 저의 정성을 위로하여 주소서."

6-26

태자는 차익의 애처롭고 간절하여
입이 쓰도록 간하는 말을 들었지만
마음은 편안하고 더욱 굳고 단단해져
다시 그에게 타일러 말하였다.

6-27

"너는 이제 나를 위하는 까닭에
이별의 고통이 생겼으나
마땅히 그러한 슬픈 생각을 버리고
또 스스로 그 마음을 달래야 하느니라.
중생들은 제각기 다른 갈래로
어그러져 떠나는 것이 평범한 이치이니
내가 아무리 지금에 있어서
모든 친족 버리지 않는다 하여도

6-28

죽음에 이르러서 몸과 정신이 갈라짐을
마땅히 어떻게 머물게 하겠는가.
자비스런 어머니 나를 가졌을 적에
깊이 사랑했으나 언제나 괴로움 품었고
나를 낳은 뒤에는 곧 목숨이 끝나
마침내 자식의 봉양을 받아보지 못하였느니라.
삶과 죽음 각각 길이 다르나니
지금 어느 곳에 가서 다시 만나겠는가.

6-29

넓은 들 우거진 높은 나무에
뭇 새들 떼 지어 깃들 적에
저녁에 모였다가 새벽이면 반드시 흩어지듯
이 세간의 이별도 또한 그와 같음이라.
높은 산에 걸려 있는 뜬구름
사방에서 모여들어 허공을 메웠다가도
어느새 다시금 사라지고 흩어져 버리나니
사람 사는 이치도 또한 다시 그러하니라.

6-30

세간은 본래 저절로 어그러지는 것이니
잠시 만나 은애로 얽혀짐이
꿈속에서 만나고 흩어지는 것 같이
나의 친한 사람들도 응당 헤아릴 수 없느니라.
비유하면 봄철에 살아나는 나무가
점점 자라 가지와 잎 우거졌다가
가을의 서리에 말라 떨어지는 것처럼
한 몸도 오히려 분리되고 마느니라.

6-31

하물며 잠깐 동안 회합한 사람들일진대
그 친척이 어찌 언제나 함께하겠는가.
너는 장차 근심과 고통을 쉬고
나의 분부를 받들어 돌아가거라.

돌아갈 생각이 흔들려 나와 있고 싶거든
우선은 돌아갔다가 나중에 다시 오거라.
저 가비라위국 사람들
내 마음의 결정을 듣고도

6-32

돌아보아 나를 생각하는 자 있거든
너는 마땅히 나의 말을 일러주어라.
나고 죽는 바다를 건너고 나서
그런 다음에야 마땅히 돌아가리라.
만일 간절한 소원이 이뤄지지 않으면
이 몸은 산림에서 죽고 말 것이라고."

6-33

그때 흰 말은 태자의
이러한 진실한 말을 듣고는
무릎 꿇고 태자의 발을 핥으며
길이 한숨 쉬며 눈물을 흘렸다.
수레바퀴 있는 손바닥과 막이 있는 손으로
흰말의 정수리를 따라 어루만지며 타일렀다.

6-34

"너는 근심하거나 슬퍼하지 말라.
나는 이제 너에게 진실로 감사하느니라.
훌륭한 말로써 수고하고 애썼으며
그 공덕으로 이제 마쳤으니

나쁜 세상의 괴로움이 길이 그치고
이제 묘한 결과가 드러나리라."

6-35

모든 보배로 장엄한 칼은
항상 차익이 들고 따랐는데
태자가 날카로운 그 칼을 뽑았을 때
마치 용의 빛나는 광명 같았다.
보배 관을 썼던 검은 머리를
모아 쥐고 끊어 공중에 던지니
위로 날아가 허공의 경계에 엉겨
나부낌이 난조가 나는 것 같았다.

6-36

도리천의 모든 하늘 사람들
머리털 잡고 천궁으로 돌아갔나니
언제나 발자취를 받들어 섬기고자 했거늘
하물며 이제 그 머리털을 얻음에 있어서랴.
마음을 다하여 공양 올리기를
올바른 법에 다다라 이를 때까지 하였다.

6-37

태자는 그때 스스로 생각하기를
'모든 장신구는 이제 다 없애고
오직 흰 비단 옷만이 남아 있는데
이것도 집 떠난 자의 모습이 아니다.'

6-38

그때 정거천자는
태자가 마음으로 생각하는 것을 알고
사냥꾼 모습으로 변하여
활을 지니고 예리한 화살을 차고
몸에는 가사를 걸치고
곧 태자 앞으로 나아갔다.

6-39

태자는 생각하기를
'이 옷이야말로 물들인 청정한 옷이구나.
선인의 훌륭한 차림새이나
사냥꾼에게는 어울리지 않는다.'
곧 사냥꾼을 부르면서 앞으로 나아가
부드러운 말로 타일러 말하였다.

6-40

"그대는 그 옷에 대하여
애착이 그리 깊지 않은 것 같소.
내가 입은 이 옷을 드릴 테니
그대 옷과 맞바꾸면 어떻겠소."

6-41

사냥꾼이 태자에게 말하였다.
"이 옷을 아끼지 않는 건 아니라오.
이것으로써 모든 사슴 떼를 속여

그들을 유인하여 잡기 때문입니다.
진실로 그대에게 필요하다면
지금 입고 있는 옷과 바꿔 주겠소."
사냥꾼은 그 옷을 바꿔 입고
저절로 하늘 몸이 되어 되돌아갔다.

6-42

그때 태자와 차익은
그것을 보고 기특한 생각을 일으켰다.
'이것은 반드시 아무런 일이 없는 옷이요
정녕 이 세상 사람의 옷이 아니로구나.'
태자는 내심 크게 기뻐하여
그 옷에 대하여 배나 더 공경하고
곧바로 차익과 이별한 후에
저 가사 옷을 입었다.

6-43

그것은 마치 푸르고 붉은 구름이
해나 달을 에워싼 것 같았으니
편안한 모습으로 걸음을 살피며
선인의 굴 속으로 들어갔다.
차익은 저절로 따라가며 바라보았으니
점점 더 멀어져가는 다시는 볼 수 없는
태자는 부왕을 버리셨고
권속들과 나의 몸까지도 버리셨도다.

가사 옷을 좋아하며 입고는
고행의 숲으로 들어가 버리셨으니
머리 들고 하늘 보며 울부짖다가
정신이 아득하여 땅바닥에 쓰러졌다가
다시 일어나 흰말의 목을 부여안고
절망하여 길을 따라 돌아올 때에
어정어정거리며 자꾸만 돌아보니
몸은 가나 마음은 뒤로 달렸다.

혹은 생각에 잠겨 정신을 잃기도 하고
혹은 머리 들었다가 숙여 몸에 떨구며
혹은 넘어졌다 다시 일어나는 등
슬피 울며 길을 따라 돌아왔다.

(6장. 차익환품. 車匿還品 終)

07장. 입고행림품(入苦行林品)
– 고행 위하여 고행림에 들어가다.

태자는 차익을 보내고 나서
선인이 계신 굴로 들어가니
단정하고 엄숙하며 몸에서 광채가 나서
고행의 숲을 두루두루 비추었다. 0
모든 이치를 두루 갖춘 사람
그 이치를 따라서 거기로 가니
비유하면 마치 사자의 왕이
짐승들 무리 속으로 들어가는 것과 같았다.

7-2
속세의 모습은 이미 모두 다 버리고
오직 도의 진실한 모양만 보았으니
저 모든 수행하던 선인들
일찍이 보지 못하였던 것 갑자기 보고
두렵고 놀라운 마음 품고서
합장한 채 단정히 바라보았으며
제각기 일하던 남자와 여자들도
곧바로 바라보면서 움직이지 않았다.

7-3
마치 하늘의 사람들이 제석을 볼 때

물끄러미 보면서 눈 깜박이지 않듯이
모든 선인들도 한 발걸음도 옮기지 아니하고
물끄러미 바라보는 것도 또한 그러하였다.
무거운 짐 손으로 집어 들고서
우러러 공경하며 일 놓지 않음이
마치 소가 멍에를 메고 있듯이
몸은 그대로였으나 마음만은 순종하였다.

7-4

함께 공부하는 모든 신선들
모두가 일찍이 보지 못하였다 말하였으며
공작 따위의 모든 무리의 새들은
어지럽게 소리 내어 울면서 날아다녔다.
사슴과 함께하였던 바라문들은
사슴을 따라 숲에서 노닐었으며
거친 성품으로 힐긋힐긋 바라보던 사슴들도
태자를 보자 단정히 바라보았다.

7-5

사슴을 따라 노닐던 모든 바라문들도
단정히 보는 것이 또한 그러하였으며
감자족의 등불이 거듭 밝기는
마치 아침에 떠오르는 햇빛과 같았다.
능히 많은 젖소들이 감응하여
달고 향기로운 우유를 더 많이 내었으며

저 모든 바라문들도
놀라고 기뻐하며 서로 전하여 말하였다.

7-6

"여덟 번째 파수천인가.
두 번째 아습파인가.
여섯 번째 하늘의 마왕인가.
범가이천인가.
해와 달의 천자인가.
이 세계에 그분이 내려왔는가.
이분을 마땅히 공경해야 한다."

7-7

그리고 다투어 달려와서 공양하였고
태자도 또한 겸손하게 낮추어
공손한 말씨로 안부를 물었다.
보살은 숲 속에 있는
모든 바라문들을 두루 관찰하여 보니
갖가지로 복업을 닦으면서
모두 하늘에 나는 즐거움을 구하였다.
그중에서 나이 많은 바라문에게
닦아야 할 진실한 도를 물었다.

7-8

"지금 나는 이곳에 처음 왔기에
어떠한 법을 행하여야 할지 알지 못합니다.

필요한 일을 따라 청하여 물으리니
원하건대 나를 위하여 설명하여 주시오."

7-9

그때 거기 두 바라문은
모든 고행에 대한 것과
그 고행의 과보에 대하여
차근차근 곧바로 대답하여 주었다.

7-10

"사람 사는 마을에서 나오는 것이 아닌
깨끗하고 맑은 곳에서 나오는 물을 마시고
혹은 나무의 뿌리와 줄기와 잎을 먹으며
혹은 꽃과 열매를 먹기도 하며
갖가지로 그 방법을 달리하나니
옷과 음식도 또한 같지 않으며
혹은 새들의 습성을 익혀서
두 발로 먹을 것을 움켜잡기도 하며

7-11

때로는 사슴을 따라 풀도 먹으며
망타 선인들은 바람을 마시며
나무나 돌로 찧은 음식은 먹지 아니하고
두 이빨로 물어 자국을 내며
혹은 밥을 빌어 남에게 베풀어 주고는
거기서 남은 것을 자신이 먹거나

혹은 항상 물에 머리를 적시고
혹은 다시 불을 받들어 섬기기도 하며

7-12

물에 살면서 고기의 습성을 익히는 선인 등
이와 같은 모든 일들로
바라문들은 고행을 닦아
목숨을 마치면 하늘에 나며
그러한 고행으로 말미암아
마땅히 안락한 결과를 얻음이라."

7-13

두 가지 구족하신 어진 수행자는
이러한 갖가지의 고행을 들었으나
거기서는 참된 이치를 발견할 수가 없어
마음속이 도무지 기쁘지 아니하였으니
생각하다 그들을 가엾게 여겨
마음속에 품은 생각을 스스로 말하였다.

7-14

"불쌍하기 그지없습니다. 저렇게 큰 고행하여
오로지 인천의 과보만을 구하다니
나고 죽음을 따라 윤회하며
괴로움은 많으나 결과가 적습니다.
어버이를 등지고 좋은 경계를 버리고
결정된 하늘의 즐거움을 구하다니

비록 작은 괴로움은 면하더라도
결국엔 큰 괴로움에 얽매일 것입니다.

7-15

스스로 그 몸뚱이 야위어서 파리하게 하고
모든 고행을 닦아 행하며
다시 태어나길 구하지만
다섯 가지 욕망의 종자만 자라나게 할 뿐입니다.
나고 죽음을 관찰하지 못하므로
괴로움으로써 또 다른 괴로움을 구하게 되고
일체 중생의 무리들은
마음으로 언제나 죽음을 두려워하여

7-16

열심히 애쓰며 태어나기 구하지만
이미 태어나면 반드시 죽음과 만날 것입니다.
비록 다시 괴로움을 두려워한다 하여도
괴로움의 바다에 오래도록 빠지리니
이러한 삶은 지극히 피로하기만 한 것
다음에 태어나도 다시 그치지 않을 것이며
괴로움 참아가며 현세의 즐거움을 구하고
하늘에 나기를 구하지만 또한 괴로움입니다.

7-17

즐거움을 구하는 마음은 하천한 것이니
다 함께 옳지 않은 곳에 떨어질 것입니다.

지극히 비루한 것과
열심히 애씀은 곧 훌륭하다 하겠으나
지혜를 닦는 것만 같지 못하나니
둘을 함께 버리면 영원히 더함이 없을 것입니다.
몸을 괴롭히는 것을 법이라 하면
안락한 것은 법이 아닐 것이요

7-18

법을 행하여 나중에 즐겁다면
원인은 법이나 결과는 법이 아닐 것입니다.
몸의 행을 일으키고 멸하게 함은
모두 마음과 뜻의 힘으로 말미암음이니
만일 사람이 마음을 여의면
이 몸은 고목과 같을 것입니다.
그러므로 마땅히 마음을 길들여
마음이 조복되면 몸은 저절로 바르게 될 것입니다.

7-19

깨끗한 것 먹는 게 복이 된다면
짐승과 가난한 사람들은
언제나 열매와 잎만 먹나니
그들은 응당 복이 있어야 할 것입니다.
만일 말하기를 선한 마음이 일어나기 때문에
고행이 복의 원인이 된다고 하면
저 모든 편하고 즐거운 행에서는

어찌하여 선하지 않은 마음이 일어납니까.

7-20

즐거움이 선한 마음을 일으키는 것도 아니요
선함 또한 괴로움을 원인으로 하는 것이 아닙니다.
만일 저 모든 외도들이
물로 인하여 깨끗하여진다 한다면
물에 살기 좋아하는 저 중생들
나쁜 업 또한 항상 깨끗하여질 것입니다.
저 본래 공덕이 있는 선인이
거기 머물러 살았던 곳이라 하여

7-21

공덕이 있던 선인이 살았었기에
온 세상이 모두 소중하게 합니다.
응당 그의 공덕을 존경해야 할 것이지만
응당 그 장소를 존중히 여김은 옳지 못합니다.”

7-22

이와 같이 널리 법을 설하자
어느새 해가 저물어 황혼이 되었다.
불을 섬기는 자들을 보니
혹은 비벼대고 혹은 불며
혹은 연한 기름을 뿌리고
혹은 소리 내어 주문을 외웠다.
이렇게 하여 밤낮이 다하도록

그들이 행하는 일 관찰하여 보아도

7-23

진실한 이치가 보이지 않아서
곧 버리고 떠나려 하였다.
그때 저 모든 바라문들은
모두 와서 머물기를 간청하였는데
보살의 덕 사모하고 우러러
간절히 권하고 청하지 않는 이가 없었다.

7-24

"사문은 법답지 않은 곳으로부터 와서
바른 법의 숲에 이르렀는데
이제 다시 버리고 가고자 하십니다.
그러므로 머무르기를 권하고 간청합니다."

7-25

모든 나이 많은 바라문들이
흐트러진 머리에 풀로 된 옷을 입고
보살의 뒤를 따라오면서
잠시 머물기를 청원하였다.
보살은 그 여러 노인들을 보니
뒤따라서 오느라 몸이 지쳐 있었다.
한 나무 아래에 멈추어 서서
그들을 위로하여 돌려보내려 하니
바라문의 모든 어른이나 어린이들이

에워싸고 합장하며 청하였다.

7-26

"사문이 홀연히 여기 왔을 적에
이 동산 숲은 신묘함으로 충만하였습니다.
그런데 이제 와서 버리고 가면
결국엔 거칠고 텅 빈 들판이 될 것입니다.
마치 사람이 제 목숨을 사랑하여
그 몸을 버리려고 하지 않듯이
우리들도 또한 그와 같으니
원하건대 조금만이라도 더 머물러주시오.

7-27

이곳에 있는 모든 바라문과
왕족 선인과 또 하늘 선인은
모두 다 이곳을 의지하여 머물고
또 이곳은 설산과 이웃해 있어서
사람의 고행을 증장하게 하는 곳이니
이곳보다 나은 곳은 없을 것입니다.
모든 공부하는 많은 선인들
모두 이 길을 말미암아 하늘에 태어났고

7-28

복을 구하고 신선을 공부하는 사람들
모두들 이곳의 북쪽에 머물며
바른 법을 거두어 받나니

지혜 있는 사람은 남쪽에 노닐지 않습니다.
만일 사문께서 우리들을 보고
게을러서 정진하지 아니하고
모든 부정한 법 행하는 것 보고서
여기에 머무는 것 좋아하지 않는다면

7-29

마땅히 우리들이 떠나야 하고
사문은 여기에 머물러야 할 것입니다.
이 모든 바라문들은
항상 고행할 도반 구했는데
사문은 고행자들의 어른으로서
어떻게 서로를 저버릴 수 있겠습니까.
만약 능히 여기에 머문다면
제석처럼 받들어 섬길 것이고
또한 하늘의 비리가발저처럼
받들어 섬길 것입니다."

7-30

보살은 바라문을 향해서
자기 마음으로 바라는 것을 말하였다.
"나는 바른 방편을 닦아서
오직 모든 있음을 멸하고자 합니다.
여러분들은 마음이 솔직하고 곧으며
행하는 법 또한 고요하고 잠잠하며

오는 손님을 친절하게 맞아 주니
나의 마음 진실로 기쁘고 즐거웠습니다.

7-31

아름다운 말은 사람의 마음을 감동시켜
듣는 이 모두 씻은 듯 하고
여러분들이 하는 말 듣고
나는 법을 좋아하는 마음이 더욱더 늘어났습니다.
여러분들은 모두 나에게 돌아와
서로가 법의 좋은 벗이 되었나니
이제 여러분들을 버리자니
그 마음 심히 슬프고 애통합니다.

7-32

먼저는 친척 권속을 배반하였고
이제는 또 여러분들과 등집니다.
만났다 이별하여 헤어지는 괴로움
그 고통 같아서 다름이 없습니다.
나의 마음이 즐겁지 않아서도 아니요
또한 다른 이의 허물을 보아서도 아닙니다.
단지 여러분들이 행하는 고행은
모두가 하늘에 태어나는 즐거움을 구하지만

7-33

나는 늙고, 병들고, 죽음을 멸하기를 구하나니
그 모양도 다르지만 마음도 다릅니다.

여러분들이 다 함께 수행하는 법은
본래 선현들의 업을 익힘입니다.
나는 모든 집착을 멸함이며
집착이 없는 법을 구함입니다.
그러므로 이 숲에서
오래 머물 이유가 없습니다."

그때 모든 바라문들은
보살이 하는 말이
진실하여 말에 뜻이 있고
말의 조리와 이치가 높고 수승함을 듣고
그 마음 크게 기뻐서
배나 깊이 뛰어난 공경을 더하였다.
그때 어떤 바라문이 있었는데
항상 티끌 속에 누워 있고
헝클어진 머리에 나무의 껍질을 걸치고
누런 눈에 코는 우뚝하고 높았다.

그는 보살에게 말하였다.
"뜻은 굳세고 지혜는 밝아
결정되어 태어남의 허물을 알고
태어남을 벗어난 편안함도 잘 아십니다.
하늘의 신에게 제사 지내 빌며

갖가지로 고행을 행하는 것
모두 하늘에 태어나는 즐거움을 구함이니
아직도 탐욕의 경계를 떠나지 못해서입니다.

7-36

능히 탐욕과 더불어 다투면서
마음으로 참된 해탈을 구하나니
이것이 곧 진정한 대장부로서
결정하니 바르게 깨달은 자가 될 것입니다.
여기는 족히 머무를 곳이 못되오니
마땅히 빈타산으로 가시오.
거기엔 크게 존귀하신 분이 있으니
이름을 아라람이라 합니다.

7-37

오직 그만이 최후의 경지를 깨달아 얻어
제일가는 뛰어난 눈을 증득하였나니
사문이 마땅히 그 사람을 찾아가면
진실한 도를 듣고 얻을 수 있을 것입니다.
능히 마음을 기쁘게 하는 자이거든
반드시 마땅히 그 법을 따라 행하시오.
내가 사문이 원하는 마음을 보니
또한 그곳도 편안하지 않을까 염려됩니다.

7-38

마땅히 다시 거기서 머무는 것을 버리고

다시 많이 아는 다른 이를 찾아 구하시오.

우뚝한 코에 넓고 긴 눈

빨간 입술에 예리하고 하얀 이빨

엷은 피부에 빛나는 얼굴

붉은 혀는 길고 연하고 엷습니다.

이와 같은 갖가지 묘한 상호는

뜨거운 물을 모두 마시고

7-39

마땅히 헤아릴 수 없이 깊은 물도 건널 것이요.

이 세간에 견줄 만한 사람은 없습니다.

저 늙어 빠진 모든 선인들

저들이 마땅히 얻지 못한 것을 얻을 것입니다."

7-40

보살은 그의 말을 알고

모든 선인들과 이별할 때

저 모든 선인 대중들은

오른쪽으로 돌고 제각각 말하고 돌아갔다.

(7장. 입고행림품. 入苦行林品 終)

08장. 합궁우비품(合宮憂悲品)
– 궁궐 사람 슬퍼하고 슬퍼하다.

8-1

차익이 말을 끌고 돌아올 때
절망한 심정이 슬픔에 막혀
길을 따라 울부짖고 걸어가는데
능히 스스로 눈을 뜰 수가 없었다.
지난번에 태자를 모시고 가다가
하룻밤 지새운 길이었는데
지금은 태자를 버리고 돌아가니
살아서 하늘의 음덕을 빼앗겼기에

8-2

배회하는 그 마음 달랠 길 없어
팔일 만에야 겨우 성문에 이르렀다.
좋은 말은 희고 몸체가 뛰어나
기운 떨치는 위엄스런 모습이었으나
주저하고 머뭇거리면서 돌아보고 우러르나
그 태자의 모습 보이지 아니하니
눈물을 흘리고 온몸은 늘어져
초췌한 모습 윤기마저 잃고

8-3

빙빙 돌면서 슬피 큰소리로 울어

밤낮으로 물이나 풀 먹는 것조차 잊었다.
세상을 구제할 주인을 잃고
가비라 성으로 되돌아오니
나라는 모두 텅 비어 있어
빈 마을로 들어가는 것과 같고
해가 수미산에 가려
온 세상이 모두 어두워진 것 같았으며

8-4

샘이나 못물은 맑고 깨끗함을 잃고
꽃과 열매는 무성하지 못하며
거리마다 모든 남자와 여자들
근심 걱정에 웃는 모습을 잃었다.
차익은 흰말과 함께
비통하고 원망스러움에 걸음은 더디고
무슨 말을 물어도 대답하지 않은 채
더디고 더딤이 상여꾼 걸음과 같았다.

8-5

군중들이 보니 차익은 돌아오는데
왕자의 모습은 보이지 않자
큰 소리 내어 울부짖음이
라마를 버리고 돌아올 때와 같았다.
어떤 사람은 길가로 와서
몸 기울여 차익에게 물었다.

"왕자님은 온 세상이 사랑하시는 분
온 나라 백성들의 목숨과 같거늘
너 혼자 남 몰래 모시고 가더니
지금은 어느 곳에서 머물고 계시는가."

차익이 슬픈 마음을 억누르고
많은 사람들에게 대답하였다.

"나는 돌아보고 생각하며 뒤쫓으면서
왕자를 버리지 않았으나
왕자는 나를 버리고
또 세속의 위의마저 내던진 뒤
머리 깎고 법의 옷을 입으시더니
마침내 고행의 숲으로 들어가셨습니다."

많은 사람들 출가의 소식을 듣고서
뜻밖의 생각에 너무 놀라움이 일어나
오열하고 흐느끼며 슬피 울 적에
콧물과 눈물 뒤섞여 흘러내렸다.
그들은 저마다 서로 물었다.
"우리는 장차 어찌하면 좋은가."

여러 사람들 다함께 의논해 말했다.

"모두 다 뒤쫓아 따라가자.

마치 사람의 몸과 목숨 끊어지면

몸이 죽고 정신이 갈라짐과 같나니

왕자는 우리의 목숨일진대

목숨을 잃고 우리가 어떻게 살아가리오.

이 읍성은 쓸쓸한 언덕의 숲이 되고

성곽의 읍이 수풀이 되리라.

이 성은 이제 위엄과 덕을 잃어서

마치 브리트라를 죽인 것과 같게 될 것이니라."

성 안의 모든 남녀들

왕자가 돌아왔다는 헛소문을 듣고

서로 다투어 길 위로 나왔으나

오직 빈 말만 돌아온 것을 보고

태자의 살고 죽음을 알 길이 없어

슬피 우는 등 그 소리들이 다양하였다.

차익은 말을 끌고 걸으면서

흐느껴 슬피 울며 돌아오니

태자를 잃어버린 걱정과 슬픔에다

두렵고 두려운 마음 그 위에 더하였으니

마치 군사가 적군에게 패했을 때
붙잡혀 한탄하며 왕의 앞에 끌려가듯 하였다.
성문에 들어서자 눈물이 비 오듯 흘러내려서
눈앞에 아무것도 보이는 것이 없었으며
하늘을 우러러 크게 통곡할 때
흰말도 또한 슬피 울었다.

8-13

궁중에 있던 모든 새와 짐승들
마구간에 있던 모든 말들도
흰말이 슬피 우는 소리를 듣고
길게 울어 응답하였다.
태자가 돌아온 줄 알고 부르짖었다가
보이지 아니하자 소리 그쳤으며
후궁과 모든 채녀들도
말과 새와 짐승들의 우는 소리를 듣고는

8-14

머리는 산발한 채 낯빛은 누렇게 뜨고
얼굴은 파리한 데다 입술은 바싹 마르며
옷이 더러웠으나 빨 생각조차 아니하고
몸은 더러워져도 목욕하지 않았다.
모든 치장하던 도구도 버리고
헐고 여위어 선명하지 않았으며
온몸은 전혀 광택이 없어

마치 스러져가는 별과 같았다.

8-15

옷은 낡고 헐어 남루하기가
도적맞은 사람과 다름없었으며
차익과 흰말이 눈물 흘리며
절망하고 돌아온 것을 보고는
슬픔에 겨워 울부짖는 모습이
방금 어버이 잃은 사람 같았고
미쳐 치닫고 어지럽게 날뜀이
소가 제 갈 길을 잃은 것과 같았다.

8-16

큰 사랑이신 마하파자파티는
태자가 돌아오지 않았다는 말을 듣고
몸을 솟구쳤다 스스로 땅에 던져
온몸이 다 상하고 부서졌다.
비유하면 마치 사납게 몰아친 바람에
황금빛 파초나무가 찢겨진 것 같았으며
또 태자의 출가 소식을 듣고는
길게 탄식하며 슬픈 감정을 더하였다.

8-17

"오른쪽으로 감아 돈 가늘고 연한 털은
한 털구멍에 털 하나씩 났는데.
검고 깨끗하여 반짝반짝 빛나고

바르게 서 있으면 땅에까지 치렁거렸네.
무슨 마음으로 천관과 함께
풀 우거진 땅바닥에 벗어 던졌나
통통한 팔과 사자 걸음걸이에
눈은 소 눈처럼 길고 넓으며

8-18

황금 불꽃같이 빛나는 몸에
가슴은 네모지고 음성은 범천같으며
이렇게 훌륭하고 묘한 모습 지녔는데
저 고행의 숲으로 들어갔는가.
이 세간은 얼마나 복이 엷기에
이렇게도 거룩한 왕을 잃었나.
묘한 망 있는 부드럽고 연한 발은
맑디맑은 연꽃의 빛깔을 지녔거늘

8-19

맨 땅이며 자갈이며 가시덤불을
어떻게 가히 밟을 것인가.
깊은 궁중에서 태어나 자라날 때엔
따뜻하고 곱고 부드러운 옷을 입고
향기 나는 따뜻한 물에 목욕하고는
가루 향을 온몸에 발랐었는데
이제는 바람 불고 이슬 내리니
추위와 더위를 어떻게 감당한단 말인가.

빛나는 종족에서 대장부로 태어나
우뚝하고 빼어나고 훌륭하며 아는 것도 많고
덕 갖춘 이름은 높이 칭송 받고
항상 베풀면서 바라는 것이 없었는데
어떻게 홀연히 하루아침에
걸식하는 생활로 연명하는가.
맑고 깨끗한 보배 침대에 눕히고
음악을 연주하여 잠을 깨웠는데
어떻게 능히 거친 숲 속에서
풀과 흙으로 자리를 한단 말인가."

아들 생각하는 마음 슬프고 가슴 아파
괴로움에 혼절하여 땅바닥에 쓰러지자
모시는 사람들 붙들어 일으켜
눈에 흐르는 눈물을 닦아주었다.
그밖에 다른 여러 부인들
근심과 괴로움에 온몸은 늘어지고
복받치는 슬픈 감정에 마음이 응어리져
꼼짝하지 않는 것이 그림 속의 사람과 같았다.
그때 부인 야수다라는
차익을 심하게 꾸짖으며 말했다.

"내 사랑하는 이 생이별하였으니
지금 그 분은 어디에 계시는가.
사람과 말 셋이 함께 갔는데
이제는 오직 둘만이 돌아오다니
내 마음 지극히 놀랍고 두려움에
벌벌 떨려 스스로 걷잡을 수가 없음이라.
너는 끝내 바르지 못한 사람으로
친하지도 않으며 착한 벗도 아니니라.

좋지 못함을 따라 흉악하고 사나움을 부려서
웃음으로 대했건만 울음으로 갚는단 말인가.
웃으며 함께 갔다가 울면서 돌아왔으니
이랬다저랬다 하여 서로 어긋나기만 하는구나.
사랑하는 생각과 본래 짝하더니
욕심이 일어나자 방자한 마음이 생겼구나.
그러므로 성스러운 왕자로 하여금
한번 가고 돌아오지 못하게 하여놓고

너는 지금 응당히 매우 기뻐하지만
나쁜 짓 지었으니 이미 과보가 이루어졌음이라.
차라리 지혜로운 원수와 친할지언정
어리석은 벗과는 사귀지 말 것을

139

궁궐 사람 슬퍼하고 슬퍼하다.

거짓으로 착한 벗이라 부르면서
속으로는 원한을 품었었구나.
이제 이 훌륭한 왕가가
하루아침에 모두 무너지고 말았음이라."

8-25

그리고 저 모든 귀부인들도
근심에 시달려 곱던 얼굴 망가지고
슬피 울부짖다 정신 잃을 땐
눈물이 비 오듯 하염없이 쏟아졌다.

8-26

"지아비 세상에 있을 때에는
설산처럼 의지하였기에
마음 편하여 대지와 같았는데
이제는 근심과 슬픔에 거의 죽게 되었음이라.
더구나 우리 같은 방 속에서
구슬피 울부짖는 사람이랴.
살아서 지아비 잃어 버렸으니
그 고통 어떻게 가히 감당하리오.

8-27

말아, 너는 의리도 없구나.
남의 마음속 소중한 이를 빼앗아 감이
마치 깜깜한 어둠 속에서
도적이 보물을 겁탈하여 간 것 같음이라.

너를 타고 싸움을 할 적에

칼이나 창이나 또 예리한 화살까지도

일체를 능히 모두 다 감당하였거늘

지금은 어찌하여 참지 못하였느냐.

8-28

이 온 겨레의 훌륭한 그분을

내 마음 버려둔 채 억지로 빼앗아 갔으니

너는 더럽고 나쁜 짐승으로

모든 바르지 못한 업을 짓고 말았구나.

오늘은 너무도 크게 울부짖어

그 소리 이 왕궁에 가득한데

먼저 나의 소중한 분 빼앗아 가는

그때는 어찌하여 벙어리가 되었었느냐.

8-29

만일 그때 소리라도 질렀더라면

온 궁중 사람 모두 다 응당 깨었을 텐데

그때 만일 깨어나기만 하였더라도

지금 고통과 번뇌가 일어나지 않았을 것이니라."

8-30

차익이 이와 같은 괴로운 말을 듣고

기운이 빠지고 숨이 막혔다.

눈물을 거두고서 합장하고 대답하였다.

"원하건대 제 설명을 들어보소서.

저 흰말을 혐오하거나 나무라지 마시고

또한 저를 꾸짖지 마십시오.

우리들에게는 아무런 잘못이 없습니다.

그것은 모두 하늘의 신의 짓이었습니다.

저는 너무나 왕법이 두려웠지만

하늘의 신이 핍박하여

어느새 말을 끌어다 나에게 잡히고

마치 날아가는 것처럼 함께 달릴 때

기운 눌러 소리도 못 내게 하고

발 또한 땅에 닿지 않았습니다.

성문은 저절로 열렸으며

허공도 저절로 밝아졌습니다.

이것은 모두가 하늘의 신의 힘이니

어찌 이것이 우리가 한 짓이겠습니까."

야수다라가 이 말을 듣고

마음에 이상하단 생각이 들었다.

그것이 다 하늘의 신의 한 짓이라면

이것은 저들의 잘못이 아닌 것을

꾸짖던 마음이 어느새 사라지고

불길 같던 심한 괴로움도 이내 그쳐
땅바닥에 쓰러져 원망 어린 탄식할 때
한쌍의 원앙새가 이별함과 같았다.

8-34

"나는 이제 의지할 곳을 잃었으며
같은 법을 행하다 살아서 이별했네.
법을 좋아하여 동행을 버렸으니
어느 곳에서 다시 법을 구하리오.
옛날의 모든 훌륭한 이들 중에
대 쾌견왕 같은 이들은
모두 다 지아비와 아내가 함께
도를 배우면서 숲 속에서 놀았거늘

8-35

이제 나를 버린 채
어떤 법을 구하려 한단 말인가.
바라문들이 제사 지내는 법에는
지아비와 아내가 반드시 함께 행하고
함께 법을 행하여 그 인연을 짓고
죽으면 똑같은 과보를 받거늘
지아비는 어찌 혼자만 법을 아껴
나를 버리고 혼자서 노니신단 말인가.

8-36

혹은 내가 시샘하는 것을 보고

다시 시샘 없는 여자 구하려 함인가.

혹은 또 나를 싫어하기 때문에

깨끗한 하늘의 여인을 구하려 함인가.

어떤 훌륭하고 덕 있는 여자 위하여

그런 고행을 닦고 익히는가.

나는 천박한 운명이기에

부부로서 살아서 이별했지만

8-37

라후라는 무슨 까닭에

부모 슬하에서 사랑 받지 못하는가.

아아, 이 원망스런 분이시여

얼굴은 부드럽고 마음은 굳세어서

훌륭한 이 겨레의 광영으로서

원수들도 오히려 높이고 우러렀으며.

또 아들 태어나서 아직 걸음마도 못하는데

그것마저 능히 영원히 버릴 수 있었는가.

8-38

나 또한 심장도 없는 사람

지아비 날 버리고 숲 속에 노닐건만

능히 이 목숨 차마 끊지 못하다니

이 몸은 곧 나무나 돌 같은 사람인가."

8-39

이런 넋두리 끝에 마음이 혼미하여

혹은 울기도 하고 혹은 미친 말하며
혹은 물끄러미 바라보고 생각에 잠기며
목메어 울면서 스스로를 가누지 못하다가
근심 깊어 숨결이 거의 끊겨
그만 땅바닥에 쓰러져 누워 버렸다.
그밖에 다른 모든 채녀의 무리들도
그것을 보자 슬프고 아픈 마음이 일어나

8-40

마치 한창 피어나는 고운 연꽃이
바람이나 우박에 꺾이고 시들어 지는 것 같았다.
부왕은 태자를 잃은 뒤에
밤이나 낮이나 슬프고 그리운 마음에
재계하고 하늘의 신께 빌기를
원하건대 아들이 속히 돌아오게 하기를
이와 같이 발원하고 기도한 뒤에
하늘의 신을 모신 사당 문을 나오다가

8-41

모두 울부짖는 소리를 듣고서
놀라고 두려워 마음이 미혹되고 어지러웠으니
마치 하늘에서 큰 천둥치고 번개 일 때
코끼리의 떼가 어지럽게 달리는 것과 같았다.
또 차익과 흰말을 보고
두루 물어 태자가 집 떠난 줄을 알고

온몸을 땅에 던져 쓰러졌으니
마치 제석의 깃대가 무너짐과 같았다.

여러 신하들이 부축하여 일으키고
법으로써 권하며 편안히 위로하니
얼마쯤 지나자 정신이 조금 깨어나서
먼저 흰말을 보고 하소연하였다.

"나는 자주 너를 타고 나가 싸울 때
언제나 너의 공을 생각했었는데
지금은 너를 증오하고 미운 것이
사랑할 때보다 배나 더하는구나.
내가 사랑하고 공덕이 있는 아들을
네가 쉽게 태우고 멀리 달려가
깊은 숲 속에 던져 버린 뒤
너 혼자 돌아오다니.

너는 속히 나를 데려다 주든가.
아니면 네가 가서 데리고 오너라.
이 두 가지 가운데 하나를 하지 않으면
나의 목숨은 장차 살아남지 못하리라.
다른 방법으로는 고칠 길이 없나니
오직 기다리는 아들만이 약이 될 뿐이니라.

마치 저 산자 브라만이
제 아들 죽자마자 목숨을 끊었듯이

8-45

나도 행과 법 있는 아들을 잃었으니
스스로 죽어 나의 몸을 없애리라.
저 중생의 임금 마누도
또한 아들을 위하여 항상 근심했거늘
하물며 나 같이 평범한 사람이야
아들을 잃고 어찌 스스로 편안하겠는가.
옛날 아도왕은
사랑하는 아들이 숲속에서 유행할 때

8-46

너무 슬퍼하다 목숨을 마친 뒤에
곧 하늘 세계에 태어나게 되었느니라.
내가 지금 능히 죽지 못하면
긴긴 밤을 근심하고 괴로워하리라.
온 궁중도 모두 내 아들 생각함이
몹시 목마른 아귀 같으리라.
목마른 사람이 물을 찾아서
마시려 하다가 빼앗긴 것처럼

8-47

목마름 지키다가 목숨 마치면
반드시 아귀 세계에 태어나리라.

나는 지금 몹시 목말라하다가
물과 같은 아들을 얻은 뒤에 다시 잃었노라.
그런데도 나는 아직껏 살아 있으니
나의 아들이 있는 곳을 속히 말하여라.
그리하여 나로 하여금 목마른 채 죽어
저 아귀 세계에 떨어지지 아니하게 하여라.

8-48

나는 본래부터 뜻과 힘이 굳세어
대지와 같아 움직이지 아니하였노라.
아들 잃은 마음이 급하고 어지러워
저 옛날 십차왕과 같음이라."

8-49

학식과 견문이 많은 왕사와
지혜롭고 총명하고 통달한 대신
두 사람이 왕에게 간하되
느리지도 아니하고 또한 격렬하지도 않았다.

8-50

"원하건대 몸소 너그럽게 마음을 가지소서.
근심하다 스스로 몸 상하지 마소서.
옛날의 모든 훌륭한 왕들은
나라 버리기 흩어지는 꽃과 같이 하였습니다.
이제 아드님은 도를 수행하거늘
어찌하여 괴롭게 근심하고 슬퍼하십니까.

마땅히 저 아사타의 예언 기억해 보면
이치와 분수가 본래 그러했을 뿐입니다.

8-51

하늘 음악도 전륜성왕도
숙연해져 청정함을 방해하지 못했나니
어찌 세계의 왕께서
금옥 같은 마음을 움직일 수 있겠습니까.
지금 마땅히 우리들로 하여금
그분 계신 곳을 뒤좇아 찾게 하여 주시면
방편을 써서 힘을 다하여서 간하여
우리들의 뜨거운 정성을 나타내서
반드시 그 뜻을 굽히게 하여
대왕님의 근심과 슬픔을 위로하겠습니다."

8-52

왕은 기뻐하며 곧바로 답하였다.

8-53

"바라건대 그대들은 속히 가시오.
마치 저 사군타의 새가
새끼를 위하여 공중을 맴돌 듯
이제 나의 태자를 생각하여
조급한 마음도 또한 그러하다오."

8-54

두 사람이 명령을 받고 떠나가자

왕과 더불어 모든 권속들도
그 마음이 조금은 시원해지고
기운이 펴져서 음식을 먹었다.

(8장. 합궁우비품. 合宮憂悲品 終)

09장. 추구태자품(推求太子品)
– 태자 따라 신하들이 찾아가다.

왕의 깊은 근심과 슬픔에
왕사와 대신이 간절하게 감동하여
좋은 말에 채찍질을 가하듯 하여
질주하는 것이 급히 흐르는 강물과 같았다.
몸은 피로했으나 수고로움을 마다 아니하고
어느새 고행의 숲에 다다라서는
세속의 다섯 가지 차림새를 버리고
모든 마음과 몸을 잘 추스렀다.

9-2
브라만들의 깨끗한 집에 들어가
그 모든 선인들께 공경히 예를 올리니
모든 선인들이 자리에 앉기를 청하고
법을 설하여 편안하게 그들을 위로하자
그들은 곧 선인들에게 말하였다.

9-3
"물어볼 뜻이 있습니다.
깨끗하여 정반왕이라 칭한
감자 종족의 훌륭한 후손인데
우리는 그의 스승이요 신하로서

법을 가르치고 중요한 일을 맡아 봅니다.

왕은 제석천과 같고

아들은 도연다와 같습니다.

늙음, 병듦, 죽음을 벗어나기 위하여

9-4

집을 나와 이곳에 몸을 던졌습니다.

우리들은 그를 위하여 여기에 왔나니

오직 존귀하신 분 응당히 알아야 합니다."

9-5

그러자 그들은 대답하였다.

"긴 팔에 큰 사람 모습을 하였는데

그는 우리들이 선택해 수행하는 일이

나고 죽는 법을 따른다 하여 버리고

저 아라람에 나아가

훌륭한 해탈을 구하고 있습니다."

9-6

그들은 확실한 소식을 듣고

왕의 신속한 명령을 받들어

감히 그 피로함을 헤아리지 아니하고

길을 찾아 빨리 달려 나아갔다.

숲 속에 있는 태자를 보니

세속의 차림새 모두 버리고

진실한 몸의 광명이 빛남이

태양이 검은 구름 벗어난 것과 같았다.

9-7

나라에서 천신처럼 받드는 스승과
바른 법을 맡아 보는 대신은
세속의 위의를 모두 버리고
말에서 내려 나아갔다.
마치 파마첩왕과
파사타 선인이
숲 속으로 나아가
왕자 라마를 본 것처럼

9-8

저마다 그 본래의 예법을 따라
공경하고 예배하며 인사를 하니
마치 저 숙가라와
앙기라가
정성을 더하고 공경하는 마음을 다하여
제석천왕을 받드는 것 같았다.
왕자도 또한 그들을 따라
왕사와 대신을 공경하는 것이

9-9

제석천왕이
숙가라와 앙기라를 위로하는 것과 같았다.
곧 그 두 사람에게 명하여

왕자 앞에 앉으라 하였으니
부나와 파수 두 별이 달 곁에서
모시는 것과 같았다.
왕사와 대신은
왕자에게 청하여 여쭙는 것이
비이파저가
저 도연다에게 말하는 것과 같았다.

9-10

"부왕께서 태자를 생각하시는 마음
예리한 바늘에 심장을 찔린 것과 같아
정신이 혼미하고 광란의 병세가 일어
하염없이 고통 속에 누워 계십니다.
낮이나 밤이나 슬픈 생각이 더하여
언제나 눈물을 비 내리듯 흘리다가
우리에게 명령한 바가 있으니
오직 원하건대 마음 기울여 들어주소서.

9-11

'너의 법을 좋아하는 뜻 알아
결정하여 의심한 적이 없었지만
적절하지 못한 때에 숲으로 들어갔으니
슬픔과 그리움에 나의 마음이 어지럽구나.
네가 만일 법을 생각한다면
응당히 나를 가엾게 여겨야 하리라.

바라건대 멀리 떠난 정을 늦추어
내 마음속에 매달린 근심을 위로해서

근심과 슬픔의 물로 하여금
내 마음의 언덕을 무너뜨리게 하지 말라.
구름과 물과 풀과 산에
바람과 해와 불과 우박이 재앙이 됨과 같이
근심과 슬픔은 네 가지 걱정거리가 되어
마음을 날리고 말리며 태우고 깨뜨리나니
우선은 돌아와 나라 살림 돌보다가
때가 되면 다시 숲에 가서 노닐어라.

친척들을 돌보지 아니하고
부모도 또한 버렸으니
그것을 어떻게 자비라 일러
일체를 덮어 보호한다 하겠는가.
법은 반드시 산림에만 있는 것이 아니니
집에 있더라도 또한 한가로움을 닦고
방편으로서 힘써 이치를 깨닫는다면
그것을 곧 출가라 이름하리라.

머리를 깎고 물들인 옷 입고
스스로 산과 숲에 노닐더라도

155

태자 따라 신하들이 찾아가다.

두려움을 품고 살아간다면
어떻게 신선을 배운다 말하겠느냐.
원하건대 한 번 너를 안고서
물을 그 정수리에 쏟고
하늘의 관을 너에게 씌워
일산을 받쳐 그 밑에 두고

9-15

물끄러미 너를 바라본 후에
비로소 나는 출가하리라.
두류마 선왕과, 아자사아보와,
발사라파휴와, 바발라안제와,
비제하사나와, 나라습파라 등

9-16

이와 같은 모든 왕들은
모두 다 하늘의 관을 쓰고
영락으로 용모를 장엄하는가 하면
손과 발에는 구슬 반지를 끼고
채녀 무리들과 즐거움을 나눴지만
해탈의 근본을 어기지 않았으니
너도 이제 가히 집으로 돌아와
두 가지 일 숭상하고 익혀야 하나니라.
마음으로 최상의 법을 닦는 것과
이 땅의 최고의 주인이 되는 것이니라.'

9-17

눈물을 흘리면서 우리에게 명령하여
이와 같은 말을 전하게 하였습니다.
이미 이러한 왕의 명령이 있었나니
왕자는 응당히 분부를 받들어 돌아가야 합니다.
부왕께서는 왕자로 말미암아
근심과 슬픔의 바다에 빠져 있으나
구원할 이도 없고 의지할 곳도 없으며
스스로 헤어날 길이 또한 없으니

9-18

왕자는 마땅히 뱃사공 되어
안온한 곳으로 건네주어서
비림마 왕자와
라마인 발저 두 사람이
아버지의 명령을 공손히 받든 것처럼
왕자도 이제 또한 그러하여야 합니다.
자비하신 어머니 다하여 기른 은혜는
한평생 갚더라도 끝이 없건만

9-19

어미 소가 그 송아지를 잃은 것과 같아서
애달프게 불러대며 자고 먹는 것도 잊었나니
왕자는 이제 마땅히 속히 돌아가
그 생명을 구해드려야 합니다.

무리에서 떨어진 외로운 새의 슬픔과
홀로 노니는 큰 코끼리의 괴로움처럼
기대고 의지할 그 그늘을 잃었나니
마땅히 구호함을 생각하여야 합니다.

9-20

오직 하나 둔 아들 어리고 혼자라
고통을 당하여도 알려 줄 줄을 모른 채
그 외롭고 외로운 괴로움에 애쓰는 것이
마치 월식을 구원하는 사람과 같습니다.
온 나라 안의 모든 남자와 여자
이별의 괴로움 불꽃처럼 치솟고
탄식하는 연기가 하늘을 찔러
지혜의 눈을 가려 어둡게 하였으니.
오직 구함을 생각하건대 왕자의 물로
불을 꺼서 눈이 밝게 열리기를 원합니다."

9-21

보살은 부왕의 간절하고
절실한 괴로움을 낱낱이 듣고
단정히 앉아 바르고 깊이 생각하여
이치를 따라 공손히 대답하였다.

9-22

"나도 또한 부왕의
자비로운 생각과 후덕한 마음을 알지만

태어남, 늙음, 병듦, 죽음이 두려워서
망극한 그 은혜를 어긴 것입니다.
누군들 낳아준 부모가 소중하지 않으랴만
그러나 마침내 이별하고 마는 것을
아무리 살아서 서로를 지킨다 하여도
죽음에 다다르면 능히 붙잡을 수가 없습니다.

9-23

그러므로 소중한 줄 알면서도
길이 하직하고 집을 나왔지만
부왕의 근심하고 슬퍼하심을 들으니
더욱 그리움에 저의 마음이 끊어집니다.
다만 꿈속에서 잠깐 만난 것과 같아서
어느새 갑자기 항상 함이 없어 흩어지나니
두 분은 마땅히 결정하게 알아야 합니다.
중생의 성품이 한결같지가 않아서

9-24

근심과 괴로움이 생기는 것은
반드시 자식과 부모 사이에만 있는 것이 아닙니다.
살아서의 이별을 괴로워하는 까닭은
모두가 어리석은 미혹이 생겨남 때문입니다.
마치 사람이 길을 따라 갈 적에
도중에서 잠깐 서로 만났다가
모름지기 잠시 후에 제각기 갈라지듯이

159

이별하는 이치도 본래 그와 같습니다.

9-25

서로 모여 잠깐 동안 친하더라도
인연의 이치를 따라 저절로 헤어지는 법
친하다는 것의 거짓 만남을 깊이 깨달아
응당 근심하고 슬퍼하지 않아야 합니다.
이 세상에서 친한 이의 사랑을 어기는 것이거나
저 세상에서 다시 친한 이 구하는 것이거나
잠깐 동안 친하다가 다시 헤어지는 것들이니
간 곳마다 친하지 않은 사람이 없습니다.

9-26

언제나 만났다간 항상 이별하나니
흩어지고 헤어진들 무엇이 슬프겠습니까.
어머니 태에서도 점점 변화하여
시시각각으로 죽어가고 다시 살아갑니다.
일체는 때를 따라 죽음이 있나니
산림인들 어찌 때가 없겠습니까.
때를 기다려 다섯 가지 욕망을 누리고
재물 구하는 때도 또한 그러하나니

9-27

일체는 때를 따라 죽음이 있으니
죽는 법 없애면 때도 없을 것입니다.
나를 왕으로 만들고자 하는 것과

사랑하는 법을 어기기 어려우나
병들어 약 아닌 것 먹는 것과 같나니
그러므로 나는 높은 자리의
어리석은 위치에서 방일하면서
사랑하고 미워함을 감당하기 어렵습니다.

죽을 때까지 언제나 두려워하고
여러 생각에 몸과 정신이 피로하여
대중의 마음 따르고 법을 어기는 것을
지혜로운 사람은 하지 않을 것입니다.
일곱 가지 묘한 보배로 된 궁전
그 속엔 이글이글 불꽃이 타고
하늘 부엌의 모든 맛있는 음식도
그 속엔 갖가지 독이 있습니다.

연꽃이 피어 있는 맑고 시원한 못도
그 속에는 수많은 독한 벌레가 있나니
자리 높아도 재앙 있는 집이라면
지혜로운 사람은 거기 살지 않을 것입니다.
먼 옛날 선조들 가운데 훌륭한 왕은
임금 자리에 있으며 허물 많고
대중의 삶에 괴로움을 주는 것을 보고
싫어하고 근심하여 출가를 하였습니다.

그러므로 왕이란 진정 괴로운 자리임을 알아
법 닦아 편안한 것만 같지 못하나니
산림 속에서 편안히 살면서
짐승들처럼 풀을 먹을 것입니다.
깊숙한 구중궁궐 감당하기 어렵나니
그 동굴은 검은 뱀과 함께 있음과 같습니다.
왕위와 다섯 가지 탐욕을 버리고
괴로움을 견디며 산림에서 노니나니

이것은 곧 이치를 그대로 따름이라
즐거운 법은 차츰차츰 밝음을 더할 것입니다.
이제 한적하고 고요한 숲을 버리고
집으로 돌아가 다섯 가지 탐욕을 누리면
밤낮으로 괴로운 법만 더하리니
그야말로 이치에 맞지 않습니다.
이름 있는 종족의 대장부로서
법을 좋아해 집을 떠나서

영원히 이름 있는 종족 등지고
대장부의 그 뜻을 꿋꿋이 세워
모습 허물어 법복을 입고
법을 좋아하여 산림에서 노닙니다.

이제 다시 이 법복을 버리고

부끄러워하는 마음에 어김이 있으면

하늘의 왕의 자리라도 오히려 불가하거늘

하물며 사람의 좋은 집으로 돌아가겠습니까.

9-33

탐욕, 성냄, 어리석음을 이미 뱉었는데

또다시 그것을 도로 먹는 것은

토한 것을 도로 먹는 사람과 같나니

그 괴로움을 편안하게 가히 견딜 수 있겠습니까.

마치 세간의 집에 불이 붙었을 적에

방편으로 그곳을 탈출했다가

모름지기 다시 그곳으로 들어가는 것과 같나니

그를 어찌 영리한 장부라 하겠습니까.

9-34

태어남, 늙음, 죽음의 허물을 보고

싫어하고 근심하여 집을 나왔는데

이제 마땅히 다시 들어간다면

그 어리석음이 저것과 같을 것입니다.

궁중에 있으면서 해탈을 닦는 것

곧 이러한 일은 있지 않습니다.

해탈은 고요하고 고요함에서 생기는 것입니다.

왕이란 혹독한 형벌과 같으며

고요하고 고요함은 왕의 위엄에서 벗어나는 것이니
왕이란 정녕코 해탈과 어긋나는 것입니다.
움직임과 고요함은 물과 불 같나니
두 이치가 어떻게 함께할 수 있겠습니까.
결정하건대 해탈을 닦으려면
또한 왕의 자리에 있지 않아야 합니다.
만일 왕의 자리에 그대로 있으면서
겸하여 해탈까지 닦는다고 한다면

그것은 곧 결정된 것이 아니요
결정된 견해 또한 그러하나니
이미 결정한 마음이 아니라면
혹 나왔다가도 다시 돌아갈 것입니다.
나는 이제 이미 결정한지라
친족들의 갈고리와 미끼를 끊고
바른 방편으로써 집을 나왔나니
어떻게 다시 돌아가겠습니까.”

대신은 가만히 생각하였다.
‘태자는 진정 대장부로서
깊이 알고 덕이 있어 이치를 따르니
그가 하는 말에 이유가 있구나.’

그런데도 태자에게 말하였다.

"왕자님의 말씀과 같다면
법을 구하는 법이 마땅히 그렇겠지만
다만 지금은 그 때가 아닙니다.
부왕은 늙고 노쇠한 연세이기에
아들을 생각하면 근심과 슬픔이 더해지나니
비록 해탈을 좋아한다 하더라도
그것은 도리어 법 아님이 될 것입니다.

비록 출가한 것이 좋았다 하여도 지혜롭지 못함이니
깊고 자세한 이치 생각하지 아니하며
그 원인은 보지 아니하고 결과만 구하여
현재의 법을 기뻐하여 모든 것을 버리나이까.
어떤 이가 말하기를 다음 세상이 있다고 말하고
또 다시 어떤 이가 말하기를 없다고 하나
있고 없음을 본래 판단하지 못하면서
어찌하여 현세의 즐거움을 버리나이까.

만일 마땅히 다음 세상이 있다고 한다면
응당 그것을 얻어내야 하겠지만
만일 다음 세상이 없다고 말한다면
없음이 곧 해탈이 될 것입니다.

어떤 이는 다음 세상이 있다고 말하지만
그 해탈의 연유는 말하지 않나니
마치 땅은 단단하고 불은 따뜻하며
물은 축축하고 바람은 움직이는 것과 같아서

9-41

다음 세상도 또한 다시 그러하리니
이는 곧 본래의 성품이 그러할 뿐입니다.
어떤 이가 말하기를 깨끗함과 깨끗하지 않음은
제각기 자기의 본 성품에서 일어나므로
가히 말하기를 방편으로 변하게 할 수 있다 하지만
이것은 곧 어리석은 말입니다.
모든 근본과 행동의 경계는
모두 결정된 본래의 근본 성품인 것을

9-42

애착하여 생각하고 생각하지 않는 것
본래의 성품이 결정됨 또한 그러합니다.
늙음, 병듦, 죽음 따위의 괴로움
그 누가 방편으로 그렇게 시켰습니까.
이른바 물은 능히 불을 멸하고
불은 물을 끓여서 잦아지게 하나니
본래의 성품이 늘어나면 서로서로 무너지고
성품이 화합하여 중생이 이루어집니다.

마치 사람이 태 안에 있을 때
손발과 모든 몸이 나누어지고
정신과 의식이 저절로 이루어지는 것
누가 그와 같이 만든 것이겠습니까.
가시는 그 누가 뾰족하게 하였습니까.
그것도 곧 자연 그대로의 성품입니다.
또 갖가지의 날짐승과 길짐승들
그렇게 하려고 해서 그런 것이 아닙니다.

9-44

모든 존재로서 하늘에 나는 것은
자재천이 그렇게 만든 것이요
그 밖의 변화로 만들어진 이는
자기 힘으로서의 방편이 없습니다.
만일 무엇으로 인하여 생겨남이 있다면
그것은 또한 능히 그것을 멸하게 하리니
어떻게 반드시 자신의 방편으로써
해탈을 구할 수 있다고 하겠습니까.

9-45

어떤 이가 말하기를 '나가 있어 생기게 하고
또한 다시 나로 하여금 멸하게 한다고 하고
어떤 이가 말하기를 인연이 없이 생겨나는 것이라서
반드시 방편으로써 멸할 수 있다고 말하나니

마치 사람이 아들을 낳아 기를 적에
조상들을 저버리지 아니하고
선인이 남긴 법을 배우고
하늘을 받들어 큰 제사를 올리는 것

9-46

이 세 가지에 저버림이 없다면
그것을 곧 해탈이라 합니다.
예부터 지금까지 전하는 바는
이 세 가지로 해탈을 구하나니
만일 달리 방편을 쓰려고 한다면
한낱 피로하기만 할 뿐 실속이 없을 것입니다.
왕자님이시여, 해탈을 구하고자 하거든
오직 위에서 말한 방편을 익혀야 합니다.

9-47

그러하면 부왕의 근심과 슬픔은 그치게 되고
해탈의 도를 거듭 얻을 것입니다.
집을 버리고 산림에서 유행하다가
도로 돌아가는 것 또한 허물이 아닙니다.
옛날 엄파리왕은
오랫동안 고행의 숲에 머물다가
그 제자들과 권속들 버리고
집으로 돌아가 왕의 자리에 올랐습니다.

국왕의 아들 라마는
나라를 버리고 산림에 머물다가
나라의 풍속이 어지럽단 말을 듣고
다시 돌아가 바른 교화를 펼쳤습니다.
사루파 국왕은
이름을 두루마라 했는데
아버지와 아들이 함께 산림에서 머물다가
결국엔 함께 나라로 돌아갔습니다.

파사주 모니와
안저첩은
산림에 들어가 범행을 닦다가
아버지만 또한 본국으로 돌아갔습니다.
이와 같은 훌륭한 조상들
바른 법으로 훌륭한 명성을 떨쳤는데
모두 왕이 통치하는 나라로 돌아가니
마치 등불이 세상을 비추는 것과 같았습니다.
그러므로 이 산림을 버리고
바른 법으로 교화함은 허물이 아닙니다."

태자는 대신의
다정한 말과 유익한 말을 듣고

마땅한 이치로써 어지럽지 않게
걸림이 없고 질서정연하게
굳건한 뜻과 안온한 말로써
그 대신에게 대답하였다.

9-51

"다음이 있느니 없느니 등의
두 가지 마음은 의혹만 더하나니
있느니 없느니 하는 말에 대하여
나는 결정하여 취하지 않습니다.
깨끗한 지혜로 고행을 닦아
결정하건대 내 스스로 알 것입니다.
세간의 설왕설래하는 주장들
자꾸 퍼져 나가 서로 전하고 익히지만

9-52

진실한 이치가 있지 아니하나니
그러므로 곧 나는 편안해 하지 않습니다.
밝은 사람은 참과 거짓을 분별하나니
믿음이 어찌 다른 것으로 말미암아 생기겠습니까.
마치 태어날 때부터 장님인 사람이
장님의 사람을 인도하는 것과 같나니
밤의 큰 어두움 가운데에서
마땅히 어떻게 다시 따르겠습니까.

깨끗하고 깨끗하지 않은 법에 대하여
세상 사람들은 의혹을 일으키지만
가령 그 진실을 보지 못한 채
응당 청정한 도를 행하려 한다면
차라리 고행으로 깨끗한 법을 행할지언정
즐거운 행으로 부정함을 저지르지 않을 것입니다.
서로 말하는 주장을 관찰하여 보니
어느 것 하나도 결정된 모습이 없습니다.

진실한 말을 마음을 비워 받으면
모든 허물과 근심을 영원히 여의리니
틀리고 헛된 말과 거짓된 말하는 것
지혜로운 사람은 말하지 않습니다.
이야기처럼 저 라마 등이
집을 버리고 범행을 닦다가
결국엔 본국으로 도로 돌아가
다섯 가지 욕망을 익혔다면

그것들은 미천한 행이 됨이니
지혜로운 사람은 동의하지 않습니다.
나는 이제 마땅히 두 분들을 위하여
그 중요한 이치를 간략히 말하겠습니다.

저 해와 달이 땅바닥에 떨어지고
수미산과 설산이 변하더라도
나는 이 몸을 마칠 때까지 바꾸지 않을 것입니다.
물러나 나쁜 곳에 들어가기보다는

9-56

차라리 불구덩이에 몸을 던질 것입니다.
이 뜻을 마치지 아니하면 본국으로
다시 돌아가 다섯 가지 욕망의
불구덩이에 들어가지 않을 것입니다."

9-57

이렇게 간절한 서원을 말하고 나서
천천히 일어나 길이 작별하였나니
태자의 칼끝과 불꽃같은 말씀은
마치 한낮의 빛나는 햇빛과 같아서
왕사나 대신의
말과 논리로는 능히 이겨낼 수가 없었다.
서로에게 말하기를 "계획이 끝났으니
오직 마땅하게 하직하고 돌아가세"하였다.

9-58

태자를 매우 공경하고 탄식하며
감히 억지로 만류하지 못하였다.
왕의 명령 정중하게 받들었기에
감히 괴로워하며 서둘러서 돌아가지도 못하고

길 가운데에서 배회하며
돌아보고 또 돌아보며 발걸음들이 더뎠다.
영리하고 지혜로운 사람을 선택하여
주의 깊게 살피게 하고 총명한 사람으로 뽑아
몸을 숨기고 은밀하게 시중들게 한
연후에야 두고 돌아갔다.

(9장. 추구태자품, 推求太子品 終)

제 3 권

10장. 병사왕예태자품(瓶沙王詣太子品)
– 빈비사라 찾아와서 만나시다.

10-1

태자는 좋은 말로 청하는 왕사와

바른 법을 집행하는 대신과 하직하고

풍랑을 무릅쓰고 항하를 건너

길 따라 영취산으로 나아갔다.

뿌리를 다섯의 산에 감추었고

특별히 우뚝한 고갯마루 평평한 산중턱

숲속의 나무엔 꽃과 열매가 무성하고

따뜻한 물과 찬 물이 나뉘어져 흐르고 있었다.

10-2

다섯 개의 산으로 둘러진 성에 들어가니

고요하기가 하늘 위에 오른 것과 같았다.

그 나라의 사람들이 태자를 보니

덕망 있는 모습에 깊고 또 밝으며

젊은 몸엔 환한 광택이 흘러

견줄 데 없는 장부의 얼굴이었다.

모두 기이하고 특별하다 생각하며

마치 자재천의 깃대를 보는 것과 같았다.

10-3

가로지르는 이들도 발길을 멈추고
뒤에서 오던 사람들도 빨리 걸으며
앞서 가던 이들은 모두 뒤돌아보고
물끄러미 바라보며 싫증내지 않았다.
온몸의 모든 상호를
따라서 살펴보며 눈동자를 움직이지 아니하고
공경하며 나와 받들어 맞이하면서
합장하고 예배하며 문안 인사를 드렸다.

10-4

모두 다 크게 기뻐하면서
마땅하게 따라서 공양드리고
귀하고 훌륭한 얼굴을 우러러 보고는
머리 숙여 제 모습들을 부끄러워하였다.
본래부터 경솔하고 조급했던 거동도
고요하고 엄숙하게 공경을 더하고
원한 품은 마음은 영원히 풀렸으며
자비롭고 온화한 정이 더욱더 더하였다.

10-5

남녀 모두는 공적인 일이거나 사적인 모든 일들을
한꺼번에 모두 다 쉬고 내던지며
모습을 공경하고 그 덕을 존경하며
보는 것이 다할 때까지 따르며 돌아감을 잊었다.

두 눈썹 사이의 흰 털 모양
길고도 넓은 검푸른 눈
온몸은 금빛으로 찬란하고
엷은 망이 있는 청정한 손

10-6

비록 출가한 이의 모양은 하였으나
응당 성스러운 왕의 모습이 있었다.
왕사성의 남자와 여자들
어른이나 어린이나 모두 편안하지 못하고
"이런 분도 오히려 출가하였는데
우리들이 어떻게 세속을 기뻐하랴."하였다.

10-7

그때 빈비사라 왕은
높다란 누각 위에서 있다가
저 모든 남자와 여자들이
어쩔 줄 몰라 하는 이상한 행동을 보고
명령하여 바깥사람 한 명을 불러
어떠한 까닭인가를 자세히 물었다.
왕 있는 누각 밑에 공손히 꿇어앉아
그가 보고 들은 바를 갖추어 아뢰었다.

10-8

"옛적에 들었는데 석씨 종족 중에
뛰어나고 특별한 아들이 있어

신비로운 지혜로 세상 밖에 뛰어나
응당 왕으로 팔방을 거느릴 만하였는데
지금은 출가하여 이곳에 있기에
많은 사람들이 모두 받들어 맞이한 것입니다."

10-9

왕은 듣고 마음에 놀라고도 기뻐하여
몸은 머물렀으나 정신은 이미 달려갔나니
칙사를 시켜 속히 가서
앞에 나아가 편안한가 묻게 하였다.
분부 받고 가만히 쫓아가서
하는 행동을 자세히 살펴보니
맑고 고요하며 단정한 눈길과
편안한 걸음걸이와 진실된 위의를 나타내며

10-10

마을에 들어가서 걸식할 때는
모든 걸사들의 광명이 되었다.
몸을 거두어 마음을 어지럽지 않게 하고
좋아함과 미워함 등의 편안하지 않음을 조복 받았으며
맛이 있거나 거친 것이거나 얻는 그대로
발우에 받아 한가한 숲으로 돌아갔다.
음식을 드신 후에는 맑은 물에 양치질하고
고요하고 편안하고 깨끗한 산을 즐겼다.

푸른 숲과 높은 언덕이 펼쳐져 있고
붉은 꽃들이 그 사이에 피어 있었으며
공작 등 모든 새들은
가벼이 날며 널리 울어 대고
그 속에서 법복은 더욱더 선명하여
마치 해가 동쪽바다에서 떠오름과 같았다.
칙사는 편안하게 머물러 있음을 보고
그 상황을 왕에게 갖추어 아뢰었으며

10-12

왕은 듣고 마음에 공경하는 마음이 일어나
곧 명령하여 수레를 타고 길을 떠났다.
하늘의 관을 쓰고 꽃으로 장식된 옷을 입고
사자의 왕 같은 걸음걸이로 걸었으며
모든 나이 많은 무리들 가운데
고요하고 자상한 선비를 뽑아
많은 대중들을 이끌고 나아가니
구름이 흰 산에 오르는 듯이 하였다.

10-13

보살의 위엄 있는 모습을 보니
모든 마음과 감각기관은 지극히 고요하고
산속 바위굴에 단정히 앉아 있는 모습이
푸른 하늘에 걸려 있는 달과 같았으며

묘한 모습 깨끗하고 단정하며 위엄 있어
마치 법으로 변화한 몸과 같았다.
공경하는 마음과 엄숙함을 드러내고
공손한 걸음으로 점점 다가갔나니

10-14

그것은 마치 제석천왕이
마혜수라왕에게 나가는 것과 같았다.
얼굴을 고치고 예의를 지켜서
공손히 그의 안부를 묻자
보살은 천천히 몸을 움직여
왕이 행한 대로 따라 답례하였다.
그때 왕은 위로하며 문안한 뒤에
맑고 깨끗한 돌 위에 단정히 앉아
영묘한 모습을 우러러 보았으니
얼굴은 온화하고 마음은 기쁨이 넘쳤다.

10-15

"엎드려 듣건대 이름 높은 종족으로
크고 훌륭한 덕을 서로 이어 물려받고
흠모하는 정을 오랫동안 쌓아 왔나니
이제 품은 의심 풀고자 합니다.
태양과 같은 모든 종족의 으뜸으로
임금의 덕이 융성하기가 이미 만 대이고
덕 있는 후손으로 하여금 이어받게 해

널리 퍼져 지금에 이르렀습니다.

10-16

어질고 총명하며 아직 젊은 나이인데
무슨 까닭으로 집을 나왔습니까.
세상에서 뛰어난 거룩한 왕자로서
밥을 빌어먹으면서 영화를 버렸습니까.
묘한 몸에는 응당 향을 발라야 하거늘
무슨 까닭으로 가사를 입었으며
손은 온 천하를 쥐어야 마땅하거늘
도리어 변변치 못한 음식을 받습니까.

10-17

만일 부왕의 대를 이어
왕의 자리와 그 땅을 받지 아니하겠다 하면
나는 이제 내 나라의 반을 주리니
바라건대 조금만 마음을 돌려 주시요.
이미 친척의 핍박 받을 혐의도 없고
때 지나면 원하는 바대로 되리니
마땅히 정성된 나의 말을 따라 주시오.
덕이 탐이 나서 좋은 이웃으로 삼고 싶습니다.

10-18

혹여나 이름난 훌륭한 종족으로
슬기와 덕과 용모 겸하였기에
높은 절개 굽히고 머리 숙여

나의 은혜 받으려 하지 않겠다면
마땅히 건장하고 용맹스런 군사와
무기와 그에 따른 군자금을 주리니
자신의 능력껏 널리 거두면
천하에 그 누가 추종하지 않겠습니까.

10-19
현명한 사람은 때를 알아 취하여서
법과 재물과 다섯 가지 욕망을 더하나니
만일 이 세 가지 이익을 얻지 못하면
마침내 부질없는 수고로움만 더할 따름입니다.
법을 숭상하여 재물의 모습만 버리면
재물은 사람의 한 부분이 되겠지만
많은 재물을 위하여 법의 욕망을 버리면
이것은 곧 재물만 보전하게 되며

10-20
가난하고 궁하면서 법마저 잊으면
다섯 가지 욕망을 누가 능히 즐기리오.
그러므로 이 세 가지 일을 갖추어야
덕은 흘러 퍼지고 도는 펼쳐질 것입니다.
재물과 법과 다섯 가지 욕망을 갖추면
그를 일러 세상의 대장부라 하나니
원만한 상이 있는 몸으로 하여금
부질없이 괴롭혀 공력이 없게 하지 마시기를

10-21

만타 전륜성왕은
왕으로 하여금 온 천하를 모두 다스리는
제석천 자리의 반을 받았지만
힘에 겨워 능히 천왕이 될 수 없었습니다.
이제 사문의 통통하고 긴 팔은
인간과 천상의 경계를 총괄하기에 넉넉하지만
나는 이제 왕의 힘을 의지하여
강제로 만류하려 하지 않겠습니다.

10-22

사문의 좋은 형상을 바꿔
출가한 이의 옷 입은 것 보고
이미 그 덕을 존경하지만
아끼는 그 사람 고생이 안타깝습니다.
이제 걸식 행하는 것 보고
원하건대 나의 그 땅을 바치려 합니다.
젊어서는 다섯 가지 욕망의 즐거움을 받고
중년에는 재물 쓰기를 익히며

10-23

차츰 나이 들어 모든 감각 기관이 성숙하여지면
그때 가서 법을 따를 때입니다.
젊어서는 법과 재물 지키려 하여도
반드시 욕망에 의하여 무너질 것입니다.

늙으면 곧 그 기운이 허약하여지리니
형편을 따라서 고요하고 조용함을 구하시오.
늙으면 재물의 욕심이 부끄러워지고
법 행함을 온 세상이 따를 것입니다.

10-24

젊어서는 마음이 경솔하고 조급하여
다섯 가지 욕망의 경계를 휘돌아다니면서
부부의 인연으로 얽히고 감겨
애정의 사귐에서 서로 감각은 깊어집니다.
차츰 나이 먹으면 얽매임이 적나니
법 따르는 자가 귀히 여기는 바로서
다섯 가지 욕망은 모두 쉬고 그쳐
법 즐기는 마음 더욱더 자라납니다.

10-25

왕의 법을 갖추어 숭상하고
큰 제사를 행하여 하늘의 신을 받들다가
마땅히 신비한 용의 등에 타고
하늘에 올라 즐거움 받으시기를
과거에 뛰어난 모든 왕들도
보배 영락으로써 몸을 장엄하고
큰 모임을 열어 제사를 행하다가
마침내 죽어서는 하늘의 복을 받았습니다."

이와 같이 빈비사라 왕은

갖가지의 방편으로 말을 하였으나

태자의 뜻이 굳고 단단하여

움직이지 않음이 수미산과 같았다.

(10장. 병사왕예태자품. 瓶沙王詣太子品 終)

11장. 답병사왕품(答甁沙王品)
– 빈비사라 묻는 답을 말하시다.

11-1

빈비사라 왕이 이치에 따라
안위를 권하여 청하기를 마치자
태자가 공손하게 대답하였다.

11-2

"위로해 주시는 말씀 매우 감사합니다.
세간의 일에 매우 적절함을 얻었고
하신 말씀이 이치에 어긋나지 않았습니다.
하리의 이름 있는 종족의 후손으로서
사람들의 선지식이 되고
의로움을 품은 마음이 비고 지극하십니다만
법은 마땅히 이와 같이 말씀하셔야 합니다.
이 세상에서 말하는 평범한 기품으로는

11-3

능히 어진 것과 의로운 것에 머물 수 없으며
엷은 덕과 얕은 정을 만나서
어떻게 뛰어난 일을 알 수가 있겠습니까.
조상들의 훌륭한 근본을 이어받고
예를 숭상하고 공경과 겸양을 닦으며
능히 괴롭고 어려운 가운데서

두루 구제하여 서로 버리지 않는 것

이것을 곧 이 세상의

진실한 선지식의 모습이라 합니다.

착한 벗이 재물로 구제하여 주면

이것은 단단한 창고라 하겠지만

지키고 아껴 자기 이익을 꾀하면

이것은 반드시 빨리 잃게 될 것입니다.

나라의 재물은 평범하지 않은 보배로서

은혜를 베풀면 복된 업이 되고

아울러 선지식에게 베풀어주면

비록 흩었으나 뒤에는 후회가 없을 것입니다.

이미 왕의 돈독한 마음을 알았으니

구태여 거슬리는 말은 하지 않겠습니다.

또 지금 나의 소견을

마음을 다하여 자세하게 말씀드리겠습니다.

태어나고, 늙고, 병들고, 죽음이 두려워

참다운 해탈을 구하고자

어버이를 버리고 은혜와 사랑을 떠났는데

어떻게 다시 돌아가 다섯 가지의 욕망을 익히겠습니까.

사나운 독사나 겨울 번개나

맹렬한 불꽃은 두렵지 않지만
오직 다섯 가지 욕망의 경계에 떠돌다가
나의 마음을 수고롭게 할까 두려울 뿐입니다.
다섯 가지 욕망은 평범하지 않은 도적으로
사람의 좋은 보배를 겁탈하여 빼앗고
속이고 거짓되고 진실하지 않아서

11-7

마치 허깨비로 변화한 사람 같나니
잠깐 생각만 하여도 사람을 미혹시키거늘
하물며 항상 그 가운데 있다면
다섯 가지 욕망은 큰 걸림이 되어
영원히 적멸의 법을 가리게 됩니다.
하늘의 즐거움도 오히려 싫다고 하겠거늘
하물며 인간의 욕망 속에 머물겠습니까.
다섯 가지의 욕망은 간절한 갈증을 일으켜서

11-8

마침내 만족할 때가 없나니
마치 큰 바람이 부는 사나운 불길 속에
섶을 던져도 또한 족함이 없는 것과 같습니다.
세간의 모든 옳지 않은 것으론
다섯 가지 욕망의 경계보다 더한 것이 없지만
중생들은 어리석게도 탐함으로써
즐겨 집착하면서 깨닫지 못하나니

지혜로운 사람은 다섯 가지의 욕망을 두려워하여

11-9

옳지 않은 데 떨어지지 않습니다.
왕은 사해 안을 다스리면서
오히려 밖에서 바라고 구하나니
애정과 욕심은 큰 바다와 같아서
끝끝내 만족함에 머물지 못합니다.

11-10

만타 전륜성왕은
넓은 하늘에서 황금비가 내렸고
왕이 되어 4천하를 다스렸지만
다시 도리천을 구하여
제석천 자리의 반을 차지한 뒤에
다시 도모하려다 목숨을 마쳤으며
농사왕은 고행을 닦아
33천의 왕이 되어서

11-11

욕망을 쫓다가 마음이 교만하여져서
선인에게 수레를 끌게 하는 등
이러한 방일한 행의 인연으로
곧 구렁이의 세계에 떨어졌습니다.
가라 전륜성왕은
도리천에서 노닐면서

천녀를 아내로 삼고
선인들의 금을 세금으로 거두다가

11-12
선인이 노여움의 주술을 걸어서
나라는 망하고 목숨은 끝났습니다.
바라에서 대제석으로
대제석에서 농사로
농사에서 제석으로 돌아갔나니
하늘의 주인이 어찌 영원한 것이겠습니까.
나라도 견고한 것이 아니니
오직 힘센 사람만이 사는 곳입니다.

11-13
풀로 옷을 만들어 입고
나무 열매를 먹으며 흐르는 샘물을 마시고
긴 머리털은 땅에 닿을 듯
고요하고 잠잠하여 구하는 것 없는
이와 같은 고행을 닦는다 하여도
마침내는 탐욕으로 무너지고 맙니다.
마땅히 알아야 하나니 다섯 가지 욕망의 경계는
도를 행하는 이의 원수로서

11-14
일천 개의 팔을 가진 대력왕의
용맹으로도 대적하기가 어렵습니다.

라마 선인이 살해한 것도
또한 탐욕으로 말미암은 것이니
하물며 찰제리 종족인 내가
탐욕에 이끌리지 않을 수 있겠습니까.
맛이 적은 경계의 욕심조차도
자식이 자라나면 더욱더 더하여

11-15

지혜로운 사람이 미워하는 바이니
탐욕의 독을 누가 즐겨 먹겠습니까.
갖가지의 괴로움으로 이익을 구하는 것
모두 탐욕에 부림당해서이니
만일 탐욕이 없으면
애씀과 괴로움은 곧 생겨나지 않을 것입니다.
지혜로운 사람은 괴로움의 허물을 보고
탐하는 욕심을 없애 버리나니

11-16

세상에서 좋다 하는 것들
그것은 곧 모두 나쁜 법입니다.
중생들이 탐하고 즐거워하는 것
모든 방일을 일으키기 때문이니
방일은 도리어 자신을 해쳐
죽으면 곧 나쁜 세계에 떨어집니다.
부지런히 방편 닦아 얻어지는 것

그리고 방편으로 지켜지는 것

11-17

힘쓰지 않으면 저절로 잃어지나니
방편으로도 능히 머무르게 못합니다.
마치 빌려온 물건 같아서
지혜로운 사람은 탐착하지 않습니다.
탐욕으로 애써 구해서
얻은 후에는 애착을 더하다가
항상 하지 아니하여 떠나고 흩어질 때에는
다시 더욱 고통과 번민만 더합니다.

11-18

횃불 잡으려다 도리어 스스로 데인 것처럼
지혜로운 사람은 집착하지 않습니다.
어리석고 미련하며 비천한 사람은
아끼고 탐하는 독으로 마음을 태우면서
몸이 마치도록 길이 고통받으며
일찍이 안락을 얻지 못합니다.
탐욕과 성냄은 뱀의 독과 같나니
지혜로운 사람이 어찌 가까이 하겠습니까.

11-19

힘쓰고 애쓰면서 마른 뼈를 씹으면
맛도 없고 배부르지도 않아서
부질없이 자신의 이빨만 시달릴 뿐이니

지혜로운 사람은 맛보지 않습니다.
왕과 도둑과 물과 불에 나누어지고
나쁜 자식들 재물의 몫을 다툼이
마치 한 조각 비린 고기를 두고
새떼들이 몰려들어 다투는 것과 같습니다.

11-20

재물을 탐하는 것 또한 이와 같아서
지혜로운 사람은 기뻐하지 않습니다.
재물이 있어 모이는 곳에는
원망과 미움을 많이 일으켜
밤낮으로 스스로 지키고 막음이
사람이 큰 원수를 두려워하는 것과 같습니다.
저자의 형틀 아래에서 죽이는 것은
사람의 정으로 증오하는 것과 같이

11-21

탐욕, 성냄, 어리석음은 오랜 형벌의 기구로써
지혜로운 사람은 언제나 멀리합니다.
산림이나 강이나 바다에 들어가지만
실패는 많고 안락은 적으니
마치 높은 나뭇가지에 달린 과일을
따려고 애쓰다가 떨어져 죽는 것과 같습니다.
탐욕의 경계도 이와 같아서
비록 보이지만 가히 갖기는 어렵고

11-22

고통의 방편으로 애써 재물을 구하나
모으기는 어렵지만 흩어지기는 쉬워서
마치 꿈속에서 얻은 것 같나니
지혜로운 자라면 어찌 간직하려 하겠습니까.
속임수로 불구덩이 덮어 둔 것 같아서
밟는 사람은 반드시 타 죽게 될 것이니
탐욕의 불길도 이와 같으므로
지혜로운 사람은 거기서 노닐지 않습니다.

11-23

마치 저 구라보와
필슬니와 난타
미치리와 단다 같으며
백정 집의 칼도마와 같아서
애욕의 형체도 또한 그러하여
지혜로운 사람은 하지 않는 바입니다.
몸을 묶어 물이나 불에 던지고
혹은 높은 벼랑에서 몸을 던져

11-24

하늘의 즐거움을 구한다 하여도
헛되이 괴로워할 뿐 이익을 얻지 못합니다.
순다와 우파순다
아수라의 형제는

같이 태어나 서로 사랑했으나
욕심으로 말미암아 서로를 죽였고
몸이 죽자 이름도 함께 멸하였나니
모두 다 탐욕을 따랐기 때문이었습니다.

11-25
탐욕과 사랑은 사람을 천하게 만들어
채찍이나 막대로 때리는 고통이 있고
애욕은 천박한 희망이기에
긴긴 밤 몸과 정신을 시달립니다.
크고 작은 사슴은 소리를 탐하다 죽고
나는 새들은 색탐을 따르며
못에 사는 고기는 낚싯밥을 탐하는 것
모두 다 탐욕으로 괴롭힘을 받는 것입니다.

11-26

살아가는 자산과 도구를 관찰하여 보면
저절로 있는 법이 아닙니다.
음식으로 굶주림의 걱정을 달래주고
목마름을 덜기 위하여 물을 마시며
옷을 입어 바람과 추위를 막아주고
누움으로 졸음을 다스립니다.
다니기 피곤하여 탈 것을 구하고
서 있기에 고달파 앉는 자리를 찾으며

더러움을 없애기 위하여 목욕을 하는 것
모두 괴로움을 쉬기 위함입니다.
그러므로 응당히 알아야 하나니
다섯 가지 욕망은 저절로 있는 것이 아닙니다.
마치 사람이 열병을 앓을 때
모든 차게 다스리는 약 구함과 같나니
탐하여 구해서 괴로움의 근심을 그치면
어리석은 사람은 저절로 있다고 이야기합니다.

11-28
그리고 저 살아가는 자산과 도구도
또한 고통을 반드시 그치게 하는 것이 아니며
그것으로 하여금 괴로운 법을 더하나니
자재한 법이 아니기 때문입니다.
따뜻한 옷도 항상 즐거운 것이 아니어서
시간이 지나면 또한 고통이 생겨납니다.
달빛은 여름에는 곧 서늘하지만
겨울이면 곧 추운 고통을 더하여 줍니다.

11-29
이와 같이 이 세상 여덟 가지 법은
어느 것도 결정된 모습이 없습니다.
괴롭고 즐거운 모습도 일정한 것이 아니니
노비와 임금이 어찌 차이가 있겠습니까.

백성들에게 지시를 받들어 행하게 할 때는
임금을 뛰어난 사람이 되게 하지만
명령은 곧 고통으로
마치 무거운 짐을 능히 진 것과 같습니다.

11-30

세상의 가볍고 무거운 것들 두루 재어 보면
모든 고통 그 몸에 모여 있습니다.
왕이 되면 사람들의 원망과 미움이 많고
비록 친한 이라도 언제나 근심이 되나니
친한 이 없이 혼자 살아가는 것
거기에 다시 무슨 즐거움이 있겠습니까.
비록 4천하의 왕이라 하더라도
그 활동은 하나에 지나지 않으니

11-31

만 가지 일을 경영하여 구한다 하여도
그저 괴로움일 뿐 몸에 무엇이 이롭겠습니까.
아직 탐하여 구하기를 그치지 못하였으면
일을 쉼이 큰 안락이 되리니
왕위에 있으면 다섯 가지 욕망의 즐거움이 있지만
왕이 되지 않으면 한적한 기쁨이 있습니다.
기쁨과 즐거움이 이미 동등하거늘
어찌 왕위에 무엇하러 앉겠습니까.

11-32

왕께서는 그러한 방편을 꾀하여
나를 다섯 가지 욕망으로 인도하지 마십시오.
나의 마음이 바라는 바는
맑고 시원하며 텅 빈 도를 통하는 것입니다.
왕께서 만일 서로를 이롭게 하려거든
내가 구하는 것을 도와 이루게 하여 주시오.
나는 원수의 집도 두려워하지 아니하고
하늘에 나는 즐거움도 바라지 아니하며

11-33

마음으로 세속의 이익을 생각하지 않아
하늘의 관도 버린 것입니다.
그러므로 왕의 정을 어기고
여기에 오신 뜻을 따르지 않는 것입니다.
마치 독사의 입을 벗어난 것 같거늘
어찌 다시 그것을 도로 잡겠습니까.
횃불을 잡으면 자신이 타버리거늘
어찌 능히 속히 버리지 않겠습니까.

11-34

눈 있는 사람이 장님을 부러워할 것이며
이미 풀려났는데 다시 결박을 구하겠습니까.
부자로서 가난하고 궁핍한 것을 원하고
지혜로운 사람이 어리석음을 배우는 것

세상에 이와 같은 사람이 있다면
곧 나도 마땅히 나라 다스림을 즐거워할 것입니다.
태어남과, 늙음과, 죽음을 건너려고
몸을 절제하여가며 밥을 빌어먹고

11-35

욕심을 적게 하여 한적함을 지키나니
다음 세상에 태어날 땐 나쁜 세계를 면할 것입니다.
이것은 곧 두 세상의 편안함이니
왕께서는 이제 나를 가엾어 하지 마십시오.
참으로 슬퍼할 건 왕이 된 자들이니
그 마음 언제나 허하고 갈증을 느껴
이 세상에서는 편안하지 못하고
다음 세상에서는 괴로운 과보를 받을 것입니다.

11-36

왕께서는 이름난 훌륭한 종족으로서
대장부의 예절 있는 행동이 있어서
나를 두터이 생각하고 대접하여
세상의 즐거움을 함께 즐기려는 것을 압니다.
나도 또한 마땅히 그 덕을 갚기 위하여
나의 이익을 함께 하기를 왕에게 권합니다.
만약 세 가지 즐거움을 익히는 것을
세상의 장부라고 말한다면

11-37
그것도 또한 옳지 못한 일이거니
늘 갈구함에 만족이 없기 때문이며
만일 태어남, 늙음, 죽음이 없으면
그야말로 대장부라 할 수 있습니다.
'왕께서 젊어서는 경솔하고 조급하므로
늙어서 집 떠나라'고 하지만
내 보기에는 나이 늙은 사람은
힘이 모자라 감당할 수 없으니

11-38
한창 젊고 뜻이 굳셀 때
마음을 결정하는 것만 못합니다.
죽음의 적은 칼 잡고 따르면서
항상 그 틈을 엿보며 찾나니
어찌 노년까지 기다리다
뜻을 따라서 출가할 수 있겠습니까.
무상함이 사냥꾼이 되어
늙음의 활과 병듦의 예리한 화살로

11-39
나고 죽음의 넓은 들판에서
언제나 중생이란 사슴을 엿보다가
틈만 얻으면 곧 목숨을 빼앗나니
누가 목숨이 끝날 때까지 바라겠습니까.

대저 사람의 하는 일에는
생기고 멸하는 일이 있는 법이니
젊어서나 또 중년일 때
모두 마땅히 부지런히 방편을 써야 할 것입니다.

11-40

제사를 행하여 큰 모임을 가지는 것
이것은 다 어리석기 때문이니
마땅히 바른 법을 숭상해야 하겠거늘
도리어 살생하여 하늘에 제사하겠습니까.
산목숨을 죽여 복을 구하는 것
이것은 곧 자비 없는 사람이니
산목숨을 죽여 항상 함의 열매를 원한다면
오히려 응당 죽이지 말아야 할 것입니다.

11-41

하물며 다시 항상 함이 없는 것을 구하면서
산목숨을 잡아서 제사 지내겠습니까.
만약 계율과, 들어 앎과, 지혜와
선을 닦아 고요함이 없는 이도
마땅히 세간을 따라서
제사 행하여 큰 모임을 열지 말아야 합니다.
산목숨을 죽여 현세의 즐거움을 얻기 위하여
지혜로운 사람은 응당 살생하지 아니하거늘

하물며 다시금 중생을 죽여
다음 세상의 복을 구하겠습니까.
삼계의 함이 있는 과보는
모두 다 내가 좋아하는 바가 아니며
모두 흘러가 움직이는 법으로서
바람에 물풀이 떠다니는 것과 같습니다.
그러므로 내가 멀리 이곳으로
진실한 해탈을 구하기 위하여

아라람이 해탈의 도를
잘 말한다는 말을 듣고 왔습니다.
이제 마땅히 저 큰 선인인
존귀하신 분의 처소로 나아 갈 것입니다.
정성스런 말을 괴롭게 억지로 끊었으나
나는 지금 왕의 가르침에 감사합니다.
부디 왕의 나라가 안온하기를 바라며
잘 보호하여 제석천과 같이 하고

201

지혜의 광명이 천하를 비추되
마치 한낮의 햇빛과 같고
매우 훌륭한 대지의 주인으로
단정한 마음 지녀 그 목숨을 보존하고

바른 교화로 그 아들같이 보호하며
이 천하의 법왕이 되기를 바랍니다.
물과 눈은 불의 원수가 되지만
불로 인연하여 연기가 깃발처럼 일어나고

11-45

연기가 깃발 같은 뜬구름을 이루며
뜬구름이 큰비를 내릴 때
어떤 새는 허공 가운데에 있으면서
비를 마시지만 비에 몸은 젖지 않습니다.
큰 원수를 죽여 집을 삼고
집에 살면서 큰 원수를 다시 죽이고
큰 원수를 죽이는 사람이 있으면
왕은 이제 마땅히 그에게 항복하십시오.
그로 하여금 해탈을 얻게 함이
마시지만 비에 몸은 젖지 않음과 같음입니다."

11-46

그때 왕은 곧 합장을 하고
덕을 존경하고 마음으로 기뻐하여 말했다.

11-47

"사문이 바라는 것과 같이
그 결과 속히 이루시기를 원합니다.
사문은 그 결과 속히 이루시고 나서
마땅히 돌아와 나를 거두어 주시기를 바랍니다."

보살은 마음 깊이 허락하였다.
"반드시 왕의 원하는 대로 따르리라."

이렇게 말을 주고받은 후에 길을 따라
아라람이 있는 곳으로 나아갔다.
왕과 더불어 모든 권속들은
합장하고 자연스레 전송한 후에
모두 기특하다는 생각을 일으키고
왕사성으로 돌아왔다.

(11장. 답병사왕품. 答甁沙王品 終)

12장. 아라람울두람품(阿羅藍鬱頭藍品)
– 아라람과 울두람을 만나시다.

12-1

감자족의 밝은 달과 같은 후손은
저 한가롭고 고요한 숲에 이르러
공손히 존귀하신 분의
큰 선인인 아라람에게 나아갔다.
가람의 현명한 가문의 아들은
멀리서 보살이 오는 것을 보고
큰 소리로 멀리서 찬탄하고
위로하면서 "잘 왔노라."라고 하였다.

12-2

합장하여 서로 공경하고
서로의 안부를 물으며
서로 위로한 뒤에
천천히 자리에 나아가서 앉았다.
브라만은 태자를 보고
얼굴과 자상한 거동을 살피고
그의 덕화에 푹 빠져서 감복하여
목마른 이 감로를 마심과 같았다.

12-3

손을 들어 태자에게 말하였다.

"사문의 집 떠남을 안 지 오래니라.
친함과 사랑에 묶인 사슬을 끊음이
코끼리가 굴레를 벗어난 것과 같음이라.
깊은 지혜와 깨달은 지혜가 밝아
능히 그 독한 과보를 면하였음이라.
옛날의 밝고 훌륭한 왕들은
왕위를 버리고 그 아들에게 맡겼으니

12-4

마치 사람이 걸고 있던 꽃다발이
시들었기 때문에 내버리듯 하였노라.
사문이 아직 젊은 나이로
성스러운 왕위를 받지 않은
사문의 깊고 견고한 그 뜻을 보건대
감히 바른 법의 그릇이 될 수 있겠노라.
사문은 마땅히 지혜의 배를 타고
나고 죽음의 바다를 뛰어건너가거라.

12-5

무릇 지금까지 배우려는 사람 오면
그 재질을 자세히 살핀 다음 가르쳤노라.
내가 이제 이미 사문을 살펴보니
굳세고 단단하게 결정된 뜻을 알았으니
다만 바라건대 마음껏 공부하여라.
마지막까지 사문에게 숨김이 없을 것이니라."

아라람과 웃다람을 만나시다

태자는 그의 가르침을 듣고
매우 기뻐하여 곧 대답하였다.

"스승님은 평등한 마음으로
사랑함과 미워함이 없이 잘 가르쳐주신다니
다만 마음 비우고 받아들인다면
소원하는 바를 곧 얻을 것입니다.
밤길을 가는 사람이 횃불을 얻듯이
방위를 잃은 사람이 길잡이를 만난 듯이
바다를 건널 때 배를 얻은 것처럼
저도 지금 또한 그와 같습니다.

이제 가엾게 여기는 허락을 얻었으니
감히 마음의 의문을 묻겠습니다.
태어나고, 늙고, 병들고, 죽음의 근심에서
어떻게 하면 면할 수 있겠습니까."

그때 아라람은
태자가 묻는 말을 듣고
몸소 모든 경론으로써
간략히 그를 위하여 해설하였다.

"사문은 기틀을 깨달은 장부로서
총명한 사람 중 제일이니라.
이제 마땅히 내가 말하는 것을 잘 들어라.
태어나고, 죽음이 일어나고 멸하는 이치를 말하리라.
성품, 전변, 태어남, 늙음, 죽음
이 다섯 가지가 이루어지면 중생이라 하노라.
성품이란 순수하고 깨끗한 것이요
전변이란 다섯 가지 요소인

나와 지각과 더불어 나타남과
경계를 따름과 근본을 전변이라 말하노라.
빛깔과 소리와 냄새와 맛과 감촉
이것들을 경계라 이름하며
손과 발과 언어와 또 두 가지 길
이 다섯 가지를 업의 근원이라 말하노라.
눈과 귀와 코와 혀와 몸
이것을 지칭하여 지각하는 근원이라 부르고

생각의 근원은 두 뜻을 겸하였으니
또한 업이라고도 하고 또한 지각이라고도 지칭하며
성품의 전변을 원인이라 하고
원인을 아는 것을 나라고 하느니라.

저 가비라 선인들과

그 제자 권속들은

이러한 나의 중요한 이치에서

닦고 공부하여 해탈을 얻었노라.

12-13

저 가비라는

지금의 파도파제이노라.

태어남, 늙음, 죽음을 깨달아 아는 것

이것을 지칭하여 나타남이라 하고

이 나타남과 서로 어긋나는 것을

지칭하여 나타나지 않음이라 말하노라.

어리석음과 업과 애욕

이것을 말하여 바퀴를 굴림이라 하나니

12-14

만일 이 세 가지에 머물게 되면

이 중생은 해탈하지 못하노라.

믿지 않음, 아만, 의심, 넘침

분별하지 못함과, 방편 없음과,

경계에 깊이 헤아려 집착하여

나라는 것에 얽매이기 때문이니라.

믿지 않음은 뒤바뀌고 변하게 되어

다르게 짓고 또한 다르게 이해하는 것이며

'나는 말한다, 나는 깨달아 안다,
나는 가고 온다, 나는 머문다.'는 등
이와 같은 따위의 헤아리는 나를
이것을 일러 나를 지어 변함이라 하노라.
모든 성품에 대하여 망설이면서
옳다 그르다 하며 진실을 얻지 못하나니
이와 같이 결정하지 못하는 것
이것을 일러 의심이라 하노라.

혹은 법이 나라고 말하고
나는 곧 뜻이라고 말하거나
또한 지각과 더불어 업이라고 말하고
모든 헤아림을 다시 나라고도 말하노라.
이와 같이 분별하지 못하여서
이것을 말하여 이르기를 총괄함이라 하고
어리석음, 교활함, 성품, 변하는 것 등을
명료하지 못함을 일러 분별하지 못함이라 하노라.

예배하며 모든 경전을 독송하고
생물을 죽여 하늘에 제사하며
물과 불 따위를 깨끗하게 하며
이와 같이 지어 해탈한다 생각하나니

이와 같은 갖가지의 견해를
이것을 일러 방편이 없음이라 하노라.
어리석게 헤아리고 집착하는 것과
뜻과 말과 지각과 업

12-18

또 모든 경계를 헤아려 집착하는 것
이것을 말하기를 집착이라 이름하노라.
모든 물건을 다 나의 것이라 하는 것
이것을 굳게 지켜서 받아들인다고 하노라.
이와 같은 여덟 가지 미혹은
나고 죽음의 길에 오래도록 빠뜨리노라.
모든 이 세상의 어리석은 사람들
다섯 가지의 규칙을 거두어 받나니

12-19

어둠, 어리석음, 더불어 큰 어리석음
그리고 성냄과 더불어 두려움이니라.
오랜 게으름을 일러 어둠이라 하고
나고 죽음을 일러 어리석음이라 하며
애욕을 일러 큰 어리석음이라 하는데
대인도 미혹을 일으키기 때문이니라.
원한 품는 것을 일러 성냄이라 하고
마음이 두려워함을 일러 공포라 하나니

이와 같이 어리석고 무지한 범부들은
다섯 가지 욕망을 꾀하고 집착하노라.
태어남과 죽음은 큰 고통의 근본으로
다섯 세계에 나기를 바퀴가 돌아가듯 하노라.
다시 태어나 '나는 보고 듣는다.
나는 안다. 내가 지은 것이다'라고 하면서
이것을 인연하여 나를 헤아리기 때문에
나고 죽는 흐름을 그대로 따르지만

12-21

이 원인에 성품이 없다면
그 결과도 또한 성품이 있지 아니하노라.
이른바 바르게 생각하는 사람은
네 가지 법에서 해탈로 나아가나니
지혜로움과 더불어 어리석음과
나타남과 나타나지 않음
만일 이 네 가지 법을 안다면
능히 태어남, 늙음, 죽음에서 벗어날 수 있느니라.

12-22

태어남, 늙음, 죽음이 이미 다하면
다함이 없는 곳을 얻게 됨이니라.
세간의 바라문들은
모두 다 이 이치에 의지하여

범행을 닦아 행하고
또한 다른 이를 위하여 널리 설하노라."

12-23
태자는 이 말을 듣고
다시 아라람에게 물었다.

12-24
"어떠한 방편을 쓰며
마지막엔 어디에 이릅니까.
어떠한 범행을 행하여야 하며
또 응당 얼마 동안이나 지내야 합니까.
무엇 때문에 범행을 닦으며
법은 장차 어디까지 이르는 것입니까.
이와 같은 모든 중요한 이치를
저를 위하여 자세히 말씀하여 주십시오."

12-25
그때 저 아라람은
그 경론에서 말한 것과 같이
몸소 지혜로운 방편으로써
다시 간략히 분별하였다.

12-26
"처음으로 세속을 떠나 집을 나오면
밥을 빌어먹는 생활에 의지하여
모든 위의를 두루 갖추며

바른 계율을 받들어 지니고
욕심을 적게 하여 만족할 줄 알아
맛난 것이건 거친 음식이건 얻는 대로 먹으며
즐거이 혼자 한가함을 닦고
모든 경론을 부지런히 익혀야 하노라.

12-27
탐욕을 두려워하여
탐욕을 벗어나서 맑고 시원함을 보고
모든 감각기관의 무더기를 거두어
마음을 편안하고 고요하게 하여야 하노라.
탐욕과 악하고 착하지 않은
욕계의 모든 번뇌를 벗어나고
멀리 떠남에서 기쁨과 즐거움을 일으키면
첫 깨달음을 보는 선정을 얻을 것이니라.

12-28
이미 초선의 즐거움을 얻고
또 더불어 깨달음의 마음을 보고
기특하다는 생각을 일으켜
어리석게도 마음이 즐거움에 집착하여
마음이 멀리 벗어나는 즐거움을 의지하여
목숨이 끝나면 범천에 나게 되느니라.
지혜로운 사람은 능히 스스로 알아
방편으로 깨달아 보여지는 것을 그치고

꾸준히 힘써 위로 더 나아가
제2 선정과 서로 상응하나니
그 기쁨과 즐거움에 맛을 붙이면
광음천에 태어남을 얻게 되느니라.
방편으로 기쁨과 즐거움을 여의고
제3 선정을 더욱더 닦아서
안락함보다 나은 것 구하지 않으면
변정천에 태어나게 되느니라.

그 마음의 즐거움을 버린 사람은
제4 선정을 체득하게 되어
괴로움과 즐거움이 함께 그쳐서
혹은 해탈하였다는 생각을 일으키느니라.
저 4 선정의 과보에 머물게 되면
광과천에 태어남을 얻게 되리니
그는 오랫동안 장수하기 때문에
일러 광과라 하느니라.

그 선정에서 일어나
존재하는 몸뚱이조차 허물이 됨을 보고
더욱더 나아가 지혜를 닦아서
제4 선정을 싫어해 떠나나니

결정하건대 더욱더 나아가기 구하고
방편으로써 육체의 욕망을 없애면
비로소 자신의 몸의 모든 구멍이
점차 비어 있음을 알아 닦게 되느니라.

12-32

마치면 곧 견고한 부분이 되어
모두 다 비어 있음을 관찰하여 이루게 되고
비어 있음을 관찰하여 경계를 없애면
나아가 한량없는 마음작용을 관찰하리니
안으로 지극히 고요함에 머물러
나에게서 벗어나고 또 나의 것에서 벗어나
아무 것도 없음을 관찰하게 되면
이것을 소유함이 없는 곳이라 하노라.

12-33

문사초의 껍질과 줄기 여의고
들새가 새장을 벗어난 것처럼
모든 경계를 멀리 벗어나니
해탈하는 것도 또한 그러하노라
이 최상의 바라문은
몸을 벗어나 항상 다함이 없나니
지혜로운 사람은 마땅히 알아야 하며
이것을 진정한 해탈이라 하노라.

사문이 질문한 그 방편과
또 해탈을 구하는 것은
내가 위에서 말한 것과 같나니
깊이 믿는 사람은 마땅히 배워야 하노라.
임기사 선인과
또 암나가와
비타와 바라사와
그 밖의 도를 구하는 사람들
그들은 모두 다 이 길을 따라
진정한 해탈을 얻었노라."

태자는 그 말을 듣고
그 이치를 따라 생각하다가
그 전생의 인연이 떠올라
다시 정중하게 청하여 물었다.

"스승님의 훌륭한 지혜와
미묘하고 깊고 자세한 이치를 들으니
원인을 아는 것을 버리지 않는다면
곧 구경의 도가 아닐 것입니다.
성품과 전변으로 원인을 아는 것을
해탈이라고 설하여 말하지만

내가 그 태어나는 법을 관찰하여 보니
그 또한 원인이 되고 결과가 되는 법입니다.

12-37

선인은 '자신이 청정하게 되는 것이
곧 이것이 진정한 해탈이다'라고 말한 것도
만일 인연이 모여져 만나게 되면
곧 응당 다시 묶여버리고 말 것입니다.
그것은 마치 저 종자와 같아서
때로는 흙과 물과 불과 바람으로
각각 흩어져 태어남의 이치와 어긋났다가도
그 인연을 만나면 종자는 다시 태어나게 됩니다.

12-38

무지와 업과 애욕의 인연을
버리면 곧 해탈이라 지칭하지만
나라는 것이 있다고 하는 모든 중생은
구경의 해탈은 끝내 없을 것입니다.
곳곳에서 세 가지를 버리면서도
다시 또 세 가지 더한 것 얻을 것입니다.
나라는 것이 언제나 있기 때문에
그것은 곧 미세하게 따라다니며

12-39

미세한 허물이 따르기 때문에
마음은 곧 방편을 벗어나게 될 것입니다.

수명이 길어 오래 사는 것
선인은 그것을 진정한 해탈이라 하고
선인이 자신의 것을 떠난다고 말하지만
떠난다는 그것도 곧 없는 것이 됩니다.
많은 수를 이미 떠나지 못하고
어떻게 구함을 버릴 수 있겠습니까.

12-40

그러므로 구함이 있다면
마땅히 해탈이 아님을 알아야 합니다.
물질과 성품은
뜻은 달라도 그 몸은 하나이니
만일 서로 떠나간다 말하더라도
끝내 이러한 것은 있을 수가 없습니다.
따뜻한 형상의 불을 떠나서
다른 불을 가히 얻을 수 없나니

12-41

비유하면 몸이 있기 전에는
곧 몸이 없는 것과 같은 것입니다.
이와 같이 성품이 있기 전에는
또한 물질도 있을 수 없나니
그러므로 먼저 해탈했다 하더라도
그 뒤에 다시 몸이 결박될 것입니다.
또 원인을 알아 몸을 떠나면

혹은 앎이거나 혹은 앎이 없는 것이니

12-42

만일 거기에 앎이 있다고 말한다면
곧 마땅히 알아져야 할 것이 있어야 할 것입니다.
만일 알아야 할 것이 있다면
그것은 곧 해탈한 것이 아닙니다.
만일 앎이 없다고 말한다면
나란 곧 쓸데없는 것이고
나를 떠나서 앎이 있다면
나란 곧 목석과 같은 것입니다.

12-43

그 세밀하고 거친 것 온전히 알아
거친 것 저버리고 세밀한 것 높이나니
만일에 능히 그 모두를 버린다면
하여야 할 일 곧 마치는 것이 됩니다.”

12-44

그 아라람의 말에
능히 그 마음 기쁘게 할 수 없어서
일체의 지혜가 아닌 줄 알고
마땅히 다시 뛰어난 것을 구하러 떠났다.
울타 선인에게 나아갔으나
그도 또한 나가 있다고 헤아렸다.
비록 미세한 경계를 관찰했으나

생각과 생각 아닌 것의 허물을 보고

12-45

생각과 생각 아님을 떠난 곳에 머문 채
다시 돌아보니 헤어 나올 길이 없었다.
중생들은 거기에 이르지만
반드시 마땅히 도로 물러날 것이다.
보살은 진정한 해탈을 구하기 위한 까닭에
다시 울타 선인을 버리고
더욱더 훌륭하고 묘한 도를 구하기 위하여
앞으로 나아가 가야산으로 올라갔다.

12-46

그 성의 이름은 고행의 숲인데
다섯 비구가 먼저부터 머무르고 있었다.
그 다섯 비구를 보니
모든 성품과 몸을 잘 거두어 잡고
계를 지키고 고행을 닦으면서
그 고행의 숲에서 머무르고 있었다.
니련선하의 기슭은
지극히 고요하여 깊이 즐길 만하였으니

12-47

보살은 곧 그 곳으로 가서
한곳에 고요히 머물러 사유에 잠겼다.
다섯 비구는

면밀한 마음으로 해탈을 구함을 알고
마음을 다하여 공양하기를
자재천을 공경하듯이 하였다.
겸손하고 낮추어 스승으로 섬기고
항상 몸가짐과 거동이 흐트러지지 않았나니

12-48

마치 수행하는 사람이 모든 감각기관을 따라
마음이 움직임과 같았다.
보살은 부지런히 방편을 닦으니
마땅히 늙음과, 병듦과, 죽음을 건너기 위함이었다.
전일한 마음으로 고행을 닦느라
몸을 절제하여 먹는 것조차 잊었다.
깨끗한 마음으로 정진하고 경계할 적에
보통 사람이 견딜 바가 아니었다.

12-49

고요하고 잠잠히 선정의 사유에 들어
어느새 6년이 훌쩍 지나갔다.
하루에 먹는 것은 쌀 한 톨로써
몸은 지극히 쇠하여 여위어갔으며.
건너지 못한 것을 건너려 하였으나
갈수록 미혹하고 더욱 아득하여졌다.
도는 지혜와 이해로 이뤄지는 것으로
먹지 않는 것이 그 근본은 아니었다.

12-50

온몸은 비록 약해지고 말랐으나
슬기로운 마음은 갈수록 밝아졌으며
정신은 비어지고 몸은 가벼워져
그 이름과 덕은 널리 흘러서 알려졌다.
마치 달이 처음 떠오르듯
연못의 연꽃이 피어오르듯
훌륭한 이름이 온 나라에 넘쳐흘러
남녀들은 다투어 와서 보았다.

12-51

괴로운 육신은 마른 나무 같았으며
어느새 6년이 거의 차려 하였다.
나고 죽는 괴로움을 두려워하여
오로지 바른 깨달음의 근본만을 구하였다.
스스로 생각하되 '이것으로 말미암아
욕망을 떠난 고요한 관찰이 생기는 것이
아니구나. 내가 옛날에
염부나무 아래에서

12-52

일찍이 없었던 것을 얻은 바
마땅히 그것이 곧 도이었음을 알아야 하는구나.
도는 쇠약한 몸으로 얻어지는 것이 아니니
반드시 모름지기 몸의 힘으로 구하여야 할 것이라.

음식이란 모든 감각기관을 충만하게 하니
감각기관이 기쁘면 마음도 편안하고
마음이 편안하면 깊은 고요함을 따르나니
고요함은 선정의 통발이 됨이라.

12-53

선정으로 말미암아 성스러운 법을 알고
법의 힘이라야 얻기 어려운 것을 얻나니
지극히 고요함은 늙음과 죽음을 벗어나고
제일로 모든 번뇌를 벗어남이라.
이와 같은 따위의 묘한 법들은
모두 다 음식으로 말미암아 생기는 구나.'
이와 같이 이 이치를 사유한 뒤에
니련강 가에서 몸을 씻으셨다.

12-54

목욕하고 강에서 나오려 하였으나
너무 쇠약하여 능히 나올 수가 없었다.
그때 천신이 나뭇가지를 늘어뜨려서
손을 들어 휘어잡고 빠져나왔다.
그때 그 산의 숲 속 곁에는
어떤 소 먹이는 어른이 있었다.
그의 장녀 이름은 난타라 하였는데
정거천이 그녀에게 와서 말했다.

12-55

"지금 보살이 숲 속에 계시니

너는 마땅히 가서 공양을 올려라."

12-56

그때 난타바라사는

기뻐하며 그곳에 나아갔다.

목에는 흰 구슬 팔찌를 끼고

몸에는 푸른 물들인 옷을 입었는데

푸르고 흰 빛이 서로 비치어

맑은 물에 깊이 흩뿌린 것과 같았다.

믿는 마음이 더욱더 기뻐 뛰면서

보살의 발에 머리를 조아리고

12-57

향기로운 유미죽을 공손히 바치며,

"오직 가엾게 여겨 받아 주소서."

보살이 그것을 받아 마시니

그는 곧 법의 열매가 나타남을 얻고

먹자 모든 감각기관이 즐거워져

깨달음을 감당하여 받을 수 있었다.

온몸은 밝은 빛으로 빛나고

덕 있는 모습이 더욱더 숭고하였나니

12-58

모든 시냇물이 바다를 더욱 늘어나게 하고

처음 떠오르는 달과 해가 더욱 빛나는 것과 같았다.
다섯 비구는 태자를 보자
놀라면서 괴상히 생각하며 혐오하였다.

12-59

"그는 도의 마음에서 퇴보하였다.
내버려두고 다른 좋은 곳으로 가자."고 말하였다.

12-60

마치 사람이 해탈을 얻으면
다섯 가지 요소를 모두 멀리 떠나듯 하였다.
보살은 홀로 노닐어 거닐며
저 길상의 나무 아래로 나아갔다.

12-61

"마땅히 이 나무 아래에서
바른 깨달음의 도를 성취하리라."

12-62

그 땅은 넓고 또 평평하고 바르게 되었으며
부드럽고 빛나며 고운 풀이 나 있었다.
편안하고 상서롭게 사자의 걸음으로 걸어가니
걸음마다 땅바닥이 진동하였다.
땅울림은 눈먼 용을 감동시켜
기뻐하는 바람에 눈이 열렸다.

12-63

그리고 말하기를 "일찍이 과거의 부처님을 생각하니

땅 진동하는 모양이 지금과 같았으며
존귀하신 분의 덕은 높고도 커서
대지도 견뎌내지 못하는구나.
발걸음 걸음마다 땅을 밟으면
우레 같은 진동하는 소리가 나며
묘한 광명이 온 천하를 두루 비추어
마치 아침 햇빛의 밝음과 같구나.

12-64

5백 마리의 푸른 새떼들은
허공에서 오른쪽으로 빙빙 돌고
부드럽고 연하며 맑고 시원한 바람은
따라서 돌고 도니
이와 같은 모든 상서로운 모양은
모두 다 과거의 부처님 때와 같나니
그러므로 알 수 있네. 이 보살님이
마땅히 바른 깨달음의 도를 성취하리라."

12-65

보살은 어떤 풀 베는 이에게서
깨끗하고 부드럽고 연한 풀을 얻어
나무 아래에 그 풀로 자리를 펴고
몸을 바르게 하여 편안하게 앉았다.
가부좌를 하고 움직이지 않음이
마치 용의 몸이 묶인 것과 같았다.

12-66

"반드시 그 하여야 할일을 마칠 때까지
 이 자리에서 일어나지 아니하리라."

12-67

이렇게 진실한 서원을 말할 때
하늘의 용들은 모두 기뻐하였고
맑고 시원한 실바람이 일어났으며
초목들은 가지를 울리지 않았다.
일체의 모든 날짐승과 길짐승들도
모두 고요히 소리 내지 않았으니
이러한 모두는 보살이
반드시 깨달음의 도를 이룰 바탕이었다.

(12장. 아라람울두람품. 阿羅藍鬱頭藍品 終)

13장. 파마품(破魔品)
– 마군을 깨뜨리고 부수시다.

13-1

선왕 족의 큰 선인은
보리수 아래에서
굳고 견고한 서원을 세우고
반드시 해탈의 도를 이루려 하였다.
귀신과 용과 모든 하늘 대중들은
모두 다 크게 기뻐하였으나
법의 원수인 마천왕은
홀로 근심하면서 기뻐하지 않았다.

13-2

다섯 가지 욕망의 자재한 왕은
갖가지의 전투하는 재주를 갖추고
해탈하는 사람을 미워하고 질투하므로
그를 일러 파순이라고 하였다.
그 마왕에게 세 딸이 있었는데
아름다운 얼굴에 맵시 있는 자태와
갖가지의 방법으로 사람을 홀리는 기술은
천녀들 가운데서 제일이었다.

13-3

첫째 딸의 이름은 욕염이고

둘째 딸의 이름은 능열인이며
셋째 딸의 이름은 가애락이었다.
세 딸들이 함께 나아가
아비 파순에게 아뢰었다.
"알지 못하는 어떠한 근심이나 걱정이 있으십니까."
아비는 그 일들을 갖추어
여러 딸에게 심정을 하소연하였다.

13-4

"저 세간에 크게 존귀하신 분이 있는데
몸에는 큰 서원의 갑옷을 입고
손에는 큰 나라고 하는 활과
굳세고 날카로운 지혜의 화살을 쥐고
싸워서 중생을 항복받으며
나의 경계를 부수려 하고 있다.
그러나 나는 우선 저만 못하니
중생들은 그를 믿으며

13-5

모두 해탈의 도로 돌아가려 하나니
나의 영토는 곧 텅 비게 될 것이니라.
비유하건대 사람이 계를 범하면
그 몸이 곧 텅 비게 되는 것처럼
혜안이 아직 열리기 전에는
나의 영토는 오히려 편안함을 얻을 것이니라.

마땅히 이제 가서 그 뜻을 부수고
그 다리를 끊어 버려야겠다.”

13-6

이에 활을 잡고 다섯 개의 화살을 가지고
사내와 계집들의 권속을 거느리고
그 길하고 편안한 숲으로 나아가
중생들이 편안하지 않기를 원하였다.
존귀하신 분이 고요하고 잠잠히
삼유의 바다를 건너려는 것을 보고
왼손에는 굳센 활을 잡고
오른손으로는 날카로운 화살을 퉁기면서

13-7

보살을 향하여 외쳐 말했다.
“너 찰제리는 속히 일어나거라.
죽음이란 참으로 가히 두려운 것이니
마땅히 너는 본래의 법을 닦고
해탈의 법은 버려야 하느니라.
싸움 익히고 복 짓는 모임을 열고
모든 세간을 항복받아 다스리다가
마치면 하늘에 태어나는 즐거움을 얻어라.

13-8

이 길만이 좋은 이름을 남기는
훌륭한 조상들이 행한 바이니

선왕인 높은 조상의 후예로서

걸사는 거기에 걸맞지 않느니라.

지금 만일 일어나지 않겠다면

우선은 응당 네 뜻에 맡겨두겠지만

삼가 굳은 맹세를 버리지 아니한다면

내가 화살 하나를 쏘아서 시험하리라.

13-9

월광의 손자 저 괘라도

또한 나의 이 화살로 말미암아

조금 부딪치자 바람에 날아가듯

그 마음에 광란을 일으켰느니라.

고요함을 지키는 고행 선인도

나의 이 화살 소리를 듣고

마음이 곧 크게 무섭고 두려워

정신이 혼미하여 본성을 잃었느니라.

13-10

하물며 너는 말세에 태어나

나의 이 화살을 벗어나기를 바라는가.

네가 이제라도 속히 일어난다면

다행히 안전함을 얻게 되리라.

이 화살은 독 기운이 가득하여

원통하고 슬퍼하며 벌벌 떨리라.

온힘을 다하여 화살을 감당하여도

스스로 편안하기가 오히려 어렵겠거늘

하물며 화살도 감당치 못하는 그대가

어떻게 능히 놀라지 않겠는가."

13-11

악마는 이러한 사실을 말하며

보살을 협박하고 핍박하였으나

보살은 마음이 기쁘고 좋아서

의심도 없고 또한 두려움도 없었다.

마왕은 곧 화살을 쏘고

아울러 아름다운 세 딸을 나아가게 하였다.

보살은 그 화살 보지도 아니하고

또한 세 딸도 돌아보지 않았다.

13-12

마왕은 근심하고 또 의심하면서

입 속으로 스스로 중얼거렸다.

'일찍이 설산의 여자를 위하여

마혜수라를 쏘아

능히 그 마음을 변하게 하였으나

이 보살은 움직이지 못하겠구나.

또한 이 화살이나

하늘의 세 예쁜 딸들도

13-13

능히 그 마음을 움직여

애정이나 성냄을 일으키지 못하는구나.
응당 다시 많은 군사를 모아
힘으로써 강하게 핍박하리라.'
마왕이 이렇게 생각할 때에
마군들이 갑자기 모여들었다.
갖가지로 제각기 다른 형상에
혹은 창을 잡기도 했고 칼을 가지며

13-14

두 갈래의 창의로 된 나무에 쇠방망이를 잡기도 하고
갖가지 싸움의 무기를 갖추었다.
돼지, 물고기, 나귀, 말 머리
낙타, 소, 들소, 호랑이 얼굴도 있었으며
사자, 용, 코끼리 머리
그 밖에 다른 짐승 종류도 있었다.
혹은 한 몸에 많은 머리
혹은 얼굴에 눈이 하나인 것

13-15

혹은 또 여러 개 눈을 가진 것
혹은 배불뚝이에 키다리도 있었다.
혹은 바짝 여윈 데다 배가 없고
혹은 긴 다리에 큰 무릎
혹은 큰 다리에 살찐 장딴지
혹은 긴 어금니에 날카로운 손톱

마군을 꺼뜨리고 부수시다.

혹은 머리와 눈이 없는 얼굴
혹은 두 발에 많은 몸

13-16
혹은 커다란 얼굴과 옆으로 붙은 얼굴
혹은 잿빛, 흙빛을 가진 것
혹은 밝은 별빛 같기도 하며
혹은 몸에 연기와 불을 뿜어대고
혹은 코끼리 귀에 산을 짊어졌으며
혹은 머리털을 풀어헤친 채 알몸뚱이며
혹은 가죽옷 입었는데
낯빛이 반은 붉고 반은 희었다.

13-17
혹은 호랑이 가죽옷을 입고
혹은 뱀 껍질을 입었으며
혹은 허리에 큰 방울을 차고
혹은 머리를 땋고 상투를 틀었으며
혹은 머리를 풀어 몸을 덮었으며
혹은 사람의 정기를 빨고
혹은 사람의 생명을 빼앗기도 하며
혹은 높이 뛰면서 크게 부르짖고

13-18
혹은 달려서 서로 쫓기도 하며
번갈아 서로 때리고 해치기도 하였다.

혹은 공중을 빙빙 돌아다니기도 하고
혹은 나무 사이를 날아다니기도 하며
혹은 부르짖고 아우성칠 때
모진 소리 천지를 흔들었다.
이와 같이 모든 악한 무리들이
보리수를 에워쌌다.

13-19

혹은 몸을 찢으려 하고
혹은 또 물고 씹으려 하였으며
사방에서 놓은 불은 세차게 일어
연기와 불꽃이 하늘을 찔렀다.
모진 바람은 사방에서 세차게 일어
온 산의 수풀은 모두 다 떨었나니
바람과 불 연기와 티끌들이 어울려서
어둠 속에 아무 것도 보이지 않았다.

13-20

법을 사랑하는 모든 하늘 사람과
또 모든 용들과 모든 귀신들이
모두 마군의 무리들을 원망하며
미워하고 성내어 피눈물을 흘렸다.
정거천의 모든 하늘 대중들이
마군들이 욕심 여의고 성내는 마음 없는
보살을 어지럽게 함을 보고

저 해치려는 것 안타깝게 여겨

13-21

모두 내려와 보살을 보니
단정히 앉아 움직이지 않았다.
한량없는 마군들이 둘러싸고
모진 소리 천지를 진동했으나
보살은 편안하게 잠자코 있어
빛나는 얼굴에 다른 기색이 없었다.
비유하면 마치 저 사자의 왕이
뭇 짐승들 가운데에 머무르는 것과 같았다.

13-22

모두들 '아아' 하고 찬탄하면서
기특하기 일찍이 없었던 일이라 하였다.
마군들은 서로 채찍질을 하며 몰아붙이고
제각기 그 위력을 나타내면서
번갈아 함께 서로 마구 재촉하고
모름지기 한시 바삐 쳐부수어 없애려 하였다.
눈을 부릅뜨고 이를 갈기도 하고
어지럽게 날면서 핍박하였다.

13-23

보살은 잠자코 바라보기를
마치 아이들 장난 구경함과 같았다.
마군들은 더욱더 성내고 분해하여

싸우는 힘을 배나 더하였으나
돌을 안으려 하면 도저히 들 수가 없고
이미 든 것은 다시 내려놓을 수가 없었다.
두 갈래 창이나 긴 창과 예리한 창들을 내던지면
허공에 달라붙어 내려오지 않았으며

13-24

천둥을 울리며 우박을 퍼부어도
모두 다섯 가지 색의 꽃으로 변해 버리고
사나운 용과 뱀이 독을 뿜어도
향기로운 바람으로 변화해 버렸다.
모든 갖가지의 형상의 무리들이
보살을 해치려고 하였지만
능히 뒤흔들지 못하고
도리어 일마다 자신만을 다치게 하였다.

13-25

마왕에게 두 자매가 있었는데
그 이름이 미가와 가리였다.
손에는 해골로 된 그릇을 들고
보살 앞에 나타나서
갖가지 이상한 몸짓을 지으며
음탕한 홀림으로 보살을 유혹했다.
이와 같은 여러 마군의 무리들이
갖가지의 추한 몸짓으로

마군을 깨뜨리고 부수시다.

모든 모진 소리를 내며
보살을 두렵게 하고자 하였으나
능히 털끝 하나도 움직일 수가 없었으니
모든 마군들은 모두 다 근심하고 슬퍼하였다.
그때 공중에서 부다 신이
몸은 숨긴 채 소리만 내었다.

"내가 크게 존귀하신 분을 보니
마음에 조금도 원한의 생각이 없거늘
뭇 마군들이 악하고 독한 마음으로
원한이 없는 곳에 원한을 일으키는구나.
어리석은 모든 악마 무리들아
아무리 수고로워도 소득이 없으리니
마땅히 해치려는 마음 버리고
그만 고요하게 잠자코 있어라.

너희들이 능히 입 기운으로 아무리
불어 봐도 수미산을 움직이지 못하리라.
불을 차게 하고 물을 뜨겁게 하며
땅을 평평하고 부드럽게 하더라도
능히 보살이 여러 겁 동안 닦은
좋은 열매는 부술 수가 없으리라.

보살은 바르게 생각하고,
부지런히 정진하여 방편에 힘쓰며,

13-29

깨끗한 지혜의 광명으로,
일체를 사랑하고 연민하느니라.
이 네 가지 묘한 공덕은
능히 그 중간에서 끊는다거나
붙들어 머물게 함이 어려우므로
바른 깨달음의 도를 이루지 못하게 할 수가 없으리라.
일천 개의 태양 광명과 같이
반드시 이 세간의 어둠을 없애리라.

13-30

나무를 문질러 불을 얻으며
땅을 파서 물을 얻나니
부지런히 힘쓴 바른 방편으로써
구하여 얻지 못할 것이 없음이라.
이 세간은 구호해 줄 이 없고
그 속에는 탐욕, 성냄, 어리석음의 독이 있다.
중생을 가엾게 여기기 때문에
지혜의 좋은 약을 애써 구하나니

13-31

세상 위하여 괴로움과 근심을 없애려 하거늘
너희들은 어찌하여 괴롭히고 어지럽게 하는가.

세간은 모두 어리석고 미혹되어
모두 다 그릇된 길을 집착하는데
보살은 바른 길을 닦아 익혀서
중생들을 바르게 인도하고자 함이니라.
세상의 높은 스승 괴롭히고 어지럽게 하는 것
이것은 곧 아주 큰 잘못이니라.

13-32

마치 큰 벌판 가운데에서
상인들을 속이고 기만하여 인도하는 것과 같음이라.
중생들 큰 어둠 속에 떨어져
어디로 가야 할지 알지 못하기에
지혜의 등불을 밝히려 하거늘
어찌하여 그것을 끄려 하는가.
중생들 모두 태어나고 죽음의
큰 바다에 빠져 헤매기에

13-33

지혜의 배를 만들고자 하거늘
어찌하여 빠뜨리려 하는가.
참고 견딤으로 법의 싹 삼고
뜻을 굳게 가짐으로 법의 근본으로 삼으며
율과 예의와 계로 땅을 삼고
바른 깨달음으로 가지와 뼈대로 삼으니
지혜의 큰 나무는

위없는 법의 열매가 되어

모든 중생들에게 그늘로써 보호하려 하는데
어찌하여 그것을 베려 하는가.
탐욕과 성냄과 어리석음의
칼과 쇠사슬로 중생들이 결박되었노라.
그러므로 오랜 겁 동안 고행을 닦아
중생의 결박을 풀기 위하여
결정하건대 지금 이루려고
이 바른 터 위에 앉아 계시는 것이니라.

과거의 모든 부처님들과 같이
굳건히 금강의 대를 세우셨느니라.
모든 방면이 모두 다 흔들린다 하여도
오직 이 땅만은 안온하여
능히 묘한 선정을 이루어 감당할 수 있나니
너희들이 능히 무너뜨릴 바가 아니니라.
다만 마땅히 가볍게 마음을 낮추어
모든 교만한 뜻을 버리고
응당 지혜로운 스승이라는 생각을 가져
참고 견디며 받들어 섬겨야 한다."

마군은 공중에서 나는 소리를 듣고

보살의 안정됨을 보자
부끄럽고 창피해서 교만을 버리고
다시 길을 돌려 하늘로 돌아갔다.
마군의 무리들은 모두들 근심하고 슬퍼하며
한꺼번에 무너져 위엄 있고 씩씩함을 잃고
전쟁에 쓰는 모든 무기들은
종횡으로 산과 들에 버려졌다.

마치 사람이 원수의 괴수를 죽이면
그 부하들이 모두 부서지는 것과 같이
모든 마군들이 이미 물러가 흩어지자
보살의 마음은 비고 고요하였다.
햇빛은 더욱더 몇 배나 밝고
티끌과 안개는 모두 다 사라졌으며
달은 밝고 모든 별들도 반짝여
다시는 모든 어둠의 장애가 없었으니
공중에서는 하늘의 꽃이 내려와
그것으로써 보살에게 공양하였다.

(13장. 파마품. 破魔品 終)

14장. 아유삼보제품(阿惟三菩提品)
– 구경열반 깨달음을 얻으시다.

14-1

보살은 마군을 항복받은 후에
기치는 견고하고 마음은 안온하여져서
가장 중요한 바른 도리를 다 구하고
깊고 묘한 선정에 들어갔나니
자유자재한 모든 삼매에 들어가니
차례로 앞에 그대로 드러났다.

14-2

초저녁에 삼매에 들어가서
과거의 생을 기억하고 생각했다.

14-3

'어느 곳에서 어떤 이름을 따라
지금 여기에 태어났는가.'
이와 같은 백 가지, 천 가지, 만 가지의
죽고 태어남을 모두 다 분명히 알았다.
헤아릴 수 없는 태어나고 죽음을 받아온
일체 중생의 무리들은
일찍이 모두 나의 친족이었음을 알았으니
큰 자비심이 일어났다.

14-4

큰 자비심을 생각한 후에는
다시 관찰하여 보니 저 모든 중생의
여섯 갈래 가운데에서 윤회하면서
태어나고 죽음에 끝이 없는 것
그것은 거짓이요 견고함이 없어서
마치 파초와 꿈과 꼭두각시 같았다.

14-5

곧 한밤중에는
깨끗한 천안을 체득하여

14-6

일체 중생을 보니
거울 속의 형상을 보는 것과 같았다.
중생의 삶과 태어나고, 죽음과
귀하고, 천하고, 가난하고, 부유함과
청정한 업과 청정하지 않은 업,
그것을 따라서 받는 괴롭고 즐거운 과보들
나쁜 업을 지은 자를 관찰하여 보니
반드시 나쁜 갈래에 태어나고

14-7

좋은 업을 닦아서 익히는 사람은
인간이나 하늘 가운데에 태어나고
만일 지옥에 떨어지는 사람은

14장. 아뇩삼보제품(阿耨三菩提品)

한량없는 갖가지의 고통을 받나니
녹인 구리쇠 물을 마시기도 하고
쇠창으로 그 몸을 찔러서 꿰며
끓는 큰 가마솥에 던지기도 하고
큰 불더미 속에 몰아넣기도 하며

14-8

이빨 긴 개들이 먹기도 하고
부리 뾰족한 새들이 골을 쪼아 먹으며
불을 두려워하여 숲속으로 달리면
칼 같은 잎사귀는 그 몸을 자르고
예리한 칼로써 그 몸을 가르며
혹은 예리한 도끼로 쪼개기도 하였으며
이렇게 극심한 고통을 받을지라도
업의 행은 죽게 하지 않았다.

14-9

깨끗하지 못한 업을 즐겨 짓다가
지극한 고통으로 그 과보를 받으며
맛을 따라 즐기는 것 잠깐이지만
괴로움의 과보는 매우 길었다.
장난치고 웃으면서 재앙의 원인 심었다가
울부짖으며 그 죄를 받으며
악한 업 지은 모든 중생들이
만일 스스로의 과보를 본다면

기운과 맥은 곧 끊어질 것이며
두려움에 피가 터져 죽을 것이다.
모든 축생에 태어나는 업을 지었어도
업은 가지가지 제각기 다르나니
죽어서 축생의 길에 떨어질 때는
갖가지로 제각기 다른 몸을 받았다.
혹은 가죽과 살 때문에 죽기도 하고
털, 뿔, 뼈, 꼬리, 깃 때문에 죽기도 하고

다시 서로서로 잡아 죽이기도 하고
친척끼리 서로 잡아먹기도 하며
무거운 짐을 지고 멍에를 쓰고
채찍으로 맞고 갈고리에 찔리며
몸을 다쳐 고름이나 피를 흘리며
굶주림과 목마름을 해결하지 못하고
바꾸어 가며 서로 끊임없이 죽이지만
스스로 살피는 힘이 없어서

허공이나 물이나 육지 가운데에서
죽음을 벗어나려 하여도 또한 그럴 곳이 없었다.
아낌과 탐욕이 왕성한 사람
아귀 갈래에 태어나나니

태산과 같은 커다란 몸에
목구멍은 마치 바늘귀 같고
굶주림과 목마름의 독한 불꽃이 일어나
도리어 스스로의 그 몸을 태웠다.

14-13

구하는 이에게는 아끼고 주지 않으며
혹은 남이 주는 것도 방해한 사람
저 아귀 속에 태어나서도
음식을 구하나 능히 얻지 못하고
사람이 버리는 더러운 음식을
먹으려 하면 변하여 사라지나니
만일 사람으로서 아낌과 탐욕의
괴로운 과보가 이와 같음을 듣는 자라면

14-14

제 몸의 살을 베어 남에게 주기를
저 시비왕 같이 하여야 함이라.
혹은 사람 세계에 태어난다 하더라도
그 몸이 태중에 있을 때에는
엎치락뒤치락 매우 고통스러워하다가
태에서 나올 때에는 두려움이 일어나고
부드러운 몸이라 무엇에 부딪치면
마치 칼날에 베이는 것과 같으며

14-15

그의 과거 업의 몫에 맡겨져 있어

어느 때고 죽음이 없지 않나니

애쓰고 고통스러워하며 태어나기를 구하다가

태어남을 얻으면 오래도록 고통을 받으며

복을 타서 하늘에 나는 사람

목마른 애욕에 항상 몸을 태우다가

복이 다하고 목숨이 끝날 때에

죽음에 이르러서는 다섯 모양이 나타나니

14-16

마치 나무에 핀 꽃 시드는 것처럼

마르고 여위어 빛을 잃어버리고

권속들과 살다가 죽음에 갈릴 적에는

슬퍼하고 고통스러워해도 붙들 수가 없음이라.

궁전과 성곽은 텅 비어 쓸쓸하고

아름다운 여자는 모두 멀리 떠나고

티끌과 먼지 속에 앉고 누워서

슬피 울며 서로들 그리워하고 사모하나니

14-17

산 사람은 떨어져 몰락함을 슬퍼하고

죽은 사람은 삶이 그리워 슬퍼하나니

꾸준히 애써 고행을 닦으며

천상의 즐거움을 탐하여 구하지만

이미 이와 같은 고통이 있나니
더럽다 무엇을 족히 탐할 것인가.
큰 방편으로써 얻은 것도
마침내 이별의 고통을 면치 못함이라.

14-18

슬프구나. 모든 하늘 사람들
그 수명 길고 짧기가 차별이 없구나.
여러 겁을 지나며 고행을 닦고
영원히 애욕을 여의어
결정하건대 오래 살겠다 말하지만
지금은 모두 다 떨어져 몰락함이라.
지옥에서는 갖가지 고통받다가
축생 되면 서로들 죽이며

14-19

아귀 되면 기갈에 핍박받고
인간 되면 애욕에 피곤하네.
비록 모든 하늘이 즐겁다 하나
이별은 가장 큰 고통이라.
미혹하여 세간에 태어나면
어느 한 곳도 쉴 곳이 없구나.
슬프다. 나고 죽음의 바다
돌고 돌아 끝이 없구나.

중생은 끝없는 물결에 빠져
이리저리 떠돌며 의지할 곳이 없구나.
이와 같이 깨끗한 천안으로
다섯 갈래의 세계를 관찰할 때
그것은 거짓이요 단단하지 않아서
마치 저 파초와 물거품 같음을 알았다.

14-21

곧 세 번째 밤인 새벽녘에
깊은 선정에 들어갔다.

14-22

모든 세간을 관찰하여보니
돌고 돌아 스스로의 성품을 괴롭히고
자주자주 태어나고, 늙고, 죽음은

그 수가 한량없건만
탐심, 욕심, 어리석음의 어두운 장애로
그것들로 말미암아 태어나는 곳을 알 수가 없구나.
바른 생각으로써 가만히 사유하였다.
'태어남과 죽음 어디로부터 생겨나는가.'

14-23

결정하여 늙고, 죽음은
반드시 태어남으로 말미암아 있는 줄을 알았다.
비유하면 사람이 몸이 있기 때문에

곧 몸에 병이 들어 아픔의 따름이 있고
또 어떠한 인연 때문에 태어나는가, 관찰하여 보니
모든 있음의 업을 따름을 보았다.
천안으로 있음의 업을 관찰하여 보니
자재천에서 생긴 것도 아니고

14-24

본래의 성품도 아니며 나도 아니며
또한 다시 그 원인이 없는 것도 아님이라.
마치 대나무 첫 마디를 쪼개면
남은 마디 곧 어려움이 없는 것처럼
이미 태어남과 죽음의 원인을 보았으니
차츰차츰 진실을 보게 되었다.
있음의 업은 취함에서 생기는 것이니
마치 불이 섶나무를 만난 것과 같음이라.

14-25

취함은 사랑함으로써 원인을 삼나니
마치 조그만 불씨가 산을 태우는 것과 같음이라.
사랑함은 받아들임에서 일어남을 알았나니
괴로움과 즐거움을 깨달아 편안함을 구하고
굶주리고 목마르면 음식을 구하나니
받아들임이 사랑을 일으키는 것도 또한 그러함이라.
모든 받아들임은 부딪침을 원인으로 삼나니
세 가지가 괴로움과 즐거움을 일으킴이라.

마치 부싯돌과 불쏘시개에 사람의 힘을 더하면
곧 불을 얻어 쓰는 것과 같음이라.
부딪침은 여섯 가지의 들어옴에서 생겨나나니
장님은 밝음을 지각하지 못하기 때문으로
여섯 가지의 들어옴은 정신과 물질에서 일어나나니
싹에서 줄기와 잎이 자라는 것과 같음이라.
정신과 물질로 말미암아 알음알이가 생기나니
종자에서 싹과 잎이 생겨남과 같음이라.

14-27
알음알이는 다시 정신과 물질을 따라서
되풀이하여서 다시 여분이 없음이라.
알음알이를 인연하여 정신과 물질이 생기고
정신과 물질을 인연하여 알음알이가 생기나니
마치 사람과 배가 함께 나아가고
물과 육지가 서로 당기는 것과 같음이라.
알음알이가 정신과 물질을 일으키는 것과 같이
정신과 물질은 모든 근본을 일어나게 함이라.

14-28
모든 근본은 느껴짐을 일으키고
느껴짐은 다시 받아들임을 일으킨다.
받아들임은 사랑함의 욕망을 일으키고
사랑함의 욕망은 취함을 일으키며

취함은 업의 있음을 일으키고
있음은 곧 태어남을 일으킴이라.
태어남은 늙음과 죽음을 일으키어
윤회하되 끝이 없이 흘러감이라.

14-29

중생은 인연으로부터 생겨남을
바르게 깨달으신 분은 모두 다 깨달아 알아서
결정되어 바르게 깨달아 마치셨다.
태어남이 멸하면 늙음과 죽음이 멸하고
있음이 멸하면 곧 태어남이 멸하고
취함이 멸하면 곧 있음이 멸하며
사랑함이 멸하면 곧 취함이 멸하고
받아들임이 멸하면 곧 사랑함이 멸하며

14-30

느껴짐이 멸하면 곧 받아들임이 멸하고
여섯 가지 들어옴이 멸하면 느껴짐이 멸하나니
일체 들어옴이 멸하여 다함은
정신과 물질이 멸하였기 때문이라.
알음알이가 멸하면 정신과 물질이 멸하고
행함이 멸하면 곧 알음알이가 멸하고
어리석음이 멸하면 곧 행함이 멸하나니
큰 선인께서 바른 깨달음을 이루었다.

구경열반 깨달음을 얻으시다.

이와 같이 바른 깨달음을 이루신 뒤에
부처님은 곧 세간에 나오셨나니
정견 등의 여덟 가지 길은
넓고 크며 평평하고 곧은 길이라.
마침내 나라는 것조차 없나니
마치 섶이 다하면 불이 멸함과 같이
해야 할 일을 이미 마치고
먼저 바른 깨달음의 길을 얻으셨다.

14-32
제일가는 이치를 끝까지 보신 후에
큰 선인이 방으로 들어서시자
어둠은 물러가고 밝음의 모양이 생겨나고.
움직이고 머무름이 모두 고요하고 조용했으며
다함없는 법을 체득하여
일체의 지혜는 밝고 밝았다.
큰 선인의 그 덕이 깨끗하고 두터워서
땅이 두루 울려 흔들리고

14-33
우주는 모두 맑고 밝았으며
하늘의 용과 귀신들이 구름처럼 모여들고
공중에서는 하늘의 음악이 연주되어
이와 같이 법공양을 하였다.

맑고 시원한 실바람이 일어나고
구름 없는데 향기로운 비가 내렸으며
묘한 꽃들이 때 아닌데 활짝 피고
맛있는 과일들은 철을 어겨 무르익었다.

14-34

불가사의한 만다라 꽃과
갖가지 하늘의 보배로운 꽃들이
허공을 따라 어지러이 내려와
존경하는 높은 이를 공양하였다.
다른 무리들의 모든 중생들도
각기 사랑하는 마음으로 서로 향하여
두려움은 모두 다 사라져 없어지고
성내고 교만한 마음이 모두 없어졌다.

14-35

일체의 모든 세간들
모두 함께 사람들의 번뇌가 다하였으며
모든 하늘은 해탈을 즐기고
나쁜 세계 무리들도 잠시 편안하여졌으며
모든 번뇌도 잠시 잠깐 동안 그쳐
지혜의 달은 점점 밝음을 더하였다.
감자 종족의 선인들로서
모든 하늘에 있는 사람들

부처님께서 세상에 나오심을 보고
기쁨이 온몸에 충만하였다.
곧 하늘의 궁전에서
비 내리듯 꽃으로써 공양하였고
모든 하늘의 신과 귀신과 용들이
같은 소리로 부처님의 덕을 찬탄하였다.
세간 사람들은 공양을 보고
또 찬탄하는 소리를 듣고

모두 다 따라서 기뻐하면서
좋아서 뛰며 스스로 이기지 못하였다.
오직 하나 악마의 천왕만은
마음으로 큰 근심과 괴로움을 일으켰다.
부처님은 다시 칠일 동안
선정의 사유에 들어 청정한 마음으로
보리수를 관찰할 때
똑바로 응시한 채 눈 깜짝하지 않았다.

"나는 이곳을 의지하여
오랜 마음의 원하는 것을 얻고 이루었으니
나 없는 법에 편안히 머무르리라."

부처님의 눈으로 중생을 관찰하고
가엾게 여기는 지극한 마음이 일어나서
청정함을 얻게 하려고 하셨다.

14-40

"탐욕과 성냄과 어리석음의 그릇된 견해에
표류하며 그 마음이 빠졌으니
해탈이란 참으로 깊고 묘한 것
어떻게 능히 베풀어 얻게 할 수 있겠는가."

14-41

부지런한 방편을 떠나 버리고
잠자코 편안히 머물고자 하였으나
돌아보아 본래의 서원을 생각하고
법을 설할 마음을 다시 일으켜서
모든 중생을 두루 관찰하였다.

14-42

"그 누가 번뇌가 가장 적은가."

14-43

범천은 그 생각함을 알고
마땅히 법을 청하여 굴리게 하려고
범천의 광명을 널리 비추며
괴로워하는 중생을 제도하려 하여서
내려와 존경하는 높은 분을 보니

257

법을 설할 대인의 모습으로서
묘한 이치를 모두 다 나타내시어
진실한 지혜 가운데에 편안히 머무르며

14-44

머무름으로 괴롭혔던 재앙을 벗어났으며
모든 거짓된 마음이 없었으므로
마음으로 기뻐하고 공경하면서
합장하고 힘써 청하여 말을 하였다.

14-45

"세간에 어떠한 것이 가장 복되고 경사로운 것이겠습
니까.
훌륭하고 세상에서 가장 존귀하신 분을 만난 것입니다.
일체 중생의 무리들 가운데에는
티끌에 더러운 찌꺼기의 잡된 마음에
혹은 번뇌가 무거운 자도 있고
혹은 번뇌가 가볍고 작은이도 있습니다.
세상에서 가장 존귀하신 분께서는 이미
나고 죽음의 크게 괴로운 바다를 면하여 건너셨으니

14-46

원하건대 마땅히 저 깊이 빠져 있는
모든 중생들을 건져주소서.
세간의 의로운 장부가
얻은 이익을 물질과 함께 베푸는 것과 같이

세존께서는 법의 이익을 얻으셨으니
오직 응당히 중생을 건져 주어야 할 것입니다.
범부의 사람들 자기의 이익만 많게 하므로
다른 이와 내가 이익을 같이하기 어렵나니
간절히 원하건대 사랑하고 가엾게 여기시어
세상에서 어렵고도 어려운 일을 하여 주소서."

14-47

이와 같이 힘써서 청하기를 마치고
받들어 말한 후에 범천으로 돌아갔다.
부처님께서는 범천의 청함을 받고
마음으로 기뻐하며 그 정성 가상히 여겨
큰 자비심이 더욱더 자라나고
법을 설하려는 그 마음이 더하여졌다.
마땅한 때가되어 걸식하려고 생각하실 때
넷의 천왕은 함께 발우를 올렸다.

14-48

여래는 법을 위하기 때문에
넷을 받아서 합하여 하나로 만드셨다.
그때 어떤 상인이 가고 있었는데
착하고 어진 벗인 천신이 말하였다.

14-49

"큰 선인이신 존귀하신 세존께서
저 숲 속 가운데에 계신다.

세간의 좋은 복의 밭이니
너는 응당 거기 가서 공양을 올려라."

14-50
말을 듣고 크게 기뻐하면서
제일 먼저 첫 공양을 받들어 올렸다.
공양을 마치신 후에 사유하여 돌아보았다.

14-51
'누가 마땅히 먼저 법을 들을 수 있을까.
오직 저 아라람과
울두라마자가 있어
그들은 바른 법을 받을 만한데
이미 이 세상에서 목숨을 마쳤다.
다음에는 다섯 비구들이 있으니
마땅히 첫 설법을 들을 만하리라.'

14-52
번뇌가 완전히 벗어난 높은 경지의 법을 설하려 하실 때
햇빛이 어둠을 제거하는 것과 같았다.
저 바라나시의
옛적에 선인이 살던 곳으로 가실 때
소의 왕 눈과 같은 눈으로 똑바로 보시며
편안하고 조용히 사자와 같은 걸음으로 걸어 가셨다.
모든 중생들을 건지시기 위하는 까닭으로
가시성으로 나아가시면서

백수의 왕의 걸음걸이로
보리수 숲을 돌아보았다.

(14장. 아유삼보제품. 阿惟三菩提品 終)

15장. 전법륜품(轉法輪品)
– 대법륜을 온 세상에 굴리시다.

15-1

여래는 지극히 평온하고 고요하여
그 광명을 나타내시어 밝게 비추시니
엄숙한 위의는 홀로 거닐어도
마치 많은 무리들이 따르는 것과 같았다.
길에서 한 바라문을 만났는데
그 이름은 우파가였다.
비구의 위의를 온전히 지니고
길옆에서 공손히 서 있었다.
일찍이 없었던 일을 만남을 기뻐하여
두 손을 모으고 여쭈었다.

15-2

"중생들 모두 물들어 집착하건만
집착하는 모습이 있지 아니하며
세간은 마음이 흔들려 움직이건만
홀로 모든 감각기관이 고요하십니다.
빛나는 얼굴은 보름달과 같고
감로의 참 맛을 맛본 듯합니다.
용모는 대인의 모양이요
지혜의 힘은 자재왕 같습니다.

할일을 반드시 이미 마친 듯합니다.
어떠한 가르침을 주는 이를 스승으로 삼았습니까.”

15-3

답을 하셨다. “나에게는 스승이 없나니
높일 이도 없으며 수승한 이도 없노라.
스스로 매우 깊은 법을 깨달아
다른 사람이 얻지 못한 것을 얻었노라.
사람으로 마땅히 깨달아야 할 것을
온 세상 아무도 깨달은 이 없지만
나는 이제 그것을 스스로 깨달았기에
이러한 까닭으로 정각이라 부르느니라.

15-4

번뇌란 원수의 집과 같아서
지혜의 칼로써 항복을 받았노라.
그러므로 세상에서 칭찬하면서
가장 훌륭하다고 부르노라.
마땅히 바라내로 가서
감로법의 북을 치려하나니
교만도 없고 명예도 생각 아니하고
또한 이익이나 즐거움을 구해서도 아니니라.

15-5

오직 그들 위하여 바른 법을 펴서
고통받는 중생들을 건지려 함이니라.

옛날에 큰 서원을 세워서
제도 안 된 모든 사람들을 건지고자 하노라.
그 서원의 결과 이제 이루었으니
마땅히 그 본래의 원을 따를 것이니라.
재물을 만나 자신의 이익을 꾀하면
의로운 장부라고 일컫지 않나니

15-6

천하와 이익을 함께하여야
비로소 대장부라 일컬으리라.
위험에 빠진 사람 건져주지 않으면
어찌 용기 있는 장부라 하며
병든 이 보고서 치료하여 주지 않으면
어떻게 훌륭한 의사라 이름하며
미혹한 사람을 보고 길을 가리켜 주지 않으면
누가 잘 인도하는 스승이라 말하겠는가.

15-7

마치 등불이 어둠을 비출 때
무심하게 스스로 밝은 것과 같이
여래도 지혜의 등불을 태우지만
모든 구하고 바라는 마음이 없느니라.
부싯돌을 치면 반드시 불을 얻고
굴속에서는 바람이 저절로 일어나며
땅을 파면 반드시 물을 얻는 것

이것은 다 자연의 이치이니라.

15-8

일체의 모든 존경하는 분들도
반드시 가야에서 도를 이루었고
또한 다 같이 가시국에서
바른 법륜을 굴렸노라.”

15-9

바라문 우파가는
‘아아 기특하다’고 찬탄하면서
마음으로 먼저 정한 바가 있어서
길 따라 제각기 헤어져 갔으나
일찍이 없었던 일이란 생각에
걸음걸음에 돌아보며 주저하였다.
여래는 점점 앞으로 나아가
드디어 가시성에 이르렀다.

15-10

그 땅은 훌륭하고 장엄하기가
마치 제석천의 궁전과 같았으며
항하와 바라내의
두 강이 두 갈래로 흐르는 사이에
수풀과 꽃과 열매들이 무성하고
짐승들이 떼 지어 함께 어울려 노닐었으며
한가하고 고요하여 세속의 시끄러움이 없는

옛날 선인들이 살던 곳이었다.

여래의 광명이 비추니

그 선명하고 밝음이 배나 더 하였다.

종족의 아들 교린여

다음은 십력가섭

셋째는 바삽파

넷째는 아습파서

다섯째는 발타라

고행을 익히며 산림을 좋아하였다.

그들은 멀리서 여래께서 오시는 것을 보고

모여 앉아 서로 의논하였다.

"구담은 세상의 쾌락에 물들어

모든 고행을 던져 버리고

지금 다시 이곳으로 돌아오고 있으니

부디 일어나서 맞이하지도 말고

또한 예로써 안부도 묻지 말며

그에겐 필수품도 대주지 말자.

이미 본래 서원을 깨뜨렸으니

마땅히 공양도 받지 않아야 하리라."

보통 사람은 오는 손님을 보면

마땅히 선후의 차례를 갖추고
또한 그를 위하여 자리를 마련하고
그를 편안하도록 하는 법인데
그들은 이렇게 서로 맹세한 뒤에
제각기 자세를 바로하고 앉았다.
여래께서 점차 가까이 다다르자
약속한 말 어기는 것 알지 못하고

15-14

어떤 이는 청하여 그 자리를 양보하고
어떤 이는 가사와 발우를 거두며
어떤 이는 발을 씻어 주고 만지며
어떤 이는 무엇이 필요한가를 물었다.
이와 같이 갖가지로
스승을 존경하여 받들어 섬겼지만
다만 그 종족을 버리지 못해
구담이라는 이름을 그대로 불렀다.
세존께서는 그들에게 말씀하였다.

15-15

"나의 본래의 성을 일컫는데
이 아라한이 있는 곳에선
방자하고 거만한 말을 쓰지 말라.
공경하거나 공경하지 않는 자에 대하여
나의 마음은 다 같이 평등하지만

너희들이 마음으로 공경하지 않으면
마땅히 그 죄를 스스로 초래하리라.
부처는 능히 세간을 건지나니

15-16
그러므로 부처라 부르노라.
저 일체 중생들에 대하여
평등한 마음으로 아들같이 생각하노라.
그런데 본래의 성명을 부르는 것은
아비를 업신여기는 죄를 짓는 것과 같음이라.”

15-17
부처님은 큰 자비의 마음으로
그들을 가엾게 여기시어 말씀하였지만
저들은 어리석은 마음 그대로
바르고 참되게 깨달은 이를 믿지 않았다.

15장. 전법륜품(轉法輪品)

15-18
‘이전부터 고행을 닦았다고 말하지만
그래도 아직은 얻은 것이 없는데
지금은 몸과 입의 즐거움을 누리나니
무슨 인연으로 부처가 됨을 얻을 수 있겠는가.’

15-19
이와 같은 의혹으로
부처님께서 도를 이루어
진실한 이치를 완전히 깨달아

일체의 지혜가 구족한 것을 믿지 않았다.
여래께서는 곧 그들을 위하여
그 중요한 이치를 간략히 말씀하였다.

15-20

"어리석은 사람은 고행을 익히고
쾌락을 행하는 이는 모든 감각기관을 기쁘게 하느니라.
그 두 가지 차별을 보니
그것은 곧 큰 허물이 됨이라.
그것은 바르고 참된 길이 아니니
해탈과 어긋나기 때문이니라.
몸을 지치게 하여 고행을 닦지만
그 마음은 오히려 분주하고 어지러워

15-21

오히려 세상의 지혜마저 얻지 못하거늘
하물며 능히 모든 감각기관을 초월할 수 있겠는가.
물로써 등불을 켜는 것과 같이
결국은 꺼져서 어둠을 깨뜨릴 길이 없는 것처럼
몸을 지치게 하여 지혜의 등불을 닦아도
능히 어리석음을 깨뜨릴 수가 없느니라.
썩은 나무로는 불을 구하여도
부질없이 힘만 들 뿐 얻지 못하나니

15-22

부싯돌과 사람의 방편을 써야

곧 불을 얻어 쓸 수 있으리라.
도를 구하기 위하여 몸을 괴롭히는 것
감로의 법을 얻는 게 아니니라.
욕심에 집착함은 바른 이치가 아니 되고
어리석고 미련함은 지혜의 밝음을 막아
오히려 경론을 밝게 알지 못하거늘
하물며 욕심에서 벗어나는 도를 얻겠는가.

15-23

마치 사람이 중병을 얻었을 때
병에 맞는 음식을 먹지 않음과 같나니
지혜 없는 그 중병을
욕심에 집착하여 어찌 능히 고치겠는가.
넓은 벌판에 불을 놓을 때
마른 풀에다 거센 바람이 더하면
그 성한 불을 누가 능히 끌 수 있겠는가.
탐욕과 애정의 불 또한 그러함이라.

15-24

나는 이미 두 극단을 떠나
마음에 중도를 가졌나니
모든 괴로움을 결국엔 쉬고
편하고 고요하여 모든 허물을 벗어났느니라.
바른 견해는 햇빛보다 더 밝고
치우침 없는 깨달음과 관찰은 부처가 되고

바른 말은 집이 되며

바른 업의 숲에서 유희하느니라.

15-25

바른 생활은 풍요로운 모습이 되고

바른 방편은 바르게 닦은 길이 되며

바른 생각은 성곽이 되고

바른 선정은 자리가 되리라.

여덟 가지 길은 바르고 평탄하여

나고 죽는 괴로움에서 벗어나느니라.

이 길을 따라 나오는 사람

해야 할 일을 이미 완전히 마쳐

15-26

이것이다 저것이다 하는 것에 떨어지지 않나니

이 세상 저 세상의 괴로움 많은 속에

삼계는 온전한 괴로움 덩어리

오직 이 길만이 능히 멸할 것이니라.

원래 일찍이 들어보지 못했던 것

바른 법의 깨끗하고 맑은 눈으로

평등하게 본 해탈의 길이니라.

오직 나만이 이제야 비로소 초월했노라.

15-27

태어남, 늙음, 병듦, 죽음의 괴로움

사랑하는 이 이별함과, 원망하고 미워하는 이 만남과

구하는 일 이루지 못함과
이와 같은 갖가지의 괴로움이 있노라.
욕심을 떠난 것과 욕심을 떠나지 못한 것
몸이 있는 것과 또 몸이 없는 것
깨끗한 공덕이 사라지는 것들
간략히 말하여 이는 모두 괴로움이니라.

15-28

가히 왕성한 불이 꺼졌다 하여도
비록 작으나마 열이 다하지 않았듯이
고요하고 지극히 미세한 나라는 것에도
큰 고통의 성품은 아직 남아 있음이라.
탐욕 따위의 모든 번뇌와
갖가지 업의 허물들
그것은 곧 괴로움의 원인이 되나니
제거하여 벗어나면 곧 괴로움은 없어지리라.

15-29

비유하면 마치 모든 종자들
땅이나 물 등을 벗어나고
여러 가지 인연이 화합하지 않으면
싹이나 잎이 곧 나지 않는 것과 같음이라.
있음이 있다는 성품이 상속이 되면
하늘에서 나쁜 세계에 이르기까지
수레바퀴 돌 듯 쉬지 않나니

이것은 탐욕을 말미암아 생기는 것이니라.

15-30

아래, 가운데, 위의 모든 차별은
갖가지 업의 원인이 되나니
만일 저 탐욕 등을 멸하면
곧 서로 상속함이 없을 것이니라.
갖가지의 업이 다하면
차별의 괴로움은 길이 쉬리라.
이것이 있으면 곧 저것이 있고
이것이 멸하면 곧 저것이 멸하나니

15-31

태어남, 늙음, 병듦, 죽음도 없고
흙, 물, 불, 바람의 사대도 없으며
또한 처음이나 중간이나 끝도 없나니
또한 속이거나 기만하는 법이 아니니라.
성현이 머무는 곳으로서
다함이 없는 고요하고 멸한 곳이니
이른바 저 여덟 가지 바른 길은
곧 방편으로서 다른 것이 아니니라.

15-32

세간사람 보지 못하는 것으로서
모든 중생들 오래도록 미혹하느니라.
나는 괴로움과, 그 모인 것을 알고 .

멸함을 증득하고, 바른 길을 닦았나니,
이 네 가지 참된 진리를 관찰하여
마침내 바른 깨달음의 자리를 성취하였노라.
이른바 나는 이미 괴로움을 알고
이미 새어남이 있는 원인을 끊었으며

15-33
이미 멸하여 다함을 증득하였고
이미 여덟 가지 바른 길을 닦았노라.
이미 이 네 가지 참된 진리를 알아
청정한 법의 눈을 성취했나니
이 네 가지 참된 진리에 대하여
아직 평등한 눈이 생기지 않았다면
해탈을 얻었다고 말할 수 없고
할일을 다 하였다고 말할 수 없으며

15장. 전법륜품(轉法輪品)

15-34
또한 일체의 진실한 것을 알아서 깨달음을
이루었다고 말할 수가 없느니라.
이미 참된 진리를 알았기 때문에
해탈을 얻은 줄 스스로 알고
스스로 할일을 다한 줄 알아
스스로 바른 깨달음을 이루었음을 아느니라.”

15-35
이렇게 진실을 말씀하실 때

교린족 성씨의 아들과
8만의 모든 하늘의 무리들이
구경의 진실한 뜻을 알아
모든 티끌과 때를 멀리 벗어나고
청정한 법의 눈을 이루었다.
하늘과 사람의 스승께서는 저 교린이
해야 할 일을 이미 마친 줄 아시고

15-36

기뻐하여 사자처럼 우렁찬 소리로
"교린여여 왔느냐"고 물으셨다.
교린여는 곧 부처님께 아뢰었다.
"이미 큰 스승님의 법을 알았습니다."

15-37

이로써 그 법을 안 것 때문에
아야 교린여라 이름하였다.
그는 부처님의 모든 제자 중에서
가장 먼저 첫 번째로 깨달았다.
그가 바른 법을 알았다는 소리가
저 모든 대지의 신에게 들리자
모두 함께 소리 높여 외쳤다.

15-38

"장하다 깊은 법을 보았도다.
여래는 오늘에 있어서

일찍이 굴리지 못한 법을 굴려

널리 모든 하늘과 사람을 위하여

감로의 문을 널리 여셨도다.

깨끗한 계로 바큇살을 삼고

조복과 고요함을 고르게 갖추었으며

견고한 지혜로 바퀴 테를 삼고

15-39

부끄러움으로 그 사이에 문설주를 세우고

바른 생각으로써 바퀴통을 삼아

진실한 법륜을 이루셨도다.

바르고 참되게 삼계를 벗어났으니

다시는 물러나 그릇된 스승을 따르지 않으리라."

15-40

이와 같이 대지의 신들이 소리 높여 외치자

허공의 신들도 그를 따라 칭송하고

모든 하늘들도 잇따라 찬탄하여

저 범천에까지 사무쳤다.

삼계의 모든 천신들은

처음으로 큰 선인이란 그 말을 듣고

놀라면서 차례차례 서로 이야기하였다.

15-41

"두루 들었다. 부처님께서 세상에 나오시어

널리 저 모든 중생들을 위하시어

해탈의 법륜을 굴리신다."

바람은 맑아지고 안개와 구름이 걷히며
공중에는 하늘 꽃이 비처럼 내리고
모든 하늘들은 하늘의 음악을 연주하여
일찍이 없었던 일이라 기뻐하고 찬탄하였다.

(15장. 전법륜품. 轉法輪品 終)

대법륜은 온 세상에 굴리시다.

제4권

16장. 병사왕제제자품(瓶沙王諸弟子品)
- 병사왕과 부처님의 상수제자

그때 저 다섯 비구인
아습파서 등은
그가 법을 알았다는 소리를 듣고
개탄하며 스스로 부끄러워져서
합장하고 더욱 공경하면서
높은 이의 얼굴을 우러러보았다.
여래는 훌륭한 방편으로써
차례로 그들을 바른 법에 들게 하셨고

앞뒤로 다섯 비구들
도를 얻어 모든 근본을 조복함이
마치 하늘에 떠 있는 다섯의 별이
밝은 달을 줄을 서서 모시는 것과 같았다.

그때 저 구시성의
장자의 아들 야샤가
밤에 갑자기 잠에서 깨어나

스스로 그 권속인 남자와 여자들이
알몸으로 누워 있는 것을 보니
곧 싫어져서 떠날 마음이 생겼다.
생각하기를 이것은 모든 번뇌의 근본으로
어리석은 범부를 속여 유혹한다 하고
옷을 장식하고 영락을 차고
집을 나와 숲으로 나아갔다.

16-4

길을 따라가면서 높이 외치길
"아 괴롭다. 아 괴롭다. 혼란스럽다"고 하였다.
여래께서 밤에 나와 거니시다가
괴롭다고 외치는 소리를 들으셨다.

16-5

곧 명하여 "그대여 잘 왔노라.
여기 안온한 곳이 있느니라.
열반은 지극히 맑고 시원하며
적멸은 모든 번뇌를 벗어나게 하느니라."

16-6

야사는 부처님의 가르침을 듣고
마음속으로 크게 환희하였다.
본래부터 싫어하여 벗어나려는 마음이 더하여
차가웠던 거룩한 지혜가 활짝 열렸다.
마치 맑고 시원한 못에 들어감과 같이

엄숙한 마음으로 부처님께 나아갈 적에
그 몸은 아직 세속 모습 그대로이나
마음은 이미 번뇌가 다함을 얻었다.

16-7

오랫동안 심어 온 선근의 힘으로
어느새 나한과를 이루었으니
맑은 지혜의 이치 가만히 깨달아
법을 듣자마자 능히 곧 깨달았다.
비유하면 마치 곱고 흰 비단에
그 색으로 물들이기 쉬움과 같았다.
그는 이미 진실로 깨달아 알고
응당 해야 할 바를 이미 마쳤으나

16-8

장엄 그대로인 자신의 몸을 돌아보고
부끄러워하는 마음이 생겼다.
여래께서는 그 생각을 아시고
그를 위하여 게송으로 말씀하였다.

16-9

"영락으로 그 몸을 꾸몄으나
마음은 모든 뿌리를 조복 받아서
평등하게 중생을 관찰하니
행하는 법은 모양을 헤아리지 않느니라.
몸에는 출가한 이의 옷을 입고도

그 마음은 번뇌를 잊지 못하여
숲 속에 있으면서 세상 영화 탐하면
이는 곧 세속의 사람이라 하느니라.

16-10
모양은 비록 세속의 모습을 가졌어도
마음이 높고 좋은 경계에 머물면
집에 있어도 산림과 같아서
곧 나의 것이라는 것을 벗어나느니라.
결박을 푸는 것 마음에 달려 있으니
형상에 어찌 정해진 모양이 있겠는가.
갑옷 입고 겹 도포 입으면
강한 적이라도 능히 누를 수 있듯이
형상을 고치고 물들인 옷 입으면
번뇌의 원수를 항복받을 수 있느니라.”

16-11
그리고 곧 ‘비구여 오라’고 명하시자
소리에 응하여 세속의 모양이 사라지고
출가한 이의 모습이 두루 갖추어지고
두루 미치어 사문이 되었다.
일찍이 세속에서 함께 놀던 벗들이 있었으니
그들의 수는 오십사 명이었다.
깊이 착한 벗으로 출가한
벗을 따라 차례대로 바른 법에 들었다.

그들은 과거의 착한 업 때문에
묘한 결과를 이제 이루었으니
잿물에 흠뻑 오랫동안 담가 두었다가도
물로 빨아내면 속히 깨끗하여지듯
모든 성문들의 윗분으로써
육십 명의 아라한들에게
모두 그 아라한의 법과 같이
순리를 따라 가르치고 훈계하였다.

16-13

"너희들은 이제 나고 죽는 바다에서
저쪽의 언덕으로 이미 건너가
해야 할 일을 이미 마쳤으니
일체 공양을 받기에 충분하노라.
제각기 응당 모든 나라를 다니며
아직도 제도되지 못한 모든 자를 제도하여라.
중생의 괴로움은 치솟는 불꽃같건만
오랫동안 구호하여 줄 이가 없구나.

16-14

너희들은 제각기 혼자 다니며
가엾게 여겨 거두어 주어라.
나도 지금 또한 혼자 걸어서
저 가야산으로 돌아가리라.

거기에는 큰 선인이 있으니
왕족의 선인과 바라문의 선인들
그들 모두 다 거기에 있으므로
세상을 움직이는 근본이 되느니라.

16-15
가섭이란 고행 선인은
나라의 모든 사람들이 받들어 섬기고
그를 따라 배우는 이가 매우 많으니
내가 이제 거기 가서 제도하리라."

16-16
그때 육십 명의 비구들은
가르침을 받아 법을 널리 펼치려고
제각기 그 과거의 인연을 좇아
생각을 따라서 모두 사방으로 흩어졌다.
세존께서는 혼자 걸어서
가야산으로 향하셨다.
비고 고요한 법의 숲으로 들어가
가섭 선인에게 나아가셨다.

16-17
그는 불을 섬기는 굴에 있었는데
거기는 사나운 용이 사는 곳이었다.
숲은 지극히 맑고 넓었으며
곳곳마다 편안하지 않은 곳이 없었다.

세존께서는 교화시키기 위하여
그에게 말하여 묵고 가고자 청하자
가섭이 부처님께 말하였다.

16-18
"다른 데는 묵을 만한 곳이 없고
오직 불을 섬기는 굴이 하나 있는데
매우 맑고 깨끗하여 머무를 만하나
다만 거기는 사나운 용이 있어
틀림없이 사람을 해칠 것이오."

16-19
부처님께서 말씀하였다. 단지 빌려 주어서
"하룻밤 머무를 수 있게만 하여 주시오."
가섭은 갖가지로 만류하였으나
세존의 간청은 멈추지 않으셨다.

16-20
가섭이 다시 부처님께 여쭈었다.
"내 마음엔 빌려주고 싶지 않지만
나를 일러 인색하다 하리니
스스로 하고 싶은 대로 하시오."

16-21
부처님께서 곧 불의 방에 들어가
단정히 앉아 바르게 사유하셨다.
그때 사나운 용이 부처님을 보자

16장. 병사왕제제자품(甁沙王諸弟子品)

분노를 일으켜 독한 불을 내뿜어
온 방안이 시뻘겋게 탔지만
부처님 몸에는 미치지 못하였다.
집이 다 타고 불은 스스로 꺼졌으나
세존께서는 오히려 편안히 앉아 계셨다.

16-22

마치 겁의 불길이 일어나
범천의 궁전이 다 타버려도
범천의 왕이 바른 자세로 앉아
두려움도 없고, 또한 무서움도 없음과 같았다.
사나운 용은 세존을 보고
빛나는 얼굴이 조금도 다른 기색이 없자
독을 멈추고 선한 마음을 일으켜
머리 조아리고 귀의하였다.

16-23

가섭은 밤에 불빛을 보고
탄식하면서 "아아, 괴상하여라.
저와 같이 도덕을 지닌 사람이
용의 불길에 타 죽다니"라고 하였다.
가섭과 그의 권속들은
이른 아침부터 모두 와서 구경하였다.
부처님께서는 이미 사나운 용을 항복받아
발우 안에 담아 두고 계셨다.

그는 부처님의 공덕을 알고
기특하다는 생각을 일으켰지만
교만한 습관을 익힌 지가 오래되어
오히려 "나의 도가 높다"고 말하였다.
부처님께서는 그 적당한 때를 맞춰
갖가지의 신통변화를 나타내시고
그의 마음이 생각하는 바를 살펴
변화해가며 적절히 대응하셨다.

16-25

그로 하여금 마음을 부드럽게 하여
바른 법의 그릇이 되기에 충분하게 하되
본래 그 도가 아직 얕아서
세존께는 미치지 못함을 알게 하였다.
결정되어 겸손하고 하심하여
가르침대로 바른 법을 받았고
울비라가섭과
그 제자 오백의 사람이

16-26

스승을 잘 따르고 조복 받아
차례차례 바른 법을 받았다.
가섭과 그의 제자들은
모두 바른 교화를 받은 후에는

선인들은 그들의 살림살이와
모든 불을 섬기는 기구를
모두 다 물속에 던져 버리니
떠올랐다 잠겼다 물결 따라 흘러갔다.

16-27

나제와 가사 등
두 아우는 하류에 있다가
옷과 모든 기구들이
물을 따라 어지럽게 내려오는 것을 보자
큰 변을 만났다는 생각에
근심스럽고 두려워 스스로 편안하지 못하다가
두 사람은 그 제자 5백 사람과
강물을 따라 올라가 형을 찾았다.

16-28

형은 이미 출가하였고
모든 제자들 또한 그러함을 보고는
일찍이 없던 법을 얻은 줄 알고
기특한 생각을 일으켰다.

16-29

"형은 지금 이미 저 도에 항복하였으니
우리들도 또한 마땅히 따라야 한다."

16-30

그들 형제 세 사람과

그 제자 권속들을 위하시어
세존께서 법을 설하시기를
곧 불을 섬기는 일로 비유하셨다.

16-31

"어리석음의 검은 연기가 일어나고
어지러운 생각의 부시와 부싯돌이 생겨
탐욕과 성냄의 불길이
모든 중생을 불태우리라.
이와 같이 번뇌의 불도
치성하여 그치지 않아
태어나고 죽음에 오래도록 빠져있고
고통의 불길 또한 항상 타오르리라.

16-32

능히 두 가지 불을 보면
성하게 타오르지만 의지하고 붙잡을 곳이 없나니
어떻게 마음 있는 사람으로서
싫어하여 떠날 생각을 일으키지 아니한가.
싫어하여 떠나서 탐욕을 버리고
탐욕이 다하면 해탈을 얻나니
만일 이미 해탈을 얻었으면
해탈을 알고 보는 것이 생기느니라.

16-33

태어나고 죽어가는 흐름을 관찰하여

모든 범행을 닦고
모든 해야 할 일을 이미 마쳐
다시는 다음 생의 몸을 받지 않느니라."

이와 같이 천명의 비구들이
세존의 설법을 듣고
모든 번뇌가 영원히 일어나지 아니하고
모두 마음이 해탈하였다.
부처님께서는 가섭 등
천명의 비구를 위하여 법을 설하시고
해야 할 일을 이미 마쳐
깨끗한 지혜와 묘한 장엄과

모든 공덕 있는 권속들에게
계를 주어 모든 마음을 깨끗하게 하였다.
큰 덕 있는 선인이 길을 떠나자
고행의 숲이 영화를 잃음이
마치 사람이 계의 덕을 버리고
빈 몸으로 사는 것과 같았다.
세존께서 많은 권속을 거느리시고
왕사성으로 나아가 이르러

옛날에 마갈왕에게

약속했던 일을 기억하셨다.
세존께서 거기에 도착하시어
숲을 의지하여 머무르셨다.
빈비사라 왕은 그 소식을 듣고
많은 권속들과 함께
온 나라 남녀들을 거느리고
세존 계신 곳으로 나아갔다.

16-37

멀리서 여래께서 앉아계신 모습을 보자
마음을 낮추고 모든 근본을 단속한 채
모든 속된 모습을 제거하고
수레에서 내려 걸어서 나아가니
그것은 마치 제석천왕이
범천왕에게 나아가는 것과 같았다.
앞으로 나아가 부처님 발에 예배하고
공경을 다하여 안부를 여쭈자

16-38

부처님께서 위로하여 마치고 나서
명하여 한쪽에 앉게 하셨다.
그때 왕은 마음속으로 가만히 생각하였다.

16-39

'석가의 큰 위엄과 힘의
수승한 덕으로 가섭 등을

이제 모두 제자로 삼으셨구나.'

부처님께서 대중들의 마음을 아시고
가섭에게 물으셨다.
"그대는 어떠한 복과 이익을 보았기에
불 섬기는 법을 버렸느냐."
가섭은 부처님의 분부를 받고
대중 앞에서 놀라 일어나
두 무릎 땅에 꿇고 합장한 채
높은 소리로 부처님께 말씀드렸다.

"복을 닦으려고 불의 신을 섬겼으나
과보는 모두 다 윤회를 향한 것이었고
태어나고 죽음의 번뇌만 더 하였나니
그러므로 저는 그것을 버렸습니다.
열심히 애써 불을 받들어 섬겨
다섯 가지 욕망의 경계를 구하려 하였으나
애욕은 더하여 끝이 없었으니
그러므로 저는 그것을 버렸습니다.

불 섬기고 주술을 닦았으나
해탈을 하지 못하고 태어남을 받았으니
태어남을 받음은 괴로움의 근본이라

291

녹야원과 부처님의 상수제자

그러므로 버리고 다시 안락을 구하였습니다.
저는 본래부터 고행이라 말하는 것
제사하고 또 큰 모임을 여는 것을
제일 수승한 것이라 하였으나
바른 도와는 더욱더 어긋났습니다.

16-43
그러므로 이제 그것을 버리고
보다 훌륭한 적멸을 구하여
태어남, 늙음, 병듦, 죽음을 벗어나고
다함이 없는 맑고 시원한 처소이어니
이 이치를 알았으므로
불 섬기는 법을 버렸습니다."

16-44
세존께서는 가섭이
진실로 알고 보았다는 말을 듣고
모든 세간 사람들로 하여금
널리 깨끗한 믿음을 일으키기 위하여
가섭에게 말씀하였다.

16-45
"그대 대사는 여기에 잘 왔다.
갖가지 법을 분별하여
훌륭한 도를 따랐으니
이제 이 대중들 앞에서

그대의 훌륭한 공덕을 나타내어 보아라.
마치 큰 부자의 장자가
그 보배 창고를 열어 보여
가난하고 괴로워하는 중생들로 하여금
더욱더 그것을 싫어서 떠나는 마음과 같이하여라."

16-46

"좋습니다. 거룩한 가르침을 받들겠습니다."
곧 대중들 앞에서
몸을 여미고 바른 곳에 들었다가
나부끼듯 허공으로 올라갔다.
거닐다 섰다 앉았다 누웠다
혹은 온몸이 벌겋게 타오르고
왼쪽 오른쪽으로 물과 불을 내어도
타지도 아니하고 또한 젖지도 않았다.

16-47

온몸에서 구름과 비를 나오게 하고
뇌성벽력으로 천지가 진동하였으며
온세상 모두가 우러러보고
눈이 뚫어져라 보아도 싫증이 없었다.
여러 사람들 똑같은 말로
일찍이 없었던 일이라 찬탄하니
그런 다음 신통을 거두어
세존의 발에 공경하고 절하였다.

"부처님은 저의 큰 스승이시며
저는 그 존귀하신 분의 제자가 되었으며.
가르침을 듣고 받들어 모두 행하여
이제 내 할일을 이미 마쳤습니다."

온 세상 모두가 저 가섭이
부처님의 제자가 되었다고 한 것을 보고
결정하여 저 세존께서
진실한 일체지임을 알았다.
부처님께서는 거기 모인 모든 대중들이
감히 법 받을 만한 그릇이 됨을 아시고
빈비사라 왕에게 말씀하였다.

"왕께서는 이제 자세히 들으십시오.
마음과 뜻과 또 모든 몸은
이것은 모두 다 생겨나고 멸하는 법이니
생겨나고 멸하는 허물 분명히 알면
그것은 곧 평등한 관찰입니다.
이와 같이 평등하게 관찰하면
그것은 곧 몸을 아는 것입니다.
몸의 생겨나고 멸하는 그 법을 안다면

취할 것도 없고 또한 받아들일 것도 없습니다.
이 몸의 모든 근본을 깨달아 알면
나도 없고 또 나의 것도 없나니
순수한 괴로움이 쌓여서 모인 것
괴로움에 살다가 괴로움에 멸하는 것
이미 모든 몸의 모양에는
나도 없고 나의 것도 없는 줄을 알면
그것은 곧 제일가는

다함없이 깨끗하고 진실한 곳입니다.
내가 있다고 보는 따위의 번뇌는
모든 세간 사람을 결박하는 것이니
이미 나의 것이란 것 없다고 보면
모든 결박에서 모두 다 벗어날 것입니다.
진실하지 아니한 견해를 가지면 결박되고
진실한 견해로 보면 곧 해탈하리니
세간에서 받아 지니는 경계한다는 것

그것은 곧 그릇되게 받아 지니는 것입니다.
만일 거기에 내가 있다고 하면
혹은 항상 하다거나 혹은 항상 하지 않다는
태어나고 죽는 두 극단적 견해이니

그 허물은 제일로 심한 것입니다.
만일 모든 것이 항상 함이 없다고 하면
행을 닦아도 곧 결과가 없을 것이요
또한 다음 생의 몸도 받지 않을 것이며

16-54

노력이 없이도 해탈할 것입니다.
만약 항상 함이 있다고 한다면
죽음과 삶의 중간도 없으니
곧 응당 허공과 같아서
남도 없고 또한 멸함도 없을 것입니다.
만일 내가 있다고 한다면
곧 응당 일체는 다 같아서
일체에도 모두 내가 있을 것이니

16-55

업과 과보는 저절로 이루어지지 않을 것입니다.
만일 나를 만든 자가 있다면
응당 괴롭게 수행할 것이 없을 것이요
거기에 본래 있는 주인이 있다면
어찌 모름지기 만들어 지을 수 있겠습니까.
만일 내가 곧 항상 하다는 존재라면
변하고 달라짐을 용납하지 않겠거늘
괴롭고 즐거운 모양이 있음을 보나니

어찌 항상 함이 있다 말할 수 있겠습니까.
지혜를 일으키면 곧 해탈하여
모든 티끌과 때를 멀리 벗어날 것이나
일체가 모두 다 항상 하다 한다면
어찌 해탈할 필요가 있겠습니까.
나가 없다는 것은 오직 말뿐만이 아니라
이치가 진실로 본래의 성품이 없나니
나가 하는 일을 볼 수가 없거늘

어떻게 내가 하는 것이라 말하겠습니까.
나는 이미 하는 일이 없고
또한 나를 만든 자도 없나니
이 두 가지 일이 없기 때문에
진실로 나라는 것은 있지 않은 것입니다.
만든 자도 없고 아는 자도 없으며
주인도 없으나 항상 옮겨가면서
태어남과 죽음은 밤낮으로 흘러갑니다.

왕께서는 이제 나의 말을 잘 들으십시오.
여섯 개의 감각 기관과, 여섯 가지의 경계
그 인연으로 여섯 가지의 알음알이가 일어납니다.
이 세 가지가 만나 부딪힘이 생겨나서

297

방사왕과 부처님의 상수제자

마음과 생각과 업을 따라 굴러갑니다.
햇볕과 구슬이 마른 풀을 만나면
햇빛을 인연하여 불이 따라 일어납니다.
모든 감각 기관과, 경계와, 알음알이가

16-59

사람에게서 일어나는 것도 또한 그러합니다.
싹은 종자로 인연하여 생겨나지만
종자가 곧 싹은 아닙니다.
같은 것도 아니요 다른 것도 아니니
중생의 일어나는 것도 또한 그러합니다.”

16-60

세존께서 진실하고
평등한 제일의 이치를 말씀하시자
빈비사라 왕은 환희하여
번뇌를 여의고 법의 눈이 생겨났다.
왕의 권속과 많은 백성과
헤아릴 수없는 많은 무리의 모든 귀신들
감로의 법을 설함을 듣고
또한 따라서 모든 번뇌를 여의었다.

(16장. 병사왕제제자품(瓶沙王諸弟子品 終)

17장. 대제자출가품(大弟子出家品)
– 큰제자들 부처님께 출가하다.

17-1

이 때 빈비사라 왕은
세존께 머리를 조아리고
죽림으로 옮기실 것을 간청하시자
연민하여 잠자코 그러하겠노라고 허락하셨다.
왕은 이미 진실한 이치를 보고
받들어 예배하고 궁성으로 돌아갔으며
세존께서는 대중들과 함께
자리를 옮겨 대나무 동산에 편안히 머무셨다.

17-2

모든 중생들을 제도하기 위하여
지혜의 등불을 세워 밝히시되
범천이 머무르고, 하늘이 머무르고
성현이 머무르는 것과 같이 머무셨다.
그때 저 아습파서는
마음을 조복하고 모든 감각기관을 제어하고
때가 되자 걸식하기 위하여
왕사성으로 들어갔다.

17-3

용모는 세상에서 빼어나 특출하고

위의는 편안하고 자상하였으며
성 안에 사는 모든 남녀들
보는 이마다 기뻐하지 않음이 없었으며
가던 사람 너나없이 걸음을 멈추고
앞에선 맞이하고 뒤에선 따라갔다.
가비라라는 선인이
많은 제자를 널리 제도하였는데

17-4

그 중에 제일 훌륭하고 많이 들은 이
그 이름 사리불이었다.
비구의 조용하고 여유로움과
모든 감각기관이 한가롭고, 맑고, 고요함을 보고
길에서 머뭇거린 채 그가 오기를 기다려
손을 들어 청하여 물었다.

17-5

"젊은이로서 조용한 그 위의와 용모
내가 일찍이 보지 못하였나니
어떠한 훌륭하고 묘한 법을 얻었으며
어떤 스승을 따르고 섬기십니까.
스승은 어떤 말씀으로 가르치셨습니까.
원하건대 말하여 의심을 풀어 주소서."

17-6

비구는 그의 물음을 기뻐하면서

온화한 얼굴과 겸손한 말로 대답하였다.

17-7

"일체의 지혜를 두루 갖추고
훌륭한 감자족의 출생으로서
하늘과 사람 중에서 가장 높은 이
그가 곧 나의 큰 스승님이십니다.
나는 나이 아직 어리고
공부한 날도 또 얼마 되지 못하니
어찌 능히 큰 스승님의
깊고 깊으며 미묘한 이치를 펼 수 있겠습니까.

17-8

이제 마땅히 옅은 지혜로
스승님께서 가르치신 법을 간략히 말하겠습니다.
일체 있다고 하는 법의 생겨나는 것은
모두 다 인연을 따라 일어나는 것이니라.
나고 멸하는 법은 모두 다 사라지나니
도라고 말하는 것은 방편이니라."

17-9

이생인 우파제는
듣자마자 그 말이 마음속에 스며
모든 티끌과 번뇌를 멀리 여의고
청정한 법의 눈이 생겼다.

"이전에 닦던 것은 결정되어
원인과 원인 없음을 아는 것으로
일체는 짓는 바가 없고
모두 자재천을 말미암는다 하였다.
이제 인연의 법을 듣고 나서
나가 없음의 지혜를 열어 밝게 되었다.
모든 번뇌를 더하여
능히 끝까지 없앨 수 없었는데

오직 여래의 가르침만이
영원히 번뇌가 다하여 남음이 없구나.
나의 것을 거두어 받아들이는 것도 아니나
능히 너와 나를 떠남이라.
밝음은 해와 등불을 인연하여 일어나지만
누가 능히 그것으로 하여금 빛이 없다 할 것인가.
연꽃 줄기를 끊을 때
가는 실은 오히려 잇닿아 이어지지만
부처님의 가르침은 번뇌를 제거하기를
마치 돌을 쪼개듯 남음이 없구나."

비구의 발에 공손히 예배한 뒤
물러나 하직하고 집으로 돌아갔고

비구도 걸식을 마친 다음에
대나무 동산으로 돌아갔다.
사리불은 집으로 돌아오면서
얼굴빛이 매우 온화하고 맑았다.
그의 좋은 벗 대 목련은
매우 친한 사이로 아는 것과 재주가 비등하였다.
멀리서 오는 사리불을 보니
얼굴과 거동이 매우 빛이 나고 기뻐하였다.

17-13

말하기를 "지금 그대를 보니
보통 때의 얼굴과는 다름이 있네.
본래 성품이 지극히 어둡고 무거운데
기뻐하는 모습을 지금 보니
필시 감로의 법을 얻은 것이네.
이러한 모습 원인이 없지 않을 것이네"
답하였다. "여래의 말씀을 듣고
실로 일찍이 없던 법 얻었다네."

17-14

곧 청하자 그를 위하여 설명하니
곧 듣고 마음이 열리고 해탈하여
모든 티끌과 번뇌도 또한 없어져
이에 따라 바른 법의 눈이 생겼나니
오랫동안 묘한 인과를 심었었기에

마치 손바닥의 등불을 보듯이 하였다.
부처님에 대한 변함없는 믿음을 얻어
함께 부처님께 나아갔다.

17-15
제자 무리의 대중들과 더불어
250명의 사람도 함께하였다.
부처님께서는 멀리서 오는 두 현인을 보고
모든 대중들에게 말씀하셨다.

17-16
"저기 오는 두 사람은
나의 으뜸가는 제자이니라.
한 사람은 그 지혜가 짝할 이 없을 것이요
또 한 사람은 신통이 제일이니라."

17-17
깊고 깨끗한 범음으로
곧 말씀하시기를, "너희들 잘 왔구나.
여기는 분명하고 진실된 법이 있나니
출가자의 맨 마지막의 길이니라."
손에는 셋으로 갈라진 지팡이 짚고
머리 틀고 물병을 지녔다.

17-18
"잘 왔구나." 라는 부처님의 음성을 듣자
곧 변하여 사문이 되었다.

두 스승과 그 제자들은
모두 다 비구의 위의를 갖추자
세존의 발에 머리를 조아리고
한쪽에 물러나 앉았다.
그들을 위하여 도리에 따라서 법을 설하시자
모두 다 아라한의 도를 얻었다.

17-19

그때 어떤 이생이 있었는데
가섭족의 밝은 등불로서
아는 것이 많고 몸의 모습이 원만하며
많은 재물에 아내 또한 어질었으나
싫어하여 버리고 집을 나와
마음속에 해탈의 도를 구하여
다자 탑으로 접어드는 길에
갑자기 저 석가모니를 만났다.

17-20

빛나는 얼굴 환하게 비추어 드러남이
마치 하늘 사당의 깃대와 같았다.
엄숙하게 온몸으로 공경하고
머리 조아려 발에 예배하였다.

17-21

"존귀하신 분 저의 큰 스승님이시며
저는 곧 존귀한 분의 제자입니다.

오랫동안 어리석은 어둠을 쌓아왔으니
원하건대 저를 위하여 등불이 되어 주소서."

17-22

부처님께서는 저 이생이
기쁜 마음으로 해탈을 숭상함을 아시고
청정하고 부드럽고 온화한 소리로
"잘 왔구나."라고 그에게 말씀하였다.
이 말을 듣자 마음이 녹아 편안하고
몸과 정신의 피로가 확 풀리며
마음은 훌륭한 해탈에 깃들어
지극히 고요하여 모든 티끌에서 벗어났다.

17-23

큰 자비심으로 응하는 바를 따라
그를 위하여 간략히 설하시자
모든 깊은 법을 한꺼번에 이해하고
네 가지 걸림 없는 변재를 이루어
큰 덕이 널리 흘러 퍼졌으므로
대가섭이라 이름하였다.

17-24

"본래 몸과 나는 다르다고 보는 것
혹은 내가 곧 몸이라고 보는 것
나도 있고, 내 것도 있다고 하는
이러한 견해를 영원히 버리므로

오직 모든 괴로움의 모임을 보고
괴로움을 떠나면 곧 남음이 없느니라.
계를 지니고 고행을 닦으며
인연 없음을 인연으로 보고

17-25

평등하게 괴로움의 성품을 보아
다른 곳에서 취한 마음 영원히 없애야하느니라.
혹은 있다고 보고 혹은 없다고 본다면
두 견해는 머뭇거림을 일으키지만
평등하게 참 진리를 본다면
결정하건대 다시는 의심이 없으리라.
재물과 색에 물들어 집착하여
미혹하고 취하여 탐욕을 일으켰으나

17-26

항상 함이 없고 깨끗하지 못하다 생각하면
탐욕과 애욕은 영원히 떨어질 것이리라.
자비의 마음으로 평등하게 생각하면
원수와 친함이 다르다는 생각이 없나니
일체를 슬프고 가엾게 여기어
곧 미워하고 성내는 독이 사라지리라.
모든 있음이 모습에 의지하고 상대하여
갖가지의 잡스러운 생각들이 일어나니

깊이 생각하여 모양의 생각을 무너뜨리면
곧 모양에 대한 애욕을 끊을 수 있으리라.
비록 모습이 없는 하늘에 태어났어도
그 목숨 또한 반드시 다할 때가 있으리라.
네 가지를 바르게 받아들임에 어리석은 사람은
헛되이 해탈한다는 생각을 일으키느니라.
고요하고 멸하여 모든 생각을 떠나면
모양 없음에 대한 탐욕이 영원히 사라지리라.

어지러운 마음은 변하고 거스르기가
오히려 물결을 두드리는 미친바람과 같나니
견고하고 굳은 선정에 깊이 들어가
요동치고 산란한 마음 고요히 그치게 하여라.
법을 관찰하여 보면 나의 것이란 것 없고
나고 멸하여 견고하지 않으며
아래와 가운데와 위를 분별하여 보지 않으면
나라는 거만한 마음을 자연스레 잊으리라.

지혜의 등불을 세차게 일으키면
모든 어리석음의 어둠이 사라지고
다하여도 다함이 없는 법을 보아
모든 무명이 남음이 없으리라."

17장. 대제자출가품(大弟子出家品)

열 가지 공덕을 깊이 생각하여

열 가지 번뇌를 멸하고

태어남을 쉬어서 할일을 이미 마쳤나니

매우 감격하여 세존의 모습을 우러렀다.

셋을 벗어나서 셋을 얻었으며

세 제자가 세 가지를 없앰이

마치 세 별이 죽 둘러 있어

저 삼십삼천의 사제들이

열을 지어 삼오를 모신 것처럼

셋이 부처님을 모신 것도 또한 그러하였다.

(17장. 대제자출가품 大弟子出家品 終)

큰제자들 부처님께 출가하다.

18장. 화급고독품(化給孤獨品)
– 급고독의 부자장자 교화하다.

18-1

그 때 어떤 큰 장자가 있었으니
이름을 급고독이라고 하였다.
큰 부자로서 재물이 한량없이 많았으며
널리 보시하여 가난한 이들을 구제하였다.
그는 멀리 북방에 있는
교살라국에서 오다가
어떤 친한 사람의 집에서 묵었었는데
그 주인의 이름은 수라였다.

18-2

그는 부처님께서 이 세상에 나오셔서
대나무 동산에 계신단 말을 듣고
그 이름 받들고 그 덕을 존경하여
곧 그 밤으로 그 숲에 나아갔다.
여래께서는 이미 그의 근기가 성숙했고
깨끗한 믿음이 생긴 줄 아시고
그에 맞게 그 사실을 칭찬하며
그를 위하여 법을 설하여 말씀하였다.

18-3

"그대는 이미 바른 법을 좋아하여

청정하게 믿는 마음이 간절하기에
능히 감당하여 잠을 줄이고
나에게 와서 공경하고 예를 올리니
오늘 마땅히 장자를 위하여
첫 손님에 대한 예의를 두루 갖추리라.
그대는 전생에 덕의 종자를 심었고
그 바라는 것이 견고하고 깨끗하여

18-4

부처란 이름을 듣자 기뻐하였으니
바른 법의 그릇이 될 만하여라.
빈 마음으로 널리 은혜를 베풀어
가난하고 궁핍한 이에게 두루 베푸니
그 이름과 덕이 널리 흘러 퍼져서
그 결실을 이룸은 전생 인연 때문이니라.
이제는 마땅히 법의 나눔을 행하되
지극한 마음으로 정성껏 베풀고

18-5

때로는 고요함의 나눔을 베풀며
아울러 깨끗한 계를 받아 지니면
계는 장엄하는 도구가 되고
또 능히 나쁜 갈래를 변화시켜서
사람으로 하여금 하늘에 오르게 하여
하늘의 다섯 가지 즐거움을 받으리라.

모든 구하는 것은 큰 괴로움이요
사랑하는 욕망은 모든 허물을 모으나니

18-6

마땅히 악함에서 멀리 떠나고
욕심을 떠난 고요한 즐거움을 닦아야 하니라.
늙고, 병들고, 죽는 괴로움,
세간의 큰 근심인 줄 알아서
세간을 바르게 관찰함으로써
태어남, 늙음, 병듦, 죽음에서 벗어나야 하니라.
이미 사람들의 세간들을 보니
태어남, 늙음, 병듦, 죽음의 괴로움이 있어

18-7

하늘에 나더라도 또한 다시 그러하나니
항상 존재함이 있지 아니하기 때문이니라.
항상 함이 없으면 곧 그게 바로 괴로움이요
괴로움은 곧 내가 있지 않음이며
항상 함이 없음과 괴로움은 내가 아니니
어떻게 나와 나의 것이 있겠는가.
괴로움이 곧 괴로움인 줄 알고
모이는 것이 곧 모이는 것인 줄 알아

18-8

괴로움이 멸하면 곧 평온하고 고요함이요
그 길은 곧 편안한 쉼터이니라.

모든 생겨남엔 흐르고 움직이는 성품이 있으니
마땅히 그것이 괴로움의 근본인 줄을 알아야 하느니라.
끝을 싫어하여 그 근원을 막고자 할 뿐
있음과 있지 않음을 원하는 것이 아니니라.
태어남, 늙음, 죽음은 치성한 불길로서
온 세간을 두루 태우느니라.

18-9

태어남과 죽음에 흔들려 움직임을 보아서
마땅히 바라는 것이 없음을 익혀야 하느니라.
삼마제는 최후의 경지로서
감로의 평온하고 고요한 곳이니
텅 비어 나와 나의 것이 없고
이 세간은 모두 다 허깨비와 같나니
마땅히 이 몸을 관찰하여 보면
모두 4대와 5온의 모임이니라."
장자는 이 설법을 듣고
곧 초과를 얻었다.

18-10

"나고 죽음의 바다는 소멸하였으나
오직 한 방울 남은 것이 있어서
비고 한가한 데서 욕심 떠나 닦았어도
제일로 몸이 있다고 하면
지금 세속 사람이

진리를 보아 참으로 해탈함만 같지 못하느니라.
모든 고행을 떠나지 아니하여도
갖가지의 다른 견해에 가리면

18-11

비록 훌륭한 경지의 견해에 이르렀다 하여도
진실한 이치를 보지 못한 것이니라.
그릇된 생각으로 하늘의 복에 집착하면
있음에 대한 애욕의 결박이 더욱 깊어지리라."

18-12

장자는 설법을 듣고
어두운 번뇌가 환히 열려
이내 바른 견해를 얻게 되었고
모든 그릇된 견해가 영원히 사라짐이
마치 사나운 가을바람이

두터운 구름을 회오리쳐서 흩는 것과 같았다.

18-13

"자재천으로 인한 것이라 헤아리지 말고
또한 그릇된 원인에서 생긴 것도 아니며
또한 다시 아무런 원인이 없이
이 세간이 생긴 것도 아니니라.
만일 자재천이 만들어 낸 것이라면
어른과 아이, 먼저와 다음이 없어야 할 것이요
또한 다섯 갈래의 윤회도 없어야 할 것이며

생긴 것은 당연히 멸하지 않아야 할 것이니라.

또한 응당히 재앙과 우환도 없어야 할 것이며
악을 지어도 또한 허물되지 않아야 하리니
깨끗하거나 깨끗하지 못한 업은
곧 자재천에서 비롯된 것이기 때문이니라.
만일 자재천이 만들어 낸 것이라면
세간은 응당히 미혹하지 않으리라.
마치 아들이 아버지에게서 생겨난 것과 같으니
누가 그 존귀함을 알지 못한다 할 것인가.

사람이 궁하고 괴로운 때를 만나도
도리어 하늘을 원망하지 않을 것이요.
모두 응당히 자재천을 숭상할 것이니
마땅히 다른 신은 받들지 않으리라.
자재천이 정말 만든 것이라면
응당 자재천이라 이름하여선 안 될 것이니
그는 곧 만든 이이기 때문에
그는 곧 마땅히 늘 만들 것이니라.

언제나 만들면 곧 본래 고달플 것이니
어떻게 자재하다 할 수 있겠는가.
만일 아무 생각 없이 만들었다 하면

어린애 장난과 같을 것이요

만일 작심하고서 만들었다 하면

마음이 있으니 자재가 아니리라.

괴롭고 즐거움이 중생 때문이라면

곧 자재천이 만들은 것이 아니요

18-17

자재천이 괴로움과 즐거움을 일으켰다면

그에게 응당 사랑과 미움이 있음이니

이미 사랑하고 미워함이 있다면

마땅히 자재천이라 일컫지 않으리라.

만일 다시 자재천이 만들었다면

중생들은 응당 잠자코 있어야 할 것이니

그의 자재한 힘에 맡겼거늘

무엇하러 구태여 착함을 닦을 것인가.

18-18

바르게 다시 착함과 악함을 닦는다 하여도

마땅히 업의 과보가 있지 아니하기 때문이니라.

자재천이 만일 업을 생겨나게 하였다면

일체는 곧 그 업이 같아야 할 것이요

만일 모두가 업이 같다면

모두 응당히 자재천이라 일컬어야 할 것이니라.

만일 자재천으로 인연됨이 없다면

일체도 또한 응당 없어야 할 것이요

만일 다른 자재천을 원인으로 한다면
자재천은 마땅히 끝이 없을 것이니라.
그러므로 모든 중생들
모두 다 지은 이가 없음이라.
마땅히 알라. 자재천의 이치는
이 이론에 마주치면 곧 깨어져서
일체 이치가 서로 어긋나니
설명할 수 없다면 곧 허물이 있느니라.

18-20

만일 다시 본래의 성품에서 생겨났다 하여도
그 허물 또한 이와 같을 것이니라.
모든 인명론자들이
일찍이 이와 같이 말하였노라.
의지할 바도 없고 인연이 없이도
능히 지어지는 것이 있다고 하느니라.
모든 것이 다 인연으로 말미암음이
마치 종자를 의지하는 것 같음이라.

18-21

그러므로 모든 것들은 곧 본래의 성품에서
생겨난 것이 아닌 줄 알아야 하느니라.
일체의 모든 지어진 것들은
오직 한 가지의 인연으로 생긴 것이 아니건만

하나의 본래 성품만을 말하나니
그러므로 곧 원인이 아니니라.
만약 말하기를 그 본래의 성품은
모든 곳에 두루 하여 가득하다고 하지만

18-22

만일 모든 곳에 두루 하여 가득하다면
또한 지은이도 지어진 이도 없을 것이니라.
이미 지은이도 지어진 이도 없다면
그것은 곧 인연이 되지 않으리라.
만일 모든 곳에 두루 하다면
모든 것을 만든 이 있으리니
그것은 곧 모든 시기에 있어서
항상 응당 만드는 이가 있어야 하느니라.

18-23

만일 항상 만드는 이가 있다고 말하면
시기를 기다렸다가 물건을 만들 리가 없으리니
그러므로 응당 마땅히 알아라.
본래의 성품이 원인이 되는 것이 아니니라.
또한 말하기를 그 본래의 성품은
일체의 성품을 떠났다 하지만
모든 만들어진 것들도
또한 응당히 성품을 떠나야 하리라.

18-24

일체의 모든 세간이
모두 다 성품이 있음을 보느니라.
그러므로 본래의 성품도
또한 다시 원인이 아님을 아느니라.
만일 저 본래의 성품이
성질과 다르다고 말한다면
그것은 항상 함으로써 원인을 삼기 때문에
그 성품이 응당 다르지 않아야 할 것이니라.

18-25

중생들의 성품은 다르니
그러므로 본래의 성품은 원인이 아니니라.
본래의 성품이 만일 항상 하는 것이라면
사물 또한 응당 무너지지 않아야 하리라.
이 본래의 성품으로 그 원인을 삼는다면
원인과 결과의 이치는 응당 같아야 하리라.
세간의 무너짐을 보는 까닭으로
마땅히 따로 원인이 있음을 아는 것이리라.

18-26

만일 그 본래의 성품이 원인이 된다면
마땅히 해탈을 구하지 않아도 되리니
그것은 본래의 성품이 있기 때문에
응당 그것의 나고 멸함에 맡겨야 할 것이리라.

가령 해탈을 얻는다 하더라도
본래의 성품은 도리어 결박이 생기게 될 것이니라.
만일 본래의 성품을 보지 못하면서
그 법의 인연을 본다고 한다면

그것 또한 인연이 되지 못하리니
원인과 결과의 이치가 다르기 때문이니라.
세간의 모든 보이는 일들
원인과 결과가 다 함께 나타나니
만일 본래의 성품에 마음이 없다면
응당 마음엔 인연이 있을 수 없느니라.
연기를 보고 불을 아는 것과 같이
원인과 결과는 서로 구하는 것이 같음이라.

그 인연을 보지 못하고는
그 일어남의 일을 볼 수가 없느니라.
마치 금으로 그릇이나 옷을 만들 적에
처음부터 끝까지 금과는 떨어질 수 없나니
본래의 성품을 이 일의 원인이라 한다면
처음과 끝이 어찌 다름을 얻을 수가 있겠는가.
만일 시간을 따라 만드는 이가 있게 된다면
마땅히 해탈을 구하지 않으리니

그 시간이란 항상 하는 까닭에
응당 그 시간에 맡겨야 하리라.
이 세간은 끝이 없는 것처럼
시간도 또한 그와 같으니라.
그러므로 수행하는 사람도
마땅히 방편을 구하지 않을 것이니라.
실체와 성품이라는
세상의 또 다른 이론이 있는데.

비록 여러 가지 설들이 있기는 하나
마땅히 원인이 같지 않음을 알아야 하리라.
만일 내가 만든다고 말한다면
반드시 하고자 하는 대로 태어났을 것이니라.
지금 하고자 하는 대로 되지 않았나니
어떻게 내가 만들었다고 말하겠는가.
원하지 않는 데도 그것을 얻고
원하는 데도 도리어 어긋나서

괴로움과 즐거움에 자재하지 못하는데
어떻게 내가 만든다고 말하겠는가.
만일 내가 만드는 것이라고 한다면
응당 나쁜 갈래의 업은 없을 것이니라.

갖가지 업의 결과가 일어나나니
그러므로 내가 만드는 것이 아님을 아느니라.
말하기를 나는 시간을 따라 만든다고 한다면
시간을 따라 응당 오직 착한 일만 지었을 것인데

18-32

선과 악이 인연 따라 생겨나니
그러므로 내가 만드는 것이 아님을 알리라.
만일 인연이 없이 지어졌다면
마땅히 방편을 닦을 일이 없을 것이니
일체는 저절로 정해져 있거늘
무엇하러 구태여 인연을 닦겠는가.
세간에서는 갖가지 업을 지어
갖가지로 결과를 거두나니

18-33

그러므로 일체 모든 것이
원인 없이 만들어진 것이 없음을 알아야 하느니라.
마음이 있고 또 마음이 없음은
모두 인연을 따라 일어나나니
세간의 모든 법은
원인 없이 생긴 것이란 하나도 없음이라."

18-34

장자는 마음이 열리고 풀려
훌륭하고 묘한 이치를 통달하여

한 모양의 진실한 지혜가 생겨
결정되어 참된 이치를 밝게 알았다.
세존의 발에 공경하여 예를 올리고
합장하고 아뢰어 청하였다.

18-35
"이 스라바스티에 머무소서.
토지는 풍족하고 안락합니다.
파사익 대왕은
사자원족의 후손으로서
복덕의 그 이름 칭송되어 퍼져
멀고 가까운 모든 곳에서 존경합니다.
정사를 만들어 세우고자 하니
오직 원하건대 가엾게 여기시어 받아 주소서.

18-36
부처님의 마음은 평등하시므로
거처의 안락함을 구하시지 않겠지만
이 중생들 가엾게 여기시어
저의 간청을 어기시지 않을 줄 압니다."

18-37
부처님께서는 장자의 마음이
이제 크게 보시를 베풀면서
물듦도 없고 집착하는 바도 없이
중생의 마음을 잘 보호할 줄을 아셨다.

"그대는 이미 참된 진리를 보았고
본 마음 보시의 행을 좋아하니
돈과 재물과 범상치 않은 보배를
마땅하게 내어 보시의 행을 하여야 하리라.
마치 창고가 불에 탔을 때
이미 낸 물건이 보배라 하여도
밝은 사람은 항상 하지 않음을 알아
재물을 내어 널리 은혜를 베푸는 행을 함이라.

탐욕이 많은 이는 지키고 아껴
줄어들까 두려워 쓸데 쓰지 아니하고
또한 항상 하지 않음을 두려워할 줄 모르다가
헛되이 잃고는 근심하고 후회를 더하노라.
응당 때맞춰 마땅하게 근기에 따라 베풀기를
마치 건장한 사내가 도적을 만나
능히 행하고 능히 싸우듯 하면
이는 곧 용감하고 지혜로운 장부라 하느니라.

베푸는 이는 많은 사람의 사랑을 받고
좋은 이름은 널리 두루 퍼지며
어질고 착한 이를 벗하기 좋아하니
목숨 마쳐도 마음이 항상 기쁠 것이니라.

후회도 없고 또한 두려움도 없으며
아귀 세계에 태어나지 않으리라.
이것은 곧 아름다운 갚음이 되어
그 결과를 가히 헤아리기가 어려움이리라.

18-41

여섯 갈래 세계를 윤회할 때
좋은 짝은 보시보다 더한 것이 없나니
만일 천상이나 인간 세계에 태어나면
모든 대중들이 받들고 섬길 것이요.
축생 세계에 태어나더라도
보시의 과보를 따라 즐거움을 누리리라.
지혜로서 고요한 선정을 닦으면
의지할 것도 없고 헤아릴 것도 없나니

18-42

비록 감로의 도를 얻는다 하여도
오히려 보시를 바탕으로 하여 이루어지느니라.
그는 은혜로운 보시를 인연하여
여덟 가지 대인의 생각을 닦고
그 생각 따라서 기쁜 마음이
결정되어 삼매의 경지와
삼매는 지혜를 증가시켜
능히 나고 멸함을 바로 보게 하나니

바르게 관찰하여 나고 멸함을 마쳐
차례차례 해탈을 얻게 되느니라.
재물을 베풀어 사랑으로 나누는 이는
탐욕과 집착을 없애 버리고
자비롭고 공경함과 더불어
겸하여 미움, 성냄, 거만을 버리나니
은혜로 베푼 결과를 분명하게 보고
베풂이 없는 어리석음이 제거되어지는 것을 보아

모든 맺음의 번뇌를 멸하나니
이것은 은혜로 말미암아 베푼 결과이니라.
마땅히 알아라. 은혜로 베풂이야말로
곧 해탈의 원인이 됨이니라.
마치 사람이 씨앗을 심고 가꾸는 것은
그늘과 꽃과 열매를 얻기 위함이듯
보시도 또한 그와 같아서
과보의 즐거움이 대열반이니

견고하지 않은 재물의 보시로서
견고한 결과의 과보를 얻느니라.
음식을 보시하면 오직 힘을 얻고
옷을 보시하면 좋은 몸을 얻으며

만일 정사를 세우면
모든 결과가 구족함을 이루느니라.
혹은 보시로서 다섯 가지 욕망을 구하거나
혹은 큰 재물을 탐하여 구하며

18-46

혹은 명예를 위하여 보시를 하거나
하늘에 태어나는 즐거움을 구함이 있거나
혹은 가난과 괴로움을 면하기를 원하는데
오직 그대의 원함이 없는 보시는
보시 가운데에서 최상으로써
무슨 이익이든 얻지 못할 게 없으리라.
그대의 마음이 넉넉하고 넓으니
마땅히 속히 성취케 하리라.
어리석은 애욕의 마음으로 왔지만
맑고 깨끗한 눈을 떠서 돌아가거라."

18-47

장자는 부처님의 가르침을 받고
은혜로운 마음이 더욱 밝아져
사리불을 청하여
어진 벗이 되어 함께 돌아갔다.
그들은 저 교살라국으로 돌아가
두루 돌아다니며 좋은 터를 찾다가
태자가 소유하고 있는 기원의

숲과 물이 지극히 맑고 고요함을 보았다.

18-48

그들은 태자가 있는 곳으로 나아가
그 땅을 사려고 청해 보았다.
태자는 귀한 보배처럼 아껴서
아예 팔 생각을 내지 않았다.

18-49

"설령 황금으로 가득히 덮는다면 몰라도
오히려 그 땅은 내놓을 수 없습니다."
장자는 마음으로 매우 기뻐하여
곧 황금으로 두루 깔았습니다.
기타태자가 말했다. "내가 주지도 않았는데
당신은 어찌하여 금을 깔았습니까."
장자가 말했다. "주지 않으려면
어찌 황금을 깔라 하였습니까."

18-50

두 사람은 서로 다투다
이어서 관청에서 송사까지 벌이게 되자
여러 사람들은 모두 기특하다 찬탄하였고
기타태자 또한 그 정성을 알게 되었다.
그 인연을 자세히 물으니
대답하여 말했다. "정사를 세워
여래와 그리고

비구 사문들에게 공양하려 합니다."

18-51

태자는 부처라는 이름을 듣고
그 마음에 곧 깨달음이 생겨
오직 그 금액의 반만 받고
화해를 구하고 함께 세우기로 하였다.
"당신은 땅을. 나는 숲을
우리 함께 부처님께 공양합시다."
장자는 땅을, 태자는 숲을 바쳐
사리불을 청하여

18-52

경영하기 시작해서 정사를 세울 때
밤낮으로 부지런히 신속하게 하여 완성되어
높이 드러나고 훌륭하게 장엄함이
마치 사천왕의 궁전과 같았다.
마땅히 법을 따르고 도에 맞추어
칭하기를 여래의 쓰임에 알맞았나니
세간에 일찍이 없던 일로서
사위성을 더욱더 빛나게 하였다.

18-53

여래께서는 신비한 덕을 나타내셔서
성스러운 대중들이 모여들어 편안하게 머무를 적에
모시는 자가 없는 이에겐 모시는 이를 내려주고

329

급고독의 부자장자 교화하다.

모시는 자가 있는 이에겐 도에 필요한 물자를 주었다.

장자는 이와 같은 복을 입어서

목숨이 다하자 하늘의 높은 지위에 태어났고

자손들은 그 업을 이어 받아

대대로 복의 밭을 심었다.

(18장. 화급고독품. 化給孤獨品 終)

19장. 부자상견품(父子相見品)
－정반왕과 부처님이 만나시다.

19-1

부처님께서는 마갈타국에서
여러 외도들을 교화하시어
모두 한맛의 법을 따르게 하시니
태양이 많은 별을 비추는 것과 같았다.
저 다섯으로 둘러싸인 성을 나와
더불어 천명의 제자와 함께
앞뒤로 권속들을 거느리시고
니금산으로 나아가셨다.

19-2

카필라성에 가까워지자
은혜에 보답할 마음을 일으키어
"마땅히 법공양을 베풀어
부왕에게 받들어 올리리라" 하였다.
왕의 스승과 대신들은
먼저 시중들 사람을 보내어
언제나 생각하고 좌우를 따라다니며
그 나아감과 머무름을 살피게 하였다.

19-3

부처님께서 본국으로 돌아오고자 함을 아시고

먼저 달려와 왕에게 아뢰었다.
"태자께서는 멀리 떠나 공부하시다가
원하시는 것을 이루시고 지금 돌아오십니다."
왕은 듣고 매우 기뻐하여
장엄한 수레를 타고 곧 나가 맞이할 때
온 나라의 모든 백성들이
모두 다 왕을 따라 나아갔다.

19-4

점점 가까이 가서 부처님을 뵈오니
빛나는 모습 이전의 모습보다 배나 더하여
많은 대중들 가운데 계신 모습이
마치 저 범천왕과 같았다.
수레에서 내려 천천히 나아갈 때
법을 성취하여 머뭇거려져 어려울까 걱정하였으나
얼굴을 우러러 보니 마음이 하도 기뻐서
입으로 뭐라 말할 바를 알지 못하였다.

19-5

탐욕으로 세속에 얽혀 살고 있고
아들은 초연하여 신선된 것을 돌아보니
비록 아들이라 하여도 높은 도에 올라 있어
어떤 이름으로 불러야 할지 알지 못하였다.
스스로 생각하되 '오래도록 생각하고 그리워했건만
오늘날엔 마땅히 말할 길이 없구나.

아들은 이제 잠자코 앉아

안온하여 얼굴빛은 변하지 아니하고

오랫동안 이별했었건만 아무런 감정이 없으니

나의 마음으로 하여금 외롭고 슬프게 하는구나.

마치 오랫동안 목마른 사람이

길에서 맑고 시원한 우물을 만나

달려가 그것을 마시려 할 때

갑자기 그 우물이 말라버리는 것처럼

내 이제 그 아들을 보니

오히려 빛나던 얼굴은 본래 그대로이건만

마음에는 서먹한 기운이 너무도 높아

도무지 함께할 마음이 없구나.

정을 억제하고 헛된 바람이 단절되니

목마른 이 마른 우물 대함과 같구나.

보지 못할 때는 번다하게 생각만 치달렸건만

눈앞에 마주 보자 곧 기쁨이 없어져

마치 사람이 이별한 부모를 그리다가

갑자기 그림의 형상만 본 듯하구나.

응당 사천하의 왕이 되기는

마치 만타왕과 같겠거늘

너는 지금 밥을 빌고 다니니
이 길이 어찌 영화롭단 말인가.
편안하고 고요하기 수미산 같고
빛나는 모습 밝은 해와 같으며
안정된 걸음걸이 소왕의 걸음 같고
두려움 없기는 사자 외침 같거늘
사천하의 물려줌을 누리지 아니하고
구걸하여 그 몸을 기르는구나.'

19-9

부처님께서는 부왕의 마음에
그래도 아들이란 생각이 남아 있음을 아시고
그 마음을 일깨워주기 위한 까닭과
아울러 일체 중생을 가엾게 여기시기에
신족통으로 허공에 올라
두 손으로 해와 달을 받들고
공중에서 두루 돌아다니며
갖가지의 이변을 일으키셨다.

19-10

혹은 한량없이 몸을 나누었다가
다시 합하여 하나가 되며
혹은 물 밟기를 땅 밟듯 하고
혹은 땅에 들어가기를 물에 들어가듯 하며
석벽도 그 몸을 막지 못하고

왼쪽과 오른쪽에서 물과 불이 솟았다.
부왕은 크게 기뻐하며
부자의 정이 모두 다 사라졌다.
공중의 연꽃 자리에 앉아
왕을 위하여 법을 설하셨다.

19-11

"왕께선 자비스런 마음으로써
아들을 위하여 근심과 슬픔이 더하며
끊임없이 아들을 사랑하는 줄 알지만
마땅히 응당 속히 버려야 합니다.
애정을 끊고 그 마음을 고요히 하여
아들의 법을 기르는 것을 받으소서.
미처 사람의 아들로서 받들지 못한 것을
이제 부왕께 바칩니다.

19-12

아버지로써 아들에게 얻지 못한 것
이제 아들에게 그것 얻으니
사람의 왕으로도 기특한 일이요
하늘의 왕으로도 또한 드문 일입니다.
훌륭하고 묘한 감로의 도
이제 그것을 대왕께 바칩니다.
스스로의 업은 앞의 업을 받아서 일어나고
업은 앞의 업의 과보에 의지하나니

마땅히 알아야 합니다. 업의 원인과 결과는
부지런히 되풀이하여 세상의 업을 짓나니
이 세간 자세히 관찰하여 보면
오직 업만이 착한 벗이 됩니다.
여러 친척들이나 또 더불어 그 몸을
깊이 사랑하고 서로 그리워해도
목숨을 마치고 정신이 홀로 갈 적에는
오직 업만이 착실한 벗이 되어 따릅니다.

다섯 갈래의 세계를 윤회하면서
세 가지 업이 세 가지로 생겨날 때
사랑하는 욕망이 그 원인이 되어
갖가지 무리의 차별이 됩니다.
이제 마땅히 그 힘을 다하여
몸과 입과 업을 깨끗이 다스리되
밤낮으로 부지런히 닦아 익혀서
어지러운 마음을 쉬고 고요하게 하십시오.

오직 이것만이 자기에게 이익이 되오니
이와 같이 벗어나서 모두 나가 아님을
마땅히 알아야 합니다. 삼계의 있다는 것은
마치 바다의 물결치는 파도 같아서

즐거워하기도 어렵고 익히고 가까이하기도 어렵나니
마땅히 네 가지의 업을 닦아야 합니다.
나고 죽는 다섯 길을 윤회함은
마치 모든 별들이 도는 것과 같습니다.

19-16

모든 하늘도 또한 옮겨가고 변하거늘
인간 세상에서 어찌 항상 함을 얻을 수 있겠습니까.
열반을 최고의 안락한 것이라 하나니
즐거움 가운데에는 선정의 고요함이 제일입니다.
인간 왕의 다섯 가지 즐거움은
위험하고 두려움이 많아
마치 독사와 함께 사는 것과 같으니
어찌 모름지기 잠깐이라도 기뻐할 수 있겠습니까.

19-17

현명한 사람은 이 세간을 볼 때
왕성한 불길에 둘러싸인 것 같아서
두려움에 잠시도 편안할 수 없기에
태어나고, 늙고, 죽는 것 벗어나기를 구하나니
끝없이 고요하고 고요한 곳
지혜로운 사람이 사는 곳입니다.
모름지기 날카로운 무기나
코끼리나 말이나 군사나 수레를 의지하지 않아도

탐욕, 성냄, 어리석음을 항복 받으면
천하의 적도 당하지 못할 것입니다.
괴로움 알아 괴로움의 원인을 끊고
번뇌가 소멸됨을 증득하고 방편을 닦아
사성제를 바르게 깨달으면
나쁜 세계의 무서움과 두려움은 사라질 것입니다."

먼저 묘한 신통을 나타내어
왕의 마음 기쁘게 해 드리자
믿고 즐거워하는 정 이미 깊어져
바른 법의 그릇이 성취되었다.

합장하고 찬탄하였다.
"기특하여라, 서원의 결과 이루었구나.
기특하여라, 큰 괴로움 여의었구나.
기특하여라, 나를 넉넉하게 이익 되게 하는구나.
비록 먼저는 슬픔과 근심이 더하였으나
슬픔을 인연하는 까닭으로 이익을 얻었도다.
기특하여라, 나는 오늘에야
아들을 낳은 결과와 과보를 이루었도다.

마땅히 훌륭하고 묘한 즐거움을 버리고

마땅히 열심히 힘써 고행을 익히며
마땅히 친족의 영화를 버리고
마땅히 은혜와 애정을 끊을 것이리라.
옛날의 모든 선왕들은
부질없이 괴로워할 뿐 공로가 없었지만
깨끗하고 진실하며 안온한 곳을
너는 이제 모두 이미 얻어

19-22

스스로도 편안하고 다른 이도 편안케 하며
크게 가엾게 여겨 중생을 제도하니
처음부터 이 세상에 머물면서
전륜왕이 되었더라면
그 자재한 신통력이 없었으며
나의 마음을 열어 주지 못하였으리라.
또한 이러한 묘한 법도 없었으리니
나를 지금처럼 기쁘게 하지 못하였으리라.

정반왕과 부처님이 만나시다.

19-23

설령 전륜왕이 되었더라도
나고 죽는 실마리 끊지 못하였으리라.
이제 이미 태어남과 죽음이 끊어져
윤회하는 큰 괴로움을 멸하였으니
능히 중생의 무리를 위하여
감로의 법을 널리 설하는구나.

이와 같은 묘한 신통과
지혜는 매우 깊고 넓어서

19-24

나고 죽는 괴로움 영원히 멸하여
하늘과 사람 중에 제일이 되었구나.
비록 거룩한 왕의 자리에 있었더라도
마침내 이런 이익을 얻지 못했으리라.”

19-25

이와 같이 찬탄하여 마친 뒤에는
법을 사랑하여 공경 더 하였나니
왕이요 아버지인 높은 자리에 있으면서
겸손하고 낮추어 머리를 낮추었다.
온 나라의 모든 백성들이
부처님의 신통한 힘을 보고
깊고 묘한 법을 말씀하심을 듣고서
또한 왕이 공경하고 존중하는 것을 보자

19-26

합장하고 머리를 낮추어 절하면서
모두 기특하다는 생각을 일으키어
세속의 얽매임에 살기를 싫어하여
함께 출가의 마음을 일으키었다.
석가 종족의 여러 왕자들
마음으로 깨닫고 도의 열매가 이루어져

모든 세속의 영화와 즐거움을 싫어해
친족과 사랑하는 이들을 버리고 출가하였다.

19-27

아난타와 난타
금비와 아나율
난도와 발난타
그리고 군도타나
이와 같은 모든 우두머리와
그 밖의 석가족의 아들들
모두 다 부처님의 가르침을 따라
법을 받고 제자가 되었다.

19-28

나라를 다스리는 대신의 아들인
우타이가 우두머리가 되어
더불어 여러 왕자들과 함께
차례를 따라 출가를 하였다.
또 아탈리의 아들인
이름이 우팔리는
저 모든 왕자들과
대신의 아들들이 출가하는 것을 보고

19-29

마음으로 느끼고 뜻으로 열리고 깨달아
또한 출가하여 법을 받았다.

부왕도 그 아들의

신통한 힘과 모든 공덕을 보고

스스로도 또한 맑은 흐름인

감로의 바른 법의 문에 들어갔다.

왕의 자리와 나라까지도 버리고

선정의 오롯한 감로의 밥을 먹으며

19-30

한가롭게 머물며 고요함을 닦으며

왕은 궁에 머물면서 선인의 도를 익혔다.

여래는 모두 허락하고 받아들여

본래의 친족들을 이미 알아

온화한 얼굴로 기쁘게 도를 펴시니

친족들도 기뻐하며 따랐다.

때가 되어 걸식을 하시기 위하여

가필라성으로 들어가시자

성안의 모든 남자와 여자들이

놀라고 기뻐하며 큰 소리로 외쳤다.

19-31

"싯다르타께서

도를 배워서 이루고 돌아오셨다."

안과 밖에서 서로서로 전해 알려

어른이나 아이들 달려와 뵈었다.

대문을 열고 창문을 열고

어깨를 맞대고 곁눈질을 하며
부처님 몸의 상호를 보았을 때
광명이 매우 빛나고 눈부셨다.

19-32

겉에는 가사의 옷을 입으시고
몸의 광명은 안을 환하게 비추어
마치 태양의 둥근 바퀴와 같이
안과 밖을 서로 비추어 밝히었다.
보는 사람들 마음이 슬프고 기뻐
모두 합장하고 눈물을 흘렸다.
부처님의 고요하고 바른 걸음걸이와
침묵한 얼굴에 모든 감각기관을 거두시고
묘한 몸에 법다운 위의를 나타내니
공경하고 애석하여 더욱더 슬퍼하였다.

19-33

"머리를 깎아 좋은 모습을 헐고
몸에는 물들인 옷 입었으며
당당한 거동과 단아한 얼굴에
몸을 단속하고 땅을 응시하며 걸어가시는구나.
응당 깃을 붙인 보배 일산을 받치고
손에는 비룡의 고삐를 잡아야 하는 것을
어찌하여 먼지를 뒤집어쓰며
발우를 들고 걸식하러 다니신단 말인가.

재주는 원수를 항복받기에 충분하고
얼굴은 채녀들을 기쁘게 할 수 있으며
화려한 옷에 하늘의 관을 쓰시면
만백성 모두 우러러 뵈올 텐데.
어찌하여 풍족하신 모습을 굽히고
마음을 억누르고 그 몸을 억제하며
미묘하고 만족스럽고 빛나는 옷을 버리고
맨몸에 물들인 옷을 입으셨는가.

어떠한 모양을 보고 무엇을 구하기에
이 세상의 다섯 가지 욕망을 원수라 하여
어진 아내와 사랑하는 아들을 두고
혼자 즐거워하며 외로이 노니시는가.
어려워라. 저 어진 태자비
긴긴 밤 근심과 그리움 품고
지금까지 출가하였음을 알고도
지금껏 능히 생명을 보전하였도다.

정반왕의 마음을 알 수 없구나.
마침내 이 아들을 보았는가.
이제 그 묘한 상을 가진 몸
모습 무너뜨리고 출가하였으니

원수라도 오히려 슬프고 애석하겠거늘

아버지로서 보고 어찌 능히 편안하겠는가.

사랑하는 아들 라후라는

항상 눈물 흘리고 울며 슬퍼하고 그리워하였으나

보고 어루만지고 위로할 마음이 없었나니

이 도를 공부하기 위하여서였구나.

관상 보는 법에 밝은 여러 사람들

모두 말하기를 태자는 태어나면서부터

대인의 상을 구족하였으니

응당 온 천하의 공양 받으리라고 하였었는데,

이제 저 하는 모습 보니

그것은 곧 모두 다 헛된 말이었구나."

이와 같이 따르는 많은 사람들

서로 시끄럽고 어지럽게 말들을 하였으나

여래는 마음에 집착이 없어

기뻐함도 없고 또한 슬퍼함도 없었다.

중생들을 사랑하고 가엾게 여겨

가난과 괴로움에서 벗어나게 하려고 하였다.

저 선근을 자라게 하고

아울러 마땅히 미래의 세상을 위하여

그 탐욕이 적은 자취를 나타내고
겸하여 세속의 잡된 비방을 제거하고
가난한 마을에 들어가 걸식할 때는
맛나고 나쁜 것 얻는 대로 받고
부잣집 가난한 집 가리지 아니하고
발우가 채워지면 숲으로 돌아왔다.

(19장. 부자상견품. 父子相見品 終)

20장. 수기원정사품(受祇園精舍品)
– 기원정사 대사원을 받으시다.

20-1

세존께서 교화하시기 시작하시어
카필라성의 많은 사람을
인연 따라 제도하여 마치시고
대중들과 함께 길을 떠나셨다.
교살라국으로 가셔서
파사익왕에게 나아갔나니
기원정사는 이미 잘 장엄되어져 있었고
크고 작은 집들이 모두 다 갖추어졌으며

20-2

흐르는 샘물은 항상 쏟아져 흐르고
꽃과 열매들은 모두 풍성하였으며
물과 육지의 모든 희귀한 새들은
무리를 따라 떼 지어 날고 울었다.
세상에서 비교할 데가 없는 아름다운 곳으로
계라산의 궁전 같았다.
급고독장자가
권속들과 길을 찾아서 마중 나왔으며

20-3

꽃을 흩뿌리고 좋은 향을 피우며

받들어 청하여 기원정사로 들어갔다.
손에는 용 모양의 황금으로 된 병을 들고
몸소 꿇어앉아 길게 물을 쏟으며
기원정사를
시방에 계신 수행자들에게 받들어 보시하였다.

20-4

세존은 주문으로 발원하시고 받으셨다.
"온 나라는 영원히 편안하여 지이다.
급고독 장자는 복과 경사스러운 일들이 끝이 없이 흘러지이다."

20-5

그때 파사닉왕은
세존께서 이미 오셨다는 말씀을 듣고
수레를 장엄하고 기원정사로 나아가
세존의 발에 공경하게 예의를 드린 후에
물러나 한쪽에 앉아
두 손을 모으고 부처님께 여쭈었다.

20-6

"헤아리지 못하였습니다. 보잘것 없는 나라에
갑자기 큰 경사스러운 일을 이루게 될 줄을
악하고 거스르며 재앙이 많았는데
어떻게 능히 성인을 감동하게 하였는가.
이제 거룩한 모습 얻어 뵙게 되어

맑은 교화에 목욕하고 마셨습니다.
비천하고 비록 평범한 곳의 사람인데도
성인의 뛰어난 흐름에 힘입었습니다.

마치 바람이 향기가 나는 숲에 불어오면
그 기운이 어우러져 훈훈한 바람을 이루고
모든 새들이 수미산에 모이면
기이한 빛깔로 이루어진 금빛 같습니다.
더불어 밝은 사람들 만남을 얻게 되니
그늘의 덕을 입어 그 영광을 함께하고
농부가 선인께 공양을 올린 덕에
세 가지가 구족한 별로 태어남을 얻음과 같습니다.

세상의 이익은 모두 끝남이 있으나
성인의 이익은 영원히 끝이 없으며
사람의 왕에는 허물이 크지만
성인을 만나면 이익을 언제나 즐길 것입니다."

부처님께서는 왕의 마음이 지극함을 아시고
법을 좋아하기가 제석천왕과 같으니
오직 두 가지의 집착이 있었으니
능히 재물과 색을 잊지 못함이라.
때를 알고 마음의 움직임을 안 뒤에

그 왕을 위하여 법을 설하셨다.

20-10

"나쁜 업 가진 비천한 사람도
착한 것을 보면 오히려 공경할 줄 압니다.
하물며 다시 자재하신 왕으로서
덕을 쌓은 전생의 인연으로 인하여
부처를 만나 공경을 더함이겠습니까.
그것은 곧 어려운 일이 아닙니다.
본래 나라는 고요하고 백성들은 평안하였나니
부처를 만났다고 더해진 것은 아닙니다.

20-11

이제 마땅히 간략하게 법을 말하리니
대왕은 우선 자세히 들으시고
내가 말하는 것을 받아 지니면
자신의 공덕의 결과를 이룩한 것을 볼 것입니다.
목숨을 마치면 몸과 정신은 갈라지고
친한 친척들도 모두 이별하지만
오직 좋고 나쁜 업만이 남아
그림자처럼 언제나 따를 것입니다.

20-12

마땅히 법으로서 왕의 업을 높이고
만백성 자식처럼 기른다면
현세에서는 좋은 이름이 퍼지고

목숨을 마친 후에는 천상에 오르실 것입니다.

마음대로 하면서 법을 따르지 않으면

지금도 괴롭고 후에도 기쁨이 없습니다.

옛날 옛적에 리마란 왕은

법을 따르다 하늘의 복을 받았고

20-13

금보란 왕은 악을 행하다

목숨을 마치자 나쁜 곳에 태어났습니다.

나는 이제 대왕을 위하여

선과 악의 법을 간략하게 말하리니

크게 요긴한 것은 마땅히 자비의 마음으로

백성 보기를 외아들 같이 하여야 합니다.

핍박하지도 말고 또한 해치지도 말며

모든 감각 기관을 잘 거두어 가져

20-14

그릇됨을 버리고 바른 길로 나아가야 하며

스스로 드러내지 말며 사람을 하대하지도 말며

고행하는 데에서 벗을 사귀며

그릇된 견해를 가진 벗을 사귀지 말아야 합니다.

왕의 위엄과 세력을 믿지 말고

그릇되고 아첨하는 말을 듣지 말며

모든 고행하는 사람들 괴롭히지 말고

왕의 바른 법전에서 벗어나지 말며

부처를 생각하고 바른 법을 보전하여
법 아닌 것들을 항복받아야 합니다.
현재에선 사람 중에 최상이 되고
덕은 장차 높은 도 가운데서 피어나리니
무상하다는 생각을 깊게 생각하고
몸과 목숨과 생각이 변하여 간다 생각하고
높고 뛰어난 경계에 마음을 두고
깨끗한 경지에 뜻을 두어 구하며

사랑하는 마음 가져 자재하게 즐기면
오는 세상에는 그 즐거움이 더할 것입니다.
영원히 세상에 좋은 이름 전하여
반드시 여래의 은혜를 갚아야 하니
마치 어떤 사람이 단 과일을 좋아하면
반드시 그 좋은 종자를 심는 것과 같습니다.
밝음에서 어둠으로 들어가는 수도 있고
어둠에서 밝음으로 들어가는 수도 있으며

어둠과 어둠이 계속되는 수도 있고
밝음과 밝음이 서로 인연하는 수도 있습니다.
지혜로운 사람은 세 가지를 버리고
마땅히 처음부터 끝까지 밝음을 배워야 합니다.

악한 말을 하면 모든 소리 향하여 상응하지만
좋은 말을 하면 따르는 자 어려움이 없습니다.
만들지 아니한 결과 있을 수 없고
지은 것은 깨뜨리고 없애기가 어렵나니

20-18

지은 업을 부지런히 닦지 않으면
결국엔 아무것도 성취함이 없을 것입니다.
본래 좋은 인연을 닦지 않으면
뒤에 올 즐거움이 곧 없고
이미 지나간 것 그치게 할 기약이 없나니
그러므로 마땅히 착한 일을 닦아야 하고
스스로를 살펴서 악을 짓지 않아야 함은
자신이 지어 자신이 받기 때문입니다.

20-19

마치 사방의 돌산이 합쳐지면
중생들 도망갈 곳 없는 것처럼
태어남, 늙음, 병듦, 죽음의 산을
중생들 벗어날 방법이 없으나
오직 바른 법을 행함으로써
이 괴로움 겹친 산을 벗어날 수 있습니다.
세간은 모두 항상 함이 없어
다섯 가지 탐욕의 경계가 번개 같아서

20-20

늙고 죽음 송곳 끝과 같으니
어떻게 응당 법 아닌 것을 익힐 것이겠습니까.
옛날의 모든 훌륭한 왕들
마치 저 자재천이
용맹하고 건장한 의지로 허공에 올랐으나
잠깐 나타냈다 이내 사라짐과 같으며
겁의 불길이 수미산을 녹일 때
바닷물도 모두 다 마르건만

20-21

하물며 이 몸은 물거품 같거늘
어떻게 이 세상에 오래 있기를 바라겠습니까.
사나운 바람도 작은 풀에는 그치고
햇빛도 수미산에 가려지며
치성한 불길도 물에는 꺼지나니
있다는 모든 물질들도 모두 다 사라져 돌아갑니다.
이 몸이란 덧없는 그릇인데
긴긴밤 수고로이 애써 지키고 보호하며

20-22

재물과 색으로 두루 받들고
함부로 놀면서 교만을 부리지만
홀연히 때에 다다라 죽음에 이르면
뻣뻣하게 굳음이 마른 나무와 같습니다.

밝은 사람은 이런 변화 보기에
부지런히 닦아 어찌 잠을 자리요
나고 죽음은 제 홀로 기틀을 흔들어
그치지 아니하여 죽음으로 떨어집니다.

20-23

계속되지 않는 즐거움 익히지 말고
괴로운 과보 받는 자 만들지 말며
훌륭하지 않은 벗 가까이 하지 말고
끊지 못하는 지혜는 배우지 말아야 합니다.
몸을 받지 않음이 있는 지혜를 배우고
받더라도 반드시 몸을 없게 하고
몸이 있더라도 경계에 물들지 말아야 합니다.
경계에 물들면 큰 허물이 있습니다.

20-24

비록 형상이 없는 하늘 세계에 태어나더라도
시간의 흘러가고 변하여감은 면하지 못하나니
마땅히 변하지 않는 몸을 배워야 하고
변하지 않으면 곧 허물이 없을 것입니다.
이 몸이 있기 때문에
모든 괴로움의 근본이 되나니
그러므로 모든 지혜 있는 사람은
몸 없는 데에서 근본을 쉽니다.

일체 중생의 무리들은
곧 탐욕으로 말미암아 괴로움이 생기나니
그러므로 탐욕이 있음에 대하여
마땅히 싫어하여 벗어날 마음을 일으켜야 합니다.
탐욕이 있음을 싫어하여 벗어나면
곧 모든 괴로움을 받지 않습니다.
비록 색계와 무색계에 태어나더라도
변하고 바뀌는 것이 큰 근심이 되나니

평화롭고 고요하지 않기 때문이니
하물며 욕계를 떠나지 않음이겠습니까.
이와 같이 삼계를 관찰해 보면
항상 하지 아니하고 주인이 없는 것
모든 고통 언제나 불꽃처럼 성하거늘
지혜로운 이로서 어찌 즐겁기 바라겠습니까.
마치 나무에 불이 타오른다면
많은 새들이 어찌 무리 지어 모여들겠습니까.

이것을 깨달으면 밝은 대장부이지만
이것을 떠나면 곧 밝음이 없고
이것을 곧 깨달아 열린 사람이라 하지만
이것을 떠나면 곧 깨달음이 아닙니다.

이것은 곧 응당 하여야 할 일이니
이것을 벗어나면 곧 옳지 못하고
이것은 곧 근본에 가깝게 되는 것이니
이것을 떠나면 더불어 도리와 어긋납니다.

20-28

이 특별하고 수승한 법은
세속인에겐 어울리지 않는다고 말하지만
그것은 곧 옳지 않은 말이니
법은 오직 사람이 펴는 데 있습니다.
더위를 근심하여 찬물에 들어가면
모두가 맑고 시원함을 얻게 되나니
어두운 방에 등불을 밝히면
다섯 가지 빛깔을 다 볼 수 있음과 같이

20-29

도를 닦는 것도 또한 그와 같아서
도는 집이건 집이 아니건 다름없으며
혹은 산에 있어도 죄에 떨어지는가 하면
혹은 집에 있어도 선인이 됩니다.
어리석고 어둠은 큰 바다가 되고
그릇된 견해는 큰 물결의 파도가 되나니
중생들은 애욕의 흐름을 따라
이리저리 떠돌아 능히 건질 수가 없습니다.

지혜로 가벼운 배를 만들고
삼매와 바른 방편의 북을 가지고
바른 생각의 노를 굳게 지니면
능히 무지의 바다를 건넌답니다."

그때 왕은 마음을 오롯이 하여
일체 지혜의 말을 듣고는
세상의 영화를 꺼리고 싫어하며
왕의 자리란 기뻐할 일 없는 줄 알았으니
마치 술에 취하여 날뛰던 미친 코끼리가
술이 깨어 바른 정신 돌아온 것과 같았다.
그때 여러 외도들이 있었는데
대왕이 부처님을 믿고 공경하는 것을 보고

모두들 대왕에게 청하기를
부처님과 신통을 겨뤄보고자 하였다.
이때 왕이 세존께 여쭈었다.
"원하건대 저들의 요구를 들어주소서."
부처님께서 곧 잠자코 허락하시자
갖가지 다른 견해를 가진 모든 외도들
다섯 가지 신통을 가진 선인들
모두 와서 부처님 계신 곳으로 나아갔다.

부처님께서 곧 신통력을 나타내어

바른 자세로 허공 가운데에 앉아

큰 광명을 널리 놓으시니

마치 아침 해가 빛나는 것과 같았다.

외도들은 모두 항복하고

백성들은 모두 다 귀의하여 받들었다.

어머니께 법을 설하시기 위하여

곧 도리천으로 올라가시어

석 달 동안 천궁에 계시면서

모든 하늘 사람들을 널리 교화하셨다.

어머니를 제도하여 은혜를 갚은 뒤

안거할 때가 지나서 돌아오실 적에

모든 하늘 대중들이 새의 깃털처럼 따르고

일곱 가지 보배 계단을 타고

염부제로 내려오셨나니

모든 부처님들 항상 내려오시던 곳이었다.

한량없는 모든 하늘 사람들

궁전을 따라 따르며 전송했고

염부제 임금과 백성들

모두 합장하고 우러러보았다.

(20장. 수기원정사품. 受祇園精舍品 終)

21장. 수재취상조복품(守財醉象調伏品)
– 술에 취한 코끼리를 조복받다.

21-1

하늘로 올라가 어머니와
모든 하늘 대중들을 교화하시고
인간 세상에 돌아와 다니시면서
인연 따라 교화를 행하셨다.

21-2

주티카, 지바카, 슐라, 추르나,
장자의 아들 앙가 또 무외 왕자,
니그로다, 슈리쿠타카, 니그란타 사람 우팔리
모두로 하여금 해탈을 얻게 하셨다.

21-3

간다라국의 왕
그 이름이 푸드갈라였는데
미묘한 법의 말씀을 듣고
나라를 버리고 출가하였으며
히미파티 귀신과
바타기리 귀신은
비바라는 산에서
조복하고 교화를 받았다.

21-4

파라연 바라문은

파사나 산중에서

반 구절 게송의 조그만 이치로써

조복하여 믿고 좋아하게 하셨으며

다나마티 마을에

구타단타란이 있었는데

이 이생의 우두머리는

생물을 많이 죽여 제사 지냈는데

21-5

여래께서 방편으로 교화하시어

그로 하여금 바른 도에 들게 하셨다.

저 비데하산에

큰 위덕을 가진 하늘의 신이 있었으니

그 이름이 반차시거였는데

법을 받고 결정됨에 들어갔다.

바이뉴스타 마을에서는

저 난타의 어머니를 교화하고

21-6

앙그라타리 성에서는

큰 힘 가진 귀신을 항복받았으며

바나바드라와

수루나단타 라고 하는

흉악한 힘센 용과

나라의 왕과 그 후궁들

모두 다 바른 법을 받아서

감로의 문을 열었다.

저 키 작은 이들이 사는 마을의

키나와 실라는

천상의 즐거움을 원하여 태어나기를 구했지만

교화하여 바른 도에 들게 하셨다.

앙구리마라를 위하여

저 수모촌에서는

신통의 힘을 나타내시어

교화하여 곧 조복되게 하셨다.

큰 장자의 아들

푸리지바나는

큰 부자로서 돈과 재물이 많았는데

푸나바티와 같이

곧 여래 앞에서

교화를 받고 널리 보시를 행하였다.

저 발제 마을에서는

저 발제리를 교화하시고

더불어 발타라

두 형제 귀신을 교화하셨다.

비다발리에

두 바라문이 있었는데

하나는 대수라 하였고

다른 하나는 범수라 하였는데

논의로써 조복 받아

바른 법에 들어오게 하셨다.

바이샬리성에 이르러서는

모든 나찰 귀신들을 교화하시고

또 리차비의 스승과 제자와

모든 리차비 대중과

살차 니그란타등

모두 바른 법에 들게 하셨다.

하마킨카바에서는

바다라 귀신과

바다라카 귀신과

바다라가마 귀신을 제도하셨으며

또 알라산에 이르러서는

알라바 귀신과

둘째 쿠마라와
셋째 아시다카를 제도하셨다.
돌아와 가야산에 이르러서는
칸자나 귀신과

21-12

바늘 털 가진 야차와
그 자매의 아들들을 제도하셨다.
또 바라나시에 이르러서는
저 가타야나를 교화하셨고
그런 다음에는 신통을 일으켜
추르나바라에 이르러서는
저 모든 상인들과
다바건니검을 교화하시고

21-13

그 전단으로 지은 집을 받으셨나니
묘한 향기가 지금까지도 흘러오고 있다.
마히바티에 이르러
카필라 선인을 제도하시고
존귀하신 분께서 그곳에 계시면서
발로 돌 위를 밟으셨을 때
천 폭의 쌍 바퀴가 나타났나니
영원히 닳아 소멸되지 않았다.

푸르나에 이르러서는
푸르나 귀신을 교화하시고
마투라 국에 이르러서는
고다나 귀신을 제도하셨다.
투라쿠사타에서는
라슈트라팔라를 제도하시고
비란야 마을에 이르러서는
여러 바라문들을 제도하셨다.

칼라마사 마을에서는
사바사신을 제도하시고
또 거기서는 저
아지리바사를 교화하셨다.
다시 사위국으로 돌아와서는
저 고타마와
자티수로나와
다카틸리를 제도하셨다.

코살라 국으로 돌아와서는
외도의 스승
바카라필리와
모든 바라문들을 제도하셨다.

사타바카의
고요하고 텅 빈 한가한 곳에 이르러서는
모든 외도의 선인들을 제도하시어
부처님의 신선의 길로 들어오게 하셨다.

21-17

아요다 국에 이르러서는
모든 귀신과 용들을 제도하였고
쿰빌라국에 이르러서는
두 악한 용왕을 제도했으니
하나는 금비라이고
다른 하나는 칼라카였다.
또 밧지 국에 이르러서는
야차 귀신을 교화하고 제도하였으니

21-18

그 이름은 피사였다.
나가라 부모와
큰 장자로 하여금
바른 법을 믿고 즐거워하게 하셨다.
코삼비국에 이르러서는
고시라와
두 우바이
파주울타라와

우바이의 도반을 교화 제도하시는 등
많은 무리들을 차례로 제도하였다.
간다라국에 이르러서는
아파라 용을 제도하셨다.
이와 같이 차례대로
허공에 다니는 것, 물과 땅에 사는 것들
모두 다 가셔서 교화하고 제도하시니
마치 해가 깊은 어둠을 비추는 것 같았다.

그 때 제바닷다는
부처님 덕이 특별하고 훌륭하심을 보고
마음속에 질투를 품어
모든 선정을 퇴보하고 잃어버리게 하려고
여러 가지 나쁜 방편을 지었으며
바른 법의 승단을 파괴하려고
기사굴산에 올라가서는
돌을 무너뜨려 부처님께 던졌으나

돌은 두 쪽으로 갈라져
부처님 좌우에 떨어졌다.
큰길의 곧고 편편한 길에
미치고 술에 취한 악한 코끼리를 풀어놓으니

367

술에 취한 코끼리를 조복받다.

벼락 치고 뇌성벽력 소리와 같았고

용맹스런 기운이 솟구쳐 구름을 이루었으며

가로 내치고 빨리 달리니

달리고 날뛰는 것이 사나운 바람 같았으니

21-22

코와 어금니와 꼬리와 네 발에

닿기만 하면 곧 꺾이지 않는 것이 없었으며

왕사성의 길거리마다

어지럽게 사람을 죽이고 해쳐

쓰러진 시체가 길에 깔렸고

골수와 피는 흘러내렸으며

일체 모든 남자와 여자들

두려워하여 문을 나서지 못하고

21-23

온 성 안은 모두 두려워 떨며

다만 놀라고 부르짖는 소리만 들렸으며

어떤 이는 성 밖으로 빠져 달아나고

어떤 이는 구멍으로 들어가 숨었다.

여래께서는 5백의 대중들과

때가 되자 성 안으로 들어오시니

높은 누각이나 창에 있던 사람들

부처님께 아뢰어 가시지 말라 하였으나

여래께서는 마음이 크게 편안하고
부드러운 얼굴에 두려운 빛 없이
오직 탐하고 질투하는 괴로움 생각하며
자애로운 마음으로 편안하게 하려 하였다.
하늘용의 무리 에워싸고 따르면서
미친 코끼리에게로 점점 나아가자
모든 비구들은 도망쳐 피해 가고
오직 아난과 더불어서 함께 계셨다.

21-25

마치 법은 갖가지의 모양이어도
하나의 본래 성품은 흔들림이 없는 것처럼
취한 코끼리 미쳐 날뛰더니
부처님을 뵙자 마음이 곧 깨어났으며
몸을 던져 부처님 발에 절하니
마치 큰 산이 무너지는 듯했고
연꽃의 손바닥으로 이마를 어루만지시니.
마치 해가 검은 구름을 비추는 것과 같았으며
부처님 발아래 꿇어 엎드리자
그를 위하여 법의 말씀을 설하였다.

21-26

"코끼리여. 큰 용을 해치지 말라.
코끼리는 용과 더불어 싸우기 어려우니

코끼리가 큰 용을 해치고자 하면
마침내 좋은 곳에 태어나지 못하리니,
탐욕, 성냄, 어리석음의 미혹되고 취함을
항복받기 어려우나 부처에게 이미 항복받았으니
그러므로 너는 오늘에 있어
마땅히 탐욕, 성냄, 어리석음을 버려라.
이미 괴로움의 수렁에 빠졌으니
버리지 않으면 더욱더 깊이 빠지리라."

21-27
그 코끼리는 부처님 말씀을 듣고
취한 기운 풀리고 마음이 곧 깨어나
몸과 마음에 안락을 얻게 되었나니
목말라 하다 감로를 마신 것과 같았다.
코끼리가 부처님의 교화를 받고 나니
나라의 모든 사람들이 기뻐하며
모두 희유한 일이라 찬탄하면서
갖가지의 공양을 베풀었다.

21-28
아래의 선한 이는 변하여 가운데 이루고
가운데 선한 이는 거듭 더하여 상위가 되며
믿지 않던 사람은 믿음을 일으키고
이미 믿음이 있던 자는 깊고 견고하여졌다.
그때 아사세 대왕은

부처님께서 술에 취한 코끼리를 항복받는 것을 보고
마음에 기이하고 특별하다는 생각을 일으키어
기뻐하고 몇 배나 더욱더 공경하였다.

21-29

여래께서 좋은 방편으로써
갖가지의 신통한 힘을 나타내시어
모든 중생을 조복 받으신 뒤에
능력에 따라 바른 법에 들게 하였나니
온 나라는 모두 착한 업을 닦아
세상의 시초 때의 사람과 같아졌다.

21-30

저 제바닷다는
악한 행위로 스스로 얽히고 묶여
전에는 신통력으로 날아다녔으나
지금은 무택 지옥에 빠져버렸다.

(21. 수재취상조복품. 守財醉象調伏品 終)

22장. 암마라녀견불품(菴摩羅女見佛品)
– 암마라녀 부처님을 친견하다.

22-1

세존께서는 널리 교화하여 마치시고
열반에 드실 마음이 일어나시어
저 왕사성을 출발하여
파탈리 푸트라 읍으로 가셨다.
거기에 도착하신 뒤로는
파탈리 차트야에 머무셨나니
그곳은 저 마가다의
변방에 있는 속국이었다.

22-2

그 나라의 왕인 바라문은
학식이 많고 경전에 밝았으며
나라의 안위를 우러러 상을 보는
그 나라의 앙관사였다.
마갈왕은 사자를 보내어
저 앙관사에게 명령하기를

22-3

"견고한 성을 쌓아 올려
그 이웃 강한 나라에 대비하라."하였다.

세존께서 그 땅에 대하여 말씀하셨다.

"하늘의 신이 보호하고 지키는 곳이니

그 안에 성곽을 쌓으면

오래도록 튼튼하여 위태롭고 망하지 아니하리라."

앙관사는 마음이 기뻐서

부처님과 가르침과 승단에 공양하였다.

부처님께서는 그 성문을 나가

항하의 강가로 가실 때

앙관사는 부처님을 깊이 존경하여

이름을 고타마 문이라 하였다.

항하 강가의 많은 사람들

모두 나와 세존을 맞이하고

갖가지의 공양을 베풀며

저마다 배를 마련하여 건너가시게 하였다.

세존께서는 그 많은 배중에서 하나만 쓰면

여러 사람 마음과 어긋나리라 생각하시고

곧 신통력을 부리시어

자신과 대중들의 몸을 숨기고

홀연히 이쪽 언덕에서 사라져

저쪽 언덕으로 건너가셨다.

지혜의 배를 타시고
중생을 널리 제도하셨으니
그 공덕의 힘으로 인연하여
강을 건널 때 배를 의지하지 않으셨다.
항하 강가의 많은 사람들은
같은 소리로 기이하다 외치고
모두들 말하기를 이 나루의 이름을
고타마 나루라 이름하였다.

성문은 고타마 문이고
나루 이름은 고타마 나루로서
그 이름 세상에 널리 퍼져
여러 대를 거치며 전하여왔다.
여래께서는 다시 앞으로 나아가
저 쿨리 마을에 이르러서는
법을 설하시어 많은 사람을 교화하셨고
다시 나디카 마을에 이르셨는데
사람들이 전염병으로 많이 죽자
친척들이 모두 와서 물었다.

"전염병으로 죽은 모든 친족들은
죽은 후에 어느 곳에 태어납니까."

부처님께서는 업의 과보를 잘 아시어
물음을 따라서 모두 말씀하여 주시고
앞서서 바이샬리로 가시어
암마라 숲속에 머무셨다.
저 암마라라는 여인은
부처님께서 그 동산에 이르시자 받들기 위하여
시녀 무리들을 거느리고
조용히 나와 받들어 맞이하였다.

22-11

모든 깊은 애정의 근원을 거두어 잡고
몸에는 가벼운 흰 옷을 입어
좋고 아름다운 옷을 버리고
몸소 목욕하고 향과 꽃으로 단장하였다.
마치 세상의 정숙하고 어진 여인이
깨끗한 소복 입고 하늘에 제사 지내는 듯
단정하고 아름다운 그 얼굴 모습이
마치 하늘의 아름다운 여인의 모습과 같았다.
부처님께서 멀리서 여인이 오는 것을 보시고
여러 비구들에게 말씀하였다.

22-12

"저 여인은 지극히 단정하여
능히 수행자의 마음을 머무르게 하리니

너희들은 마땅히 바른 생각과
지혜로써 그 마음을 진정시켜라.
차라리 사나운 호랑이 입이나
미친 사내의 예리한 칼 아래 있을지언정
여인에 대하여
애욕의 정을 일으키지 않아야 하느니라.

22-13

여인이 아름다운 자태를 나타내어서
만약 다니거나, 머무르거나, 앉았거나, 누웠거나,
더 나아가서는 그 그림에 이르기까지
모두 괴이한 모습의 얼굴을 드러내어
사람의 착한 마음을 겁탈하나니
어떻게 스스로 방어하지 않겠는가.
울고, 웃으며, 기뻐하고, 성내며,
멋대로의 몸짓으로 어깨를 떨구고

22-14

혹은 흩은 머리나 기울어진 머리 묶음도
오히려 사람의 마음을 어지럽게 하거늘
하물며 다시 얼굴 꾸미고
묘한 얼굴 모양 나타내면서
장엄한 꾸밈으로 천한 모양 숨겨
어리석은 사내를 유혹하고 호리니
어진 생각을 미혹하고 어지럽게 하여

추하고 더러운 모습을 깨닫지 못하게 하느니라.

22-15

마땅히 항상 함이 없고 괴로우며
깨끗하지 못하고 나의 것은 없다고 관찰하여
그 참된 모양을 자세히 봄으로써
탐욕의 생각을 없애야 하느니라.
스스로 경계를 바르게 관찰하면
하늘의 여인이라도 오히려 좋아할 것이 없겠거늘
하물며 다시 인간 세계의 탐욕이
능히 사람의 마음을 붙들 수 있겠는가.

22-16

마땅히 정진의 활을 쥐고
지혜의 칼날과 예리한 화살로
바른 생각의 두꺼운 갑옷을 입고
다섯 가지 탐욕과 결전하여라.
차라리 뜨거운 쇠창으로써
두 눈을 찔러 뚫을지언정
애욕을 가진 마음으로써
여색을 보지 않아야 하리라.

22-17

애욕은 그 마음 미혹시켜
여색에 현혹되게 하나니
어지러운 생각으로 목숨 마치면

반드시 세 가지의 나쁜 길에 떨어지리라.
그러므로 나쁜 길의 괴로움을 두려워하여
여인의 속임을 받지 않아야 하며
감각기관이 경계에 얽어 매이지도 말고
경계를 감각기관에 얽어 매이지도 말라.

그 가운데서 탐욕의 생각은
감각기관을 경계에 얽어매기 때문이니라.
마치 두 마리의 밭가는 소가
한 멍에 한 굴레에 매인 것 같아서
소가 서로를 얽어맨 것이 아니니
감각기관의 경계도 또한 그러하니라.
그러므로 마땅히 마음을 제어하여
함부로 방일하지 말지니라.”

부처님께서 모든 비구들을 위하여
갖가지로 법을 설하여 마치시자
저 암마라 여인이
점차 세존 앞에 다가왔다.
부처님께서 나무 아래에 앉으시어
선정에 고요히 들어 사유하시는 것을 보고
생각하기를 ‘부처님께서 큰 자비의 마음으로
연민하여 나의 숲을 받으셨으면’하였다.

단정한 마음으로 태도를 가다듬어
본래의 아름답고 고운 정을 그치고
공경하는 모습으로 마음이 지극하여
머리 조아려 발에 대고 예배하였다.
세존께서 앉으라 하시고
마음에 따라서 법을 설하셨다.

"그대의 마음이 이미 순수하고 고요하며
덕 있는 모습 밖으로 드러나도다.
젊은 나이에 재물과 보배는 풍족하고
덕을 갖추고 좋은 얼굴 겸하고도
능히 바른 법을 믿고 좋아하나니
이것은 곧 세상에서 어려운 일이니라.
장부로서 나이 들고 지혜 있어서
법을 좋아하는 것 기특한 일 아니지만.

여인은 정과 뜻이 약하고
지혜는 옅고 애욕은 깊은데도
능히 바른 법을 좋아한다면
그것은 또한 매우 어려운 일이니라.
사람이 이 세간에 태어났으면
오직 응당 진실로 법을 즐겨야 하느니라.

재물과 색은 항상 하는 보배가 아니요
오직 바른 법만이 진귀한 것이니라.

22-23
강하고 좋던 건강도 병으로 무너지고
젊음도 늙음으로 변하게 되며
목숨은 죽음으로 괴로움을 받지만
수행하는 법만은 능히 침노할 수 없느니라.
사랑하는 것도 떠나지 않는 것이 없고
사랑하지 않는 것도 억지로 만나며
구하는 것도 뜻대로 얻지 못하나니
오직 법만은 마음을 따라 이루어지느니라.

22-24
다른 이의 힘은 큰 고통이 되지만
자재한 힘은 큰 기쁨이 되나니
여인은 모두 타인의 힘에 의지하고
아울러 타인의 자식 품는 고통이 있으니
그러므로 마땅히 생각하고 생각하여
여인의 몸을 싫어하여 벗어나야 하느니라."

22-25
저 암마라 여인이
법을 듣자 마음에 환희심이 일어나서
굳건한 지혜 더욱이 밝아져
능히 애욕을 끊을 수 있었다.

곧 스스로 여인의 몸을 싫어하고
경계에도 물들지 않아
비록 남루한 형상 부끄럽긴 하였으나
법의 힘은 그 마음 따랐기에
머리를 조아리며 부처님께 아뢰었다.

22-26

"이미 존귀하신 분의 받아들임을 입었습니다.
가엽게 여기셔서 깨끗한 공양을 받아주시어
그 뜻한 소원을 이루게 하여 주옵소서."

22-27

부처님께서 그 정성스런 마음을 아시고
아울러 모든 중생이 이익 되기를 위하여
잠자코 그의 청을 받아 주시어
그로 하여금 곧 기쁘고 기쁘게 하시자
눈과 귀가 한층 더 더욱 밝아져서
예배하고 집으로 돌아갔다.

(22장. 암마라녀견불품. 菴摩羅女見佛品 終)

제 5 권

23장. 신력주수품(神力住壽品)
– 신력으로 목숨 중에 머무시다.

23-1

그때 바이샬리의
모든 리차 장자들은
세존께서 나라에 들어오시어
암마라의 동산에 머무신다는 말을 듣고
어떤 이는 흰 수레를 타고
흰 일산에 흰 옷을 입고
푸르고, 빨갛고, 노란 빛깔로써
그들의 무리들은 제각기 다른 거동이었다.

23-2

따르는 무리들은 앞뒤로 에워싸고
경쟁하며 서로 길을 나아갔다.
하늘의 관을 쓰고 꽃무늬의 좋은 옷을 입고
보배 장신구로 장엄하니
위엄스런 모양은 밝고 빛나고 성대하여
그 동산의 숲을 더욱더 빛나게 하였다.
다섯 가지 위의를 제거하여 버리고
수레에서 내려 걸어서 나아갈 때

거만함을 버리고 공손한 모습으로
부처님 발에 머리 대어 예배하고
대중들은 부처님을 에워쌌는데
마치 해의 둘레를 겹으로 비추는 것 같았다.
리차 중에 이름이 사자라는 이 있었으니
모든 리차들의 장자로서
덕의 용모는 사자와 같았으며
그 위치는 사자의 신하였지만
사자는 교만을 멸해 없애고
석가족 사자의 가르침을 받았다.

"그대들은 큰 위엄과 덕망이 있고
이름난 종족에 아름다운 풍채가 있으나
능히 이 세상의 교만을 제거하고
법을 받음으로써 밝음을 더하여야 하느니라.
재물과 색과 향과 꽃의 장식도
계율의 장엄함과는 같지 못하며
나라의 풍족하고 안락함이
오직 그대들의 영화이니라.

몸을 영화롭게 하고 백성을 편안하게 하는 것
그 마음 잘 다루는 데 있나니

법을 좋아하는 마음 거기 더하여
그 덕을 갈수록 더욱 높게 하여야 하느니라.
땅이 척박하고 사람의 마음이 비루하면
능히 많은 어진 이들을 모을 수가 없느니라.
마땅히 날로 그 덕을 새롭게 하여
만백성을 어루만져 길러야 하느니라.

23-6

대중을 인도하기를 밝고 바르게 함으로써
마치 소의 왕이 나루를 건너듯 하여야 하느니라.
만일 사람이 능히 스스로
이 세상과 다음 세상을 생각하거든
오직 마땅히 바른 계율을 닦아야
복과 이익이 있어 두 세상이 편안하고
여러 대중들에게 존경을 받으며
이름과 명성이 널리 흘러 퍼지고

23-7

어진 사람이 벗이 되기를 좋아하며
덕의 흐름이 영원히 다함이 없으리라.
산과 수풀과 보배와 구슬과 돌은
모두 다 땅을 의지하여 생겨나나니
계의 덕도 또한 땅과 같아서
모든 착함도 그것을 말미암는 바이니라.
날개 없이 허공을 날려 하고

강을 건너려 할 적에 좋은 배가 없는 것처럼

23-8

사람으로서 계율의 덕이 없으면
괴로움을 벗어나기가 실로 어려우리라.
마치 나무에 아름다운 꽃과 열매가 있다 하여도
가시가 있으면 가히 휘어잡기가 어렵듯이
많이 알고 아름다운 얼굴의 힘이 있으면서
계율을 깨뜨리는 자는 또한 그러하느니라.
훌륭한 집에 단정히 앉아
왕의 마음으로 스스로 장엄하고

23-9

깨끗한 계율의 공덕을 갖추어
큰 선인을 따라 바르게 나아가야 하느니라.
털이나 가죽으로 된 옷을 물들여 입고
소라 상투에 수염과 머리를 깎더라도
계율의 덕성을 닦지 아니하면
장차 모든 괴로움과 어려움을 건널 수가 있겠느냐.
밤낮으로 세 번씩 목욕하고
불을 받들어 고행을 닦으며

23-10

더러운 들짐승에게 몸뚱이 주고
물이나 불에 빠지거나 절벽에 몸 던지기도 하며
떨어진 열매나 풀뿌리를 먹거나

신편으로 목숨 중에 끼우시다.

공기를 들이켜고 항하의 물을 마시기도 하며
기를 마시고 곡기를 끊는다고 하더라도
바른 계율을 멀리 떠나면
그것은 짐승의 길을 익히는 것일 뿐
바른 법의 그릇이 될 수가 없음이라.

23-11

계율을 깨뜨려 비방을 부르는 것
어진 사람으로서 친할 바가 아니니라.
마음에는 언제나 두려움을 품고
나쁜 이름은 그림자처럼 따르고
현세에서는 아무런 이익이 없나니
다음 세상에 어떻게 편안함을 얻겠느냐.
그러므로 지혜로운 사람은
마땅히 청정한 계율을 닦아야 하나니

23-12

태어나고 죽음의 넓은 들판에서
계율은 좋은 길잡이가 되느니라.
계율을 지님은 스스로의 힘씀에 있나니
그것은 곧 어려운 것이 아니요
깨끗한 계율은 사다리가 되어
사람으로 하여금 하늘에 오르게 하느니라.
깨끗한 계율을 이루었다고 하는 자
그것으로 말미암아 번뇌가 적어지게는 되지만

모든 허물은 그 마음을 깨뜨리고
좋은 공덕을 상실하게 되느니라.
먼저 마땅히 나의 것이라는 것에서 벗어나라.
나의 것이라 하는 것이 모든 선함을 덮나니
마치 재가 불을 덮고 있으면
발로 밟아야 뜨거움을 깨닫는 것과 같아서
교만이 그 마음을 덮어버림은
곧 해가 두터운 구름에 가린 것과 같고

게으름은 부끄러워함을 없애고
근심과 슬픔은 강한 의지를 약하게 하며
늙음과 질병은 건강한 몸을 무너뜨리고
나라고 하는 거만은 모든 선함을 멸하느니라.
모든 하늘의 아수라들은
탐하고 미워하여 싸움과 논쟁을 일으켜서
모든 공덕을 다 상실하는 것은
모두 다 나라는 거만을 품기 때문이니라.

'나는 뛰어난 가운데서 뛰어나다고 하거나
나의 덕은 뛰어난 사람과 동등하다고 하거나
나는 뛰어난 사람보다 열등하다'고 하면
이는 곧 어리석은 사람이 되느니라.

모양의 무더기들은 모두 항상 함이 없는 것이어서
흔들려 움직여서 잠깐도 머무르지 않으며
마침내는 없어지는 법이 되고 말지니
어찌하여 거만하고 게으름을 부릴 수 있겠는가.

23-16
탐욕이란 큰 근심거리가 됨이니
거짓으로 친한 체하나 은밀하게 원수가 되며
사나운 불은 그 안에서 일어나나니
탐욕의 불도 또한 다시 그러하여
탐욕이 왕성하게 타오르면
이 세계의 불보다 더욱더 심하리라.
왕성한 불길은 물로 능히 끌 수 있지만
탐욕과 애욕만은 가히 녹이기가 어렵나니.

23-17

사나운 불길이 넓은 들판을 태울 적에
풀은 다 타도 다시 살아나지만
탐욕의 불길이 마음을 태우면
바른 법은 다시 나기가 어려우며
탐욕은 세상의 쾌락을 구하지만
쾌락은 깨끗하지 못한 업만 더하노라.
나쁜 업은 나쁜 길에 떨어지게 하고
원수 치고 탐욕보다 더한 것이 없고

탐욕은 곧 애욕을 일으키고
애욕은 곧 모든 탐욕을 익히며
탐욕을 익히면 모든 고통을 초래하니
근본악은 탐욕보다 더한 것이 없음이라.
탐욕은 곧 큰 병이 되건만
어리석은 사람은 지혜의 약을 쓰지 아니하고
그릇된 깨달음으로 바른 생각을 못하여
능히 탐욕만을 더하게 하느니라.

항상 함이 없음과, 괴로움과, 깨끗하지 못함에는
나라는 것도 없고, 나의 것이란 것도 없음이라.
지혜롭고 진실한 관찰이라야
능히 저 그릇된 탐욕을 없애느니라.
그러므로 경계에 대하여
마땅히 진실한 관찰을 닦아야 하나니
진실한 관찰이 반드시 일어나야
탐욕에서 해탈을 얻을 수가 있느니라.

덕을 보거든 탐욕을 일으키고
허물을 보거든 성냄을 일으켜라.
덕과 허물을 한꺼번에 잊으면
탐욕과 성냄이 제거되고 꺼짐을 얻으리라.

389

신명으로 목숨 중에 머무시다.

성냄과 분노는 본래의 모양을 변하게 하여
능히 단정한 모습을 무너뜨리며
성냄과 분노는 밝은 눈을 가려서
법의 이치를 듣고자 함을 해치며

23-21
친하고 사랑하는 의리를 단절하여
세상의 업신여김과 천대를 받나니
그러므로 마땅히 성냄을 버려
분노의 마음을 따르지 마라.
능히 어리석고 분노의 마음을 제어하는 것
그것을 훌륭한 제어하는 자라 하나니
세상에서 일컫는 훌륭한 말 조련사란
그 말의 고삐를 잘 잡는 말잡이이니라.

23-22
제멋대로 화를 내어 스스로가 억제하지 못하면
근심과 후회의 불이 따라서 타오르리라.
만일 사람이 노여움과 분노를 일으키면
먼저 자신의 그 마음부터 태우고
그 다음에는 남에게 가해져
혹은 타거나 혹은 타지 않거나 하여
태어남, 늙음, 병듦, 죽음의 고통으로
많은 이들을 억누르고 괴롭히느니라.

다시 분노의 해함을 더하여
많은 원한에 다시 원한을 더하여
세상의 모든 고통스런 핍박함을 보거든
마땅히 자비스런 마음을 일으켜라.
중생이 번뇌를 일으키는 것
많고 적음의 한량없는 차이가 있느니라."

여래께서 좋은 방편으로써
병에 따라 간략하게 말씀하시니
비유하면 세상의 훌륭한 의사가
병에 따라 약을 주는 것과 같았다.
그때 모든 리차들이
부처님의 설하시는 법을 듣고
곧 일어나 부처님의 발에 예배하고
기뻐하면서 공손히 받들고

청하기를 부처님과 대중들에게
내일 소박한 공양을 받아 주시라 하였다.
부처님께서 모든 리차들에게
이미 "암마라의 초청을 받았노라." 말씀하시자
리차들이 아깝게 생각하여 책망하며
어찌 우리의 이익을 빼앗느냐 하였다.

부처님의 평등하신 마음을 알고
곧 따라서 기뻐하는 마음을 일으켰다.

23-26
여래께서는 마땅함을 잘 따라
편안하게 위로하여 그 마음을 기쁘게 하고
살피고 교화하여 진실하게 익혀서 돌려보내니
마치 뱀이 혹독한 주문을 입은 것과 같았다.
밤이 지나고 먼동이 틀 무렵
부처님께서는 더불어 많은 대중들과 함께
암마라의 집으로 나아가
그의 공양을 받아 마치신 다음

23-27
벨루 마을로 가시어
그곳에서 여름 안거를 지내시고
석 달 안거를 마치신 뒤에
다시 바이샬리로 돌아오셨다.
원숭이들이 사는 못가에 계시면서
고요히 숲 속에 앉아
큰 광명을 널리 놓으시어
악마 파순을 감동시켰다.
그는 부처님 계신 곳으로 나아가
합장하고 권하고 청하여 말하였다.

"옛날 니련선하 강가에서
이미 진실한 서원을 세우셨을 때
'나는 하여야 할 일을 마친 뒤에는
마땅히 열반에 들리라'고 하셨습니다.
이제 하여야 할 일을 이미 마치셨으니
마땅히 본래의 마음을 따라야 합니다."

그때 부처님께서 파순에게 말씀하셨다.
"멸도할 시기가 멀지 않았느니라.
이제 앞으로 삼 개월이 차면
마땅히 열반에 들어가리라."

그때 마군은 여래께서 이미
멸도 할 시기가 되었음을 알고
그 마음 원하는대로 이미 만족스러워
환희하며 천궁으로 돌아갔다.
여래께서는 나무 아래에 앉으시어
삼매에 들어감을 바르게 받아
업의 과보로 받은 수명을 놓아 버리고
신통한 힘으로 목숨을 보존하셨다.

여래께서 수명을 버리시자

대지는 두루 진동하였고
시방의 모든 허공의 경계에서는
온통 큰불이 타 올랐다.
수미산 정상은 무너져 내리고
하늘에서는 조약돌이 비처럼 날리며
모진 바람 사방에서 세차게 불어
나무들은 모두 꺾이고 부러졌다.

23-32

하늘 음악은 구슬픈 소리로 연주되고
하늘 사람들은 기쁨을 잊었다.
부처님께서 삼매에서 일어나시어
모든 대중들에게 두루 말씀하셨다.

23-33

"나는 이제 이미 수명을 버렸으므로
삼매의 힘으로 몸을 보존하지만
몸은 썩고 부서진 수레와 같아서
다시는 가고 오는 인연이 없노라.
이미 세 가지 있음을 벗어났으니
새가 알을 깨고 나온 것과 같음이니라."

(23장. 신력주수품. 神力住壽品 終)

24장. 리차사별품(離車辭別品)
– 부처님이 리차비를 떠나시다.

24-1

존자 아난다는
천지가 크게 진동하는 것을 보고
마음으로 놀라 몸의 털이 곤두서서
부처님께 "어떠한 인연입니까"하고 여쭈었다.

24-2

부처님께서 아난다에게 말씀하셨다.
"나의 수명이 석 달 동안 머무를 것이며
다른 목숨과 행은 모두 다 버렸느니라.
그러므로 땅이 크게 흔들렸느니라."

24-3

아난은 부처님의 말씀을 듣고
슬픈 마음에 눈물이 줄줄 흘러내려서
마치 매우 힘센 코끼리가
전단나무를 잡아 흔들 적에
요동치어 나무의 결이 오므라들어서
향기로운 즙이 흘러내리는 것과 같았다.
큰 스승님을 가까이하고, 존경하며,
은혜 깊고, 탐욕을 여의지 못한
오직 이 네 가지 일로 말미암아

슬픔과 괴로움을 스스로 견딜 수가 없었다.

24-4
"저는 이제 세존께서
열반에 들기로 결정하였다는 말씀을 듣고
온몸이 모두 풀리고 힘이 빠져서
방향을 잃고 평소의 목소리는 변하며
들었던 법은 모조리 잊고
황망하고 두려워 천지를 잃은 듯합니다.
원망스럽습니다. 구세주이시여,
멸도하심이 어찌 그리 빠르십니까.

24-5
찬물을 만나 죽을 것 같았을 적에
불을 만났으나 갑자기 다시 꺼져 버리듯이
번뇌의 넓은 들에서
그 가야 할 길을 잃고 헤맬 적에
문득 훌륭한 길잡이를 만났으나
미처 건너지 못하고 다시 잃은 듯이
마치 사람이 넓은 사막을 걸어갈 적에
덥고 목마르나 물을 오래 구하지 못하다가

24-6
홀연히 맑고 시원한 우물을 만났지만
달려가자 모두 말라버린 것과 같습니다.
검푸른 눈썹 조용한 눈동자는

삼세의 일을 분명하게 보았고
지혜로 그윽한 어둠을 비출 때
어둠은 어찌 신속한 것입니까.
이것은 마치 메마른 땅의 싹이
구름 끼자 비 오기를 바랐지만

24-7

사나운 바람에 구름이 신속히 걷혀서
하염없이 빈 밭만 지키는 것과 같습니다.
지혜가 없는 큰 어둠 속에서
중생들 모두 방향을 잃었을 때
여래는 지혜의 등불을 밝히셨는데
갑자기 꺼지면 헤어날 길이 없을 것입니다."

24-8

부처님께서 아난의
슬프게 호소하는 가슴 아픈 간절한 말을 듣고
부드러운 말로 위로하시면서
그를 위하여 진실한 법을 말씀하였다.

24-9

"만일 사람이 스스로의 성품을 알면
응당 근심과 슬픔 속에 있지 않을 것이니라.
일체의 모든 더함이 있는 것
모두 다 닳아서 없어지는 법이니라.
나는 이미 너에게 말하였나니

만남과 모여짐의 성품은 이별하는 것이요
은혜와 애정의 이치는 항상 하지 않나니
마땅히 슬퍼하고 연민하는 마음을 버려야 하느니라.

24-10

더함이 있어서 흘러가고 움직임이 있는 법
나고 멸하여 진실로 존재하는 것이 아니니
오래도록 존재하려 하더라도
끝내는 그리될 머무름이 없느니라.
만일 더함이 있는 법 항상 존재하여
옮겨져 변하는 일 있지 아니하다면
그것은 곧 해탈이니
무엇을 다시 구한단 말인가.

24-11

너와 또 다른 중생들
이제 나에게서 무엇을 구하려 하는가.
너희들이 마땅히 얻어야 할 것을
나는 이미 말하여 마쳤느니라.
나의 이 몸을 무엇에 쓰려 하는가.
묘한 법의 몸은 길이 존재하며
나는 나의 평온하고 고요함에 머무나니
오직 중요한 것은 여기에 있느니라.

24-12

그러므로 나는 중생들에 대해서

일찍이 게을리한 적이 없었나니
마땅히 싫어하고 벗어날 생각을 닦아
자신의 섬에 잘 머물러야 하나니라.
마땅히 알라. 자신의 섬이란
오로지 정성을 다하고 부지런한 방편으로써
홀로 고요하고 한가한 곳에서 닦고
다른 것 믿어 따르지 않아야 하느니라.

24-13

마땅히 알라. 법의 섬이란
결정하건대 밝은 지혜의 등불로써
능히 어리석음의 어둠을 제거하고
네 가지 경계를 두루 관찰하여
훌륭한 법을 체득하여
나와 나의 것에서 떠나야 하느니라.
뼈와 줄기에 가죽과 살을 바르고
피로 물대고 힘줄로 얽었나니

24-14

자세히 관찰하면 모두 다 더러운 것
어떻게 이 몸을 좋아할 수 있겠는가.
모든 받음은 인연을 따라서 일어나는 것
마치 물 위의 거품 같아서
일어나고 멸하며 항상 함이 없고 괴로움이니
즐겁다는 생각을 멀리 떠나야 하느니라.

마음의 의식은 일어나고 머물고 멸하여
새롭게 새롭게 잠시도 머무르지 않나니

24-15
적멸을 깊이 생각하여 보면
항상 하다는 생각은 영원히 어긋나리라.
갖가지의 행은 인연으로 일어나,
모였다가, 흩어졌다가, 항상 함께하지 않건만
어리석은 사람은 나라는 생각을 일으키고
지혜로운 사람은 나의 것이란 없다 하느니라.
이 네 가지 경계에 대하여
깊이 생각하고 바르게 관찰하여라.

24-16
이것은 곧 일승의 도이니
모든 괴로움을 모두 다 멸하느니라.
만일 능히 여기에 머물러
진실하고 바르게 관찰한다면
부처의 몸은 있고 없고 하지만
이 법은 영원하여 다함이 없느니라."

24-17
부처님께서 이 묘한 법을 말씀하시어
아난의 몸을 편안하게 하고 마음을 위로하실 때
모든 리차들은 이 말을 듣고
황송하고 두려워하며 모두 모여들었다.

모두 세속의 위의를 버리고
부처님 계신 곳으로 달려와
예배 마치고 한쪽에 앉아
묻고 싶어도 능히 말하지 못하였다.
부처님께서는 그 마음 이미 아시고
맞이하여 방편으로 말씀하셨다.

24-18
"내 이제 너희들을 관찰하여 보니
마음에 이상한 생각이 있구나.
세속에 인연들을 힘써 놓아 버리고
오직 법을 생각하는 마음이 되어라.
너희들은 지금 나에 대하여
묻고 싶고 알고 싶은 것이 있어도
내가 목숨을 마치는 때에
부디 근심하거나 슬픔을 일으키지 마라.

24-19
항상 함이 없는 더함이 있는 성품은
시끄럽고 움직이고 변화하고 바뀌는 법으로
견고하지도 아니하고 이익도 없어
오래 머무르는 모양이 있지 아니하느니라.
옛날의 모든 선왕들과
파사타 같은 선인과
만타 전륜성왕 같은 이들

그들도 견주어 또한 무리들이 많았노라.

24-20
이와 같이 모든 훌륭한 조상들
그 힘은 자재천과 같았지만
모두 다 이미 오래전에 없어져
누구 하나 지금은 존재하는 사람이 없노라.
해와 달과 제석천
그 수도 또한 매우 많았지만
모두 다 끝마쳐 없어져 사라져서
오래도록 남아 있는 것이 없느니라.

24-21
과거 세상의 모든 부처님들
수는 항하의 모래알 같아서
지혜로 온 세간을 비추었으나
모두 다 등불처럼 소멸하였느니라.
미래 세상의 모든 부처님들
장차 멸할 것도 또한 그러하나니
나 홀로 이제 어찌 다르겠는가.
마땅히 열반에 들어야 하느니라.

24-22
저기 제도해야 할 이 응당 있으니
이제 마땅히 앞으로 나아가리라.
바이샬리는 쾌활하고 즐거운 곳이라

너희들은 장차 스스로 편안하리라.
세간은 의지하고 믿을 것이 없고
삼계도 족히 즐거워할 것이 없나니
마땅히 근심하고 슬퍼하는 괴로움 그치고
탐욕의 마음에서 벗어남을 일으켜야 하느니라."

24-23

결단하여 영원히 이별한 후에
북방으로 나아가 거니실 적에
느릿느릿 먼 길을 걸어가심이
마치 해가 서산에 기우는 것과 같았다.
그때 모든 리차들은
슬피 탄식하고 길을 따라 걸어가며
하늘을 우러러 슬퍼하고 탄식하였다.

24-24

"아아, 얼마나 괴상한 일인가.
몸은 마치 진금산과 같고
모든 형상은 장엄함을 갖추었거늘
장차 머지않아 무너지려 하는구나.
항상 함이 없음은 어이 그리 자비도 없는가.
나고 죽음에 오래 목말랐는데
여래께서는 지혜의 어머니셨건만
지금 갑자기 놓아 버리시니

구원 없는 괴로움을 어떻게 하리오.
중생은 오랫동안 어둠 속에 살면서
밝은 지혜 빌려서 길을 갔거늘
어찌하여 그 지혜의 해는
갑자기 그 빛을 감추려 하는가.
지혜가 없음은 빠른 흐름이 되어
모든 중생을 띄워서 흘려보내네.
어찌하여 법의 다리는

하루아침에 갑자기 끊어지는가.
자비하신 큰 의왕은
위없는 지혜의 좋은 약으로
중생의 고통을 치료해 주시더니
어찌하여 갑자기 멀리 가시는가.
자비의 묘한 하늘 깃대는
지혜로 장엄하고
금강의 마음으로 얽어매어

세간 사람들 보고 싫증내지 않았건만
사당의 장엄하고 훌륭한 깃대가
어찌하여 하루아침에 꺾이며
중생은 얼마나 복이 엷기에

나고 죽음의 흐름에 윤회하는가.
해탈의 문은 갑자기 닫혀버려
길이 괴로워하며 벗어날 기약이 없구나.
여래께서는 잘 편안하게 위로하시더니
정을 끊고 길이 하직하시는구나."

24-28

마음을 억제하여 슬픔과 그리움을 참음이
시든 카르니카라 꽃과 같았다.
배회하고 느릿느릿 걸으면서
슬퍼하고 원망하며 길을 따라가니
마치 그 어버이 잃은 사람이
장사 치루고 길이 이별하고 돌아옴과 같았다.

(24장. 리차사별품. 離車辭別品 終)

25장. 열반품(涅槃品)
– 부처님이 대열반에 이르시다.

부처님께서 열반하실 곳으로 떠나시자
바이샬리는 텅 비고 공허하여
마치 밤에 어두운 구름이 끼어
별과 달이 그 광명을 잃은 것과 같았다.
온 나라가 먼저는 안락하였으나
이제는 갑자기 시들고 생기를 잃음이
마치 사랑하는 아버지를 잃은
외로운 딸이 홀로 슬퍼하는 것과 같았다.

단정하지만 들어 아는 게 없고
총명하지만 덕이 없으며
마음으론 분별하나 말이 어눌하고
지혜는 밝으나 재주가 모자라며
신통은 있으나 위의가 없고
자비심은 있으나 거짓이 많으며
고상하고 훌륭하나 힘이 없으며
위의는 있으나 법이 없는 것과 같이

바이샬리도 또한 그러하여

본래는 영화로웠으나 지금은 피폐해
마치 저 가을밭에 곡식의 싹이
물을 잃고 다 말라 시든 것과 같았다.
혹은 불이 꺼져서 연기가 없고
혹은 음식에 대하여도 먹는 것을 잊으며
모든 공적이건 사적이건 하던 일 멈추고
모든 세속의 인연을 행하지 아니하고

25-4

부처님만 생각하며 은혜에 깊이 감동하여
모두 입 다물고 말을 아니하였다.
그때 사자 리차는
그 근심과 슬픔을 억지로 참으며
울음을 쏟으며 흐느끼는 소리를 내어
연민하는 마음을 나타내었다.

25-5

"모든 그릇된 길을 부수어 깨뜨리고
바른 법을 나타내 보이셨으며
모든 외도들을 이미 항복받으셨는데
끝내 가버리시고 다시는 돌아오지 않으시려는가.
세상이 끊어지고. 세상의 길도 떠나버렸으니
항상 함이 없음은 큰 병이 되었네.
세존께서 대열반에 드신다면
의지할 곳도 없고 구제할 이도 없음이라.

가장 훌륭한 방편 가지신 높은 이

최후의 경지에서 광명을 감추시니

우리들 이제 굳센 뜻 잃음이

마치 불 지필 그 섶나무 없어짐과 같음이라.

세존께서는 세상의 그늘 됨을 버리셨으니

중생들 깊고 더없이 가여워라.

마치 사람이 신통한 힘을 잃은 듯이

온 세상 함께 슬퍼짐이라.

더위를 피하여 시원한 못에 들고

추위를 만나 불을 의지하듯이

하루아침에 모두 다 텅 비고 나면

중생들은 어디로 돌아가야 할 것인가.

특별하고 훌륭한 법 밝게 통달하신

세상의 기쁨을 늘어나게 하는 스승이셨는데.

세간은 바른 주인을 잃었으니

사람이 도를 잃으면 곧 멸망할 것이리라.

늙음, 병듦, 죽음이 자유자재하여서

도가 없고 도 아닌 것이 통할 적에

능히 큰 괴로움의 버팀목이 무너졌으니

세간에 어느 누가 그와 견줄 것인가.

지극히 뜨거운 큰 불길이 성하여도
큰 구름의 비로 그것을 끌 수 있듯이
탐욕의 불길 맹렬히 타오름은
그 누가 능히 그것을 꺼지게 할 것인가.

25-9

튼튼하고 굳세어 능히 짐 져 주시던 분
이미 이 세상 무거운 짐을 버리셨으니
다시 어떠한 지혜의 힘이 있어서
능히 청하지 않은 벗이 될 수 있겠는가.
마치 저 사형당할 죄인이
죽음에 이르러서 술에 취한 것과 같고
저 중생들의 미혹한 의식은
오직 죽게 되서야 일어남을 받음이라.

25-10

날카로운 톱으로 목재를 켜듯
항상 함이 없음은 세간을 끊어 가르건만
어리석음의 어둠은 깊은 물이 되고
애정의 탐욕은 큰 물결이 되며
번뇌는 거기 뜨는 물거품이 되고
그릇된 견해는 마갈의 고기가 되는데
오직 어떠한 지혜의 배로
능히 이 큰 바다를 건널 것인가.

모든 병은 나무의 꽃이 되고
쇠하고 늙음은 그 나무의 잔가지가 되며
죽음은 나무의 깊은 뿌리가 되고
있음의 업은 그 나무의 싹이 되는데
굳세고 날카로운 지혜의 칼만이
능히 세 가지 있음의 나무를 끊어버림이라.
무명은 부시와 부싯돌이 되고
탐욕은 타오르는 불꽃이 되며

다섯 가지 욕망의 경계는 섶나무이니
지혜의 물로써 그것을 끄셨네.
특별하고 훌륭한 법을 두루 갖추어
이미 어리석은 어둠을 깨뜨리고서
편안하고 고요한 바른 길 보아
모든 번뇌를 끝까지 다하셨네.
자비로 모든 중생 교화하실 적에
미운이건 친한 이건 다르게 하지 않으셨고

일체의 지혜를 통하여 아셨건만
이제는 그 모두 버리셨네.
유연하고 아름답고 청정한 음성
방정한 몸에 가늘고 긴 팔

대 선인도 끝이 있으니
어떤 사람인들 다함이 없으리오.
마땅히 세월의 흐름이 신속함을 깨달아
응당 힘써 바른 법을 구하되

25-14

마치 험한 길에서 물을 만났을 때
물마시고 신속하게 길을 나아가듯이
항상 함이 없음이란 매우 사납고 거슬려
두루 무너뜨림에 귀하고 천함이 없나니
바른 관찰을 마음에 두어
비록 자더라도 또한 항상 깨어 있어야 하리라.”

25-15

그때 저 리차 사자는
언제나 부처님의 지혜를 생각하며
나고 죽음을 싫어하여 벗어나려고
사람의 사자를 찬탄하고 존경 하였다.
세상의 은혜와 애정을 두지 아니하고
탐욕을 떠난 덕을 깊이 받들어
가볍고 조급한 마음을 꺾어 항복받으며
한적하고 고요한 곳에 마음을 두었다.

25-16

부지런히 나눔을 닦아 행하고
교만한 마음을 멀리 버리며

혼자서 한가롭게 살기를 좋아하여
오직 진실한 법만을 깊이 생각하였다.
그때 일체의 지혜를 가지신 분
원만한 몸을 사자처럼 돌려
그 바이샬리를 돌아보고
하직하며 나아가시면서 게송을 읊으셨다.

25-17
"이제 나의 최후의 일은
여기 바이샬리에서 떠나
힘센 이들이 사는 곳으로 가서
마땅히 열반에 들리라."

25-18
점점 차례차례 유행하시면서
저 포가성에 도착하시자
편안히 빽빽한 숲에 머무시며
모든 비구들을 가르치시고 당부하셨다.

25-19
"나는 이제 한밤중이면
마땅하게 열반에 들 것이니라.
너희들은 마땅히 법을 의지하여야 하나니
그것은 곧 높고도 훌륭한 곳이니라.
부처의 가르침에도 들어가지 아니하고
또한 율의를 따르지도 않으며

진실한 이치에 어긋나는 것
그것은 마땅히 받아들이지 않아야 하리라.

법도 아니요 또한 율도 아니며
또한 부처가 설한 것도 아닌 것
그것은 곧 어두운 말이니
너희들은 마땅히 속히 버리고
밝은 말을 받아 가져야 하나니
그것은 곧 뒤바뀐 것도 아니요
그것은 곧 부처가 말한 것이며
법답고 율다운 가르침이니라.

법과 율을 부처라고 하여 받아 지니면
그것은 곧 가히 믿을 수 있지만
부처의 말이 법과 율이 아니라고 하면
그것은 곧 가히 믿을 수 없느니라.
은밀한 이치는 이해하지 못하고
그릇된 문자만 따르는 것
그것은 곧 어리석은 사람으로서
법이 아니며 망령된 말이니라.

그 참됨과 거짓을 분별하지 못하고
견해가 없이 어리석게 받는 것은

마치 놋쇠와 금을 함께 벌여 놓고
세간 사람을 속이고 미혹시킴과 같으니라.
어리석은 사람은 얕은 지혜를 익히고서
진실한 이치는 알지 못한 채
모습만이 비슷한 법을 받고서도
진실된 법을 받아 행한다 하느니라.

25-23

그러므로 마땅히 자세히 살펴서
참다운 법과 율을 관찰하여야 하나니
마치 저 금을 단련하는 사람이
달구고 두드려 순금을 취하듯 해야 하느니라.
모든 경론을 알려고 하지 아니하면
그것은 곧 교활하여 지혜가 없음이니
응당 말하지 않아야 할 것을 응하고
응당 하여야 할 것은 응당 보지도 않음이니라.

25-24

마땅히 평등하게 받아들이고
글귀의 이치대로 말하고 행하여야 하나니
방법을 모르고 칼을 잡으면
곧 도리어 그 손을 다치게 하느니라.
말이나 문자를 잘 익히지 아니하면
그 뜻을 밝게 깨치기가 어렵나니
마치 밤중에 방을 찾으러 다닐 때

집이 넓어 그곳을 알 수가 없는 것과 같으니라.

25-25

이치를 잃으면 곧 법을 잊어버리고
법을 잊으면 마음이 어지럽고 산란하느니라.
그러므로 지혜로운 사람은
진실한 이치를 어기지 않느니라.”

25-26

이러하신 말로 가르치시고 경계하여 마치신 뒤에
파바성으로 가시었나니
저 모든 힘이 센 사람들
갖가지의 공양으로써 베풀어 받들었다.
그때 장자의 아들이 있었는데
그 이름이 춘다였다.
부처님을 그 집으로 청하여
최후의 공양을 마련하여 올렸다.

25-27

공양을 끝내고 법을 설하여 마치신 후에
쿠시나가라 성으로 가시기 위하여
카쿠타 강과 히라니아
두 강을 건너가셨다.
그곳엔 울창한 숲이 있었는데
안온하고 한적하고 고요한 곳이었다.
금강에 들어가서 목욕을 하시자

몸이 마치 진금으로 된 산과 같았다.

25-28

아난다에게 분부하시어
저 사라쌍수 사이를
물 뿌려 청소하고 깨끗하게 한 뒤에
법의 자리를 준비하라 하셨다.

25-29

"나는 오늘 밤 자정에
마땅히 열반에 들리라."

25-30

아난은 부처님의 말씀을 듣고
기가 막히고 마음이 비통하였나니
행하다 울다 하면서도 말씀을 받들어
준비를 마치고 돌아와 아뢰었다.
여래께서는 법의 자리에 나가시어
북쪽으로 머리를 두시고 오른쪽으로 누워
팔을 베개 삼고 두 발을 포개셨는데
그 모양이 마치 사자의 왕과 같았다.

25-31

괴로움이 다한 후의 마지막 몸은
한 번 누우시자 영원히 일어나지 않으셨다.
제자들이 모두 주위를 둘러싸고
슬프게 탄식하기를 "세상의 눈이 없어졌다"하였다.

바람은 멎고 숲과 물은 고요하며
새와 짐승들은 조용하게 소리가 없고
나무에서는 즙이 줄줄 흘러내리고
꽃과 잎사귀도 제때가 아닌데 떨어졌다.

25-32

탐욕에서 벗어나지 못한 사람과 하늘들은
모두 다 크게 두려워하였나니
마치 사람이 넓은 못에서 놀다가
길이 험하여 마을까지 이르지 못하였을 때
다만 거기까지 가지 못할까 두려워
마음은 두렵고 몸은 바쁜 것과 같았다.
여래는 마지막으로 누우시어
아난다에게 말씀하였다.

25-33

"가서 모든 힘센 사람들에게 알려라.
부처가 열반할 때가 이르렀다는 것을
그들이 만일 부처를 보지 못한다면
오래도록 한이 되어 큰 고통이 생겨날 것이니라."

25-34

아난은 부처님 말씀을 받고
슬피 울면서 길을 따라가
그 모든 힘센 사람들에게 알렸다.
"세존께선 마침내 마치려 하신다."

모든 힘센 사람들이 그 소리를 듣고
매우 큰 두려움이 생겨나서
사내도 아낙네도 다투어 달려와
울부짖으며 부처님 처소로 나아갔다.
찢어진 옷에 흐트러진 머리털
먼지 쓴 몸에는 땀을 흘리고
서럽게 부르짖으며 저 숲으로 나아갔는데
마치 하늘의 복이 다한 것과 같았다.

눈물을 흘리며 부처님의 발에 예배할 때
근심과 슬픔으로 몸이 시들었다.
여래께서 편안하게 하고 위로하며 말씀하였다.

"너희들은 근심하고 괴로워하지 말라.
지금은 마땅히 기뻐할 때이거늘
근심하고 슬픔을 일으키는 것은 마땅하지 않느니라.
오랜 겁을 두고 꾀하던 바를
부처는 이제야 비로소 얻었노라.
모든 감각기관의 경계를 이미 건넜으니
다함없는 깨끗하고 진실된 곳이니라.
흙과 물과 불과 바람을 여의고

지극히 고요하여 태어나고 멸하지 않아

영원히 걱정과 근심을 버렸거늘

어찌하여 부처를 위하여 근심하는가.

부처는 옛날에 가야산에서

이 몸을 버리고자 하였으나

그 전생에 지은 인연 때문에

세상에 살아 지금에 이르렀다.

위태롭고 연약한 이 몸 보호함이

독사와 함께하는 것 같았는데

이제야 큰 고요함에 들어

모든 괴로운 인연들이 이미 끝났느니라.

다시는 다음 몸을 받지 않기에

미래의 괴로움을 영원히 쉬었으니

너희들은 마땅히 다시금 부처를 위하여

두려움을 일으키지 않아야 하느니라."

힘센 사람들은 부처님께서

대열반에 드신단 말을 듣고

마음은 어지럽고 눈은 어두워

큰 암흑세계에 빠진 것 같았다.

합장하고 부처님께 여쭈었다.

"부처님께서 태어나고 죽는 괴로움을 떠나

영원히 적멸의 즐거움에 드신다 하니

저희들은 실로 기뻐하고 경하드립니다.

마치 저 불타는 집에서

어버이가 불타는 곳에서 빠져나온 것과 같으니

모든 하늘들도 오히려 기뻐하겠거늘

어찌 하물며 세상 사람이겠습니까.

그러나 여래께서 멸도하신 후에는

중생들은 다시는 뵐 길이 없어

영원히 구원받고 보호를 받을 수가 없으리니

그러므로 걱정하고 슬퍼함을 일으키는 것입니다.

비유하면 마치 상인의 무리들이

멀리 빈 벌판을 건너갈 때

오직 한 사람의 길을 인도하여 주는 이가 있었으나

도중에 갑자기 길잡이를 잃은 것과 같아

대중들은 믿을 데가 없으니

어찌 근심하고 슬퍼하지 않겠습니까.

현세에서 스스로 증득하여 알아

일체를 알고 본 부처님을 만났으면서

그러고도 뛰어난 이로움을 거두지 못하면
온 세상의 비웃음을 받을 터이니
비유하면 보배의 산을 지나면서
어리석고 미련하여 가난의 괴로움을 지키는 것과 같
습니다."

25-44

이와 같이 모든 힘센 사람들이
부처님을 향하여 슬피 하소연하니
마치 어떤 사람의 외아들이
자비스런 아버지께 구슬피 하소연함과 같았다.
부처님께서는 잘 달래는 말씀으로
제일가는 진리를 나타내 보이시며

25-45

모든 힘센 사람들에게 말씀하셨다.
"참으로 너희들의 말하는 바와 같아서
도를 구하기 위하여 모름지기 부지런히 힘쓰되
비록 부처를 만나 보지는 못한다 하더라도
부처가 설한 바대로 행한다면
모든 괴로움의 그물을 벗어남을 얻을 수 있으리니
도를 행하는 것은 마음에 달린 것
반드시 부처를 보는 데 있지 않느니라.

25-46

마치 저 병을 앓는 사람이

처방에 따라 좋은 약을 먹으면
모든 병은 저절로 없어져
의사를 만나길 기다릴 필요가 없듯이
부처가 말한 그대로 행하지 않으면
헛되이 부처를 보아도 이익이 없을 것이니라.
비록 부처와 서로 멀리 떨어져 있어도
법대로 행하면 부처와 가까움이 되느니라.

25-47

함께 있어도 법을 따르지 않으면
마땅히 부처에게서 멀리 있는 줄 알아
마음을 거둬 잡아 함부로 놀지 말고
부지런히 힘써 바른 업을 닦아라.
사람이 이 세상에 태어나면
긴긴 세월 모든 고통에 핍박을 받나니
어지럽게 흔들려 스스로 편안하지 못한 것
마치 바람 앞에 등불과 같은 것이니라."

25-48

그때 모든 힘센 사람들은
부처님의 자비스런 가르침을 듣고
마음으로 감동해 눈물을 거두며
힘써 자신을 억제하며 그치고 돌아갔다.

(25장. 열반품. 涅槃品 終)

26-1

그때 바라문이 있었는데
이름이 수바드라였으며
어짊과 덕을 모두 갖추고
깨끗한 계율로 중생들을 잘 보호하였다.
젊을 때부터 그릇된 견해를 가져
외도의 길을 닦으며 출가하였는데
그는 와서 보고 세존을 친견하고자
아난다에게 말하였다.

26-2

"내가 들으니 여래의 도는
그 뜻이 깊어 헤아리기 어려우며
이 세간에서 위없는 깨달음을 얻은 분으로
제일가는 조어사라 들었습니다.
이제 반야 열반에 드신다 하니
가히 두 번 다시 만나기가 어려울 것입니다.
보기 어려운 분 보는 일 어려움이
마치 거울 속의 달과 같음이라

26-3

나는 이제 받들어 더함이 없는

좋게 인도하시는 스승님을 뵙고서
모든 괴로움을 면하기를 바라고
나고 죽음을 건너서 열반의 언덕에 가고자 합니다.
태양과 같은 부처님이 그 빛을 잃으려 하니
원하건대 저로 하여금 잠시만 친견하게 하여 주시오.”

26-4

아난은 마음에 깊은 슬픔을 느꼈으며
겸하여 말하기를 “비방하려 하거나 논쟁하려 함이고
또 세존께서 열반하심을 기뻐하는 것이리니
마땅히 부처님을 친견하게 할 수가 없습니다.”

26-5

부처님께서는 그가 바라는 것이
바른 법을 존중하여 즐길 만함을 아시고
아난을 타일러 말씀하셨다.

26-6

“저 외도를 청하여 내 앞에 오게 하여라.
나는 사람을 구제하기 위하여 나왔나니
너는 주저하거나 난처해하지 마라.”

26-7

수바드라는 그 말씀을 듣고
마음에 큰 기쁨의 환희심을 일으키어
법을 즐기는 마음이 온전히 깊어지고
더욱 더 공경하며 부처님 앞에 나아갔다.

응당히 때에 맞추어 공손히 말씀드리고
부드럽고 상냥한 말씨로 인사드리며
온화한 얼굴로 합장하고 청하였다.

26-8

"지금 여쭙고 싶은 것이 있습니다.
세상의 법을 아는 이로서
저와 같이 비교하는 사람 매우 많이 있지만
오직 들으니 부처님께서 얻으신
해탈은 다른 중요한 도라고 합니다.
원하건대 저를 위하여 간략하게 말씀하시어
공허하고 목마른 마음 윤택하게 적셔 주소서.
논쟁하기 위한 것도 아니요
또한 승부를 겨루려는 마음도 없습니다."

26-9

부처님께서는 저 바라문을 위하여
여덟 가지 바른 길을 간략하게 말씀하시자
말씀을 듣고 곧 마음을 비우고 받아들이니
마치 헤매던 사람이 바른 길을 만난 듯이
지금까지 배웠던 모든 것들이
궁극적인 도가 아님을 깨달아 알았다.

26-10

곧 일찍이 듣지 못한 것을 깨달아 듣고
그릇된 길을 버려 떠나고

겸하여 어리석음의 어두운 장애를 등지고서
먼저 익혀 왔던 것 깊이 생각하여 보았다.

26-11

'성냄과 분노와 어리석음의 어둠을 갖추고
착하지 않은 업만을 자라게 하였으며
애욕과 성냄과 어리석음 등을 행하여 왔노라.
능히 모든 착한 업인
많이 들음과 지혜와 정진을 일으키리라.
또한 있음으로 말미암아 애욕이 생겨남이니
성냄과 어리석음을 이와 같이 끊으면
곧 모든 업에서 벗어나게 되고

26-12

모든 업이 이미 없어지면
이것을 일러 업의 해탈이라 하는구나.
모든 업에서의 해탈이란
이치상 서로 맞지 않는 것이구나.
세간 사람들이 말하기를 일체의 것은
모두 다 스스로의 성품이 있다고 하지만
애욕과 성냄과 어리석음에 있어서
그것이 스스로의 성품이 있다면

26-13

그것도 곧 응당 항상 존재하여야 하거늘
어떻게 해탈할 수 있겠는가.

설령 성냄과 어리석음이 멸하였다 하더라도
있음을 사랑하면 다시 도로 일어날 것이리라.
마치 본래 물의 성품은 차가운데
불로 인연하여 뜨거워졌다가도
뜨거움이 멈추면 도로 식어버리는 것과 같나니
본래의 성품이 항상 하다고 하는 까닭임이라.

26-14

마땅히 알아야 하나니 있음을 사랑하는 성품은
들음과 지혜와 정진으로는 늘어나지 않나니
늘어나지도 아니하고 또한 소멸되어지지도 않는 것을
어떻게 해탈이라 하겠는가.
전에는 나고 죽음은
본래의 성품을 따라 일어난다고 말하였지만
이제 그 이치를 관찰하여 보니
해탈을 얻을 자가 없음이라.

26-15

성품이라는 것이 곧 항상 머무르는 것이라 하면
어찌 마지막이 있겠는가.
비유하면 마치 켜져 있는 등불과 같나니
어찌 능히 빛이 없다고 하겠는가.
부처님 도의 진실한 이치는
애욕을 인연하여 세간이 일어난다 하시니
애욕이 멸하면 곧 고요하여지니

원인이 멸한 까닭에 결과도 없으리라.

26-16
본래 생각하기를 나는 몸과 다르다고 하고
만든 이가 없다고 보지 않았는데
이제 부처님의 바른 가르침을 들으니
이 세간에는 나라는 것이 있지 아니함이라.
모든 법은 인연으로 생긴 것이니
자유자재가 없기 때문인 까닭으로
인연으로 생겼기에 괴로움이 있고
인연으로 멸하는 것 또한 그러함이라.

26-17
세상이 인연으로 생기는 것 보면
곧 단견을 멸할 수가 있고
연을 떠나서 세간을 멸하는 것 보면
곧 상견에서 벗어남이라.'

26-18
본래 가졌던 소견을 모두 버리고
부처님의 바른 법을 깊이 보고 나서
과거의 생에 착한 인연을 심었으므로
법을 듣자 능히 곧 깨닫게 되었다.
좋은 적멸을 이미 얻고서
깨끗하고 진실하기가 다함없는 곳에
마음이 열리고 믿음은 더욱더 넓어져

누워 계신 여래를 우러러보았다.
차마 세상을 버리고 반야열반에 드시는
여래를 뵐 수가 없었다.

26-19
'부처님 아직 드시기 전에
내가 마땅히 먼저 멸도하리라.'

26-20
거룩한 존안에 합장하여 예배하고
바른 자세로 한쪽에 앉아
수명을 다하여 열반에 드니
비가 작은 불을 꺼버리는 것과 같았다.
부처님께서 모든 비구들에게 말씀하셨다.

26-21
"나의 맨 마지막 제자가
이제 열반에 들었으니
너희들은 마땅히 공양을 하여라."

26-22
부처님은 초저녁이 지나서
달은 밝고 많은 별들은 총총 빛나며
숲은 한가하고 고요하여 소리가 없을 때
큰 자비심을 일으키시어
모든 제자들에게 마지막 말씀을 하셨다.

"내가 반야 열반에 든 후에
너희들은 마땅히
바라제목차를 공경해야 하나니
곧 이것은 너희들의 큰 스승으로서
어두운 밤을 밝히는 등불이요
가난한 사람의 큰 보물이 되리니
마땅히 가르침을 지켜야 할 것이니라.
너희들은 마땅히 순응하여 따르기를

부처를 섬기는 것과 다름없게 하여야 하리라.
마땅히 몸과 입과 행을 깨끗이 하여
모든 일어나는 업을 다스려 떠나야 하리라.
밭과 집과 축생의 무리들을 기르기와
재물이나 곡식을 쌓아두는 것들을
일체 모두를 마땅히 멀리 벗어남을
큰 불구덩이 피하듯이 하여야 하느니라.
땅을 개간하기와 풀과 나무를 베기와

의술로 모든 병 치료하고 다스리기와
천체의 운행을 우러러 관찰하기와
길하고 흉한 상을 헤아려 보고
이롭고 해로움을 점치는 것들

이것은 모두 다 응하지 말아야 하느니라.
몸을 절제하여 때에 따라서 먹고
남의 사주를 받아 계략을 행하지 말며
탕약을 섞어 만들지 말고

26-26
모든 아첨과 거짓을 멀리 여의어라.
법에 따라 재물을 갖추어 생활하고
응당 마땅히 양을 알아 받을 것이요
받은 것은 곧 쌓아 두지 말지니라.
이것은 곧 간략히 계를 말한 것이니
모든 계의 뿌리가 되고
또한 해탈의 근본이 되느니라.
이 법을 의지하므로 능히

26-27
일체의 모든 바르게 받아들임이 생겨나고
일체의 진실한 지혜는
이것을 인연하여 마침내 얻느니라.
그러므로 마땅히 잡아 지녀
그것을 끊거나 무너뜨리려 하지 마라.
깨끗한 계가 끊어지지 않으면
곧 모든 선한 법이 있게 되고
없으면 곧 모든 선함도 없나니

계로써 이루어지기 때문이니라.

이미 맑고 깨끗한 계에 머물렀거든

모든 정의 감각기관을 잘 거두어

마치 잘 길들인 소처럼

그 난폭하고 멋대로 아니하게 하여라.

모든 감각 기관의 날뛰는 것을 거두어 잡지 못해서

여섯 경계에 제멋대로 놀게 되면

현세에서는 재앙을 부르고

장차는 나쁜 길에 떨어지니라.

비유하면 말을 잘 부리지 못하면

사람을 구렁텅이에 떨어지게 하는 것과 같나니

그러므로 밝고 지혜로운 사람은

모든 감각기관을 멋대로 놓아주지 않느니라.

모든 감각기관은 매우 사납고 포악하여

사람의 큰 원수가 되건만

중생은 모든 감각기관을 사랑함으로써

도리어 그에게 해침을 당하느니라.

깊은 원한은 독사나

난폭한 호랑이, 혹은 사나운 불보다 성하여

세간 사람들을 매우 싫어하지만

지혜로운 사람은 두려워하지 않음이라.
오직 가볍고 조급한 마음이
장차 사람을 나쁜 길에 들게 할까 두려울 뿐이니라.
그 조그마한 편안함을 좋아하면서

26-31

깊고 험한 곳을 보지 않기 때문이니라.
미친 코끼리가 날카로운 갈고리에서 벗어나고
원숭이가 나무숲을 얻은 것처럼
가볍고 조급한 마음 이와 같이
지혜로운 자는 마땅히 거두어 잡느니라.
마음을 놓아 제멋대로 하게 하면
끝내 적멸을 얻지 못하리니
그러므로 마땅히 마음을 제어하여

26-32

편안하고 고요한 곳으로 속히 가야 하느니라.
음식을 먹을 때는 분량을 알아
마땅히 약을 먹는 방법처럼 하고
그 음식을 먹음에 의거하여
탐하거나 성내는 마음을 일으키지 말아야 하느니라.
음식을 먹는 것은 굶주리고 목마름을 풀기 위한 것으로
마치 녹이 슨 수레의 기름과 같으니라.
비유하면 벌이 꽃에서 꿀을 딸 때에

그 빛깔과 향기는 다치지 않는 것과 같이
비구는 걸식하러 다닐 때
저들의 믿는 마음을 상하게 하지 말아야 하느니라.
만약 어떤 사람이 열린 마음으로 보시하더라도
마땅히 그 감당할 수 있음을 헤아려 보아라.
소의 힘을 살펴서 헤아리지 않으면
버거운 짐은 그로 하여금 상하게 하리라.
아침과 낮과 저녁 세 때를 따라

차례로 바른 업을 닦아야 하느니라.
초저녁과 새벽 그 두 때에도
또한 잠에 집착하지 말며
한밤중에는 단정한 마음으로 누워
생각을 밝은 모습에 머물게 매어 두어라.
밤이 다하도록 깊은 잠에 빠져
몸과 목숨 헛되게 보내지 말라.
시간이란 불은 언제나 이 몸을 태우나니

어떻게 오래도록 잠을 잘 수 있겠는가.
번뇌는 모든 원수의 집으로서
빈틈을 타서 해하게 함을 따르건만
마음은 잠에 빠져 어두우니

죽음이 이른들 누가 능히 깨우겠느냐.
독사가 집에 숨어 있으면
좋은 주문으로 능히 벗어나게 하고
검은 살무사가 그 마음에 있으면

26-36

밝은 깨달음의 좋은 주문으로 없애야 하겠거늘
아무 방법도 없이 오래도록 잠들면
이는 곧 부끄러움이 없는 사람이니라.
부끄러움은 장엄한 의복이 되고
부끄러움은 코끼리 제어하는 갈고리가 되며
부끄러움은 그 마음으로 하여금 안정되게 하지만
부끄러움이 없으면 착한 근본을 잃느니라.
부끄러워할 줄 알면 세간에서 어진 이라 일컫고

26-37

부끄러움이 없으면 짐승과 같나니
혹 어떤 사람이 날카로운 칼로써
마디마디 그 몸을 해치더라도
성내거나 원망하는 마음을 품지 말고
입으로는 나쁜 말을 더하지 말라.
나쁘게 생각하고 나쁘게 말하면
자기만 다치게 하고 남은 해치지 못하나니
몸을 절제하여 고행을 닦을 때

인욕보다 더 나은 것이 없느니라.

오직 인욕을 행하는 것만이

항복받기 어려운 견고한 힘이니

그러므로 원한을 품지 말고

나쁜 말로써 대하지 말라.

노여움과 분노는 바른 법을 무너뜨리고

또한 단정한 몸을 무너뜨리며

훌륭한 명예를 잃어버리게 하고

성냄의 불길은 자신의 마음을 태우느니라.

성냄은 공덕의 원수가 되나니

덕을 사랑하려거든 원한을 품지 말라.

세속의 집에 있으면 모든 번뇌가 많나니

노여움과 분노가 다 이상한 것 아니지만

출가한 이로서 성냄을 품으면

그것은 곧 이치에 어긋남이니라.

마치 그것은 찬물 속에 있으면서

왕성한 불이 있어 타는 것과 같으니라.

만일 교만한 마음이 일어나거든

마땅히 제 손으로 정수리를 만져 보라.

머리를 깎고 물들인 옷을 입고

손에는 밥을 비는 그릇을 들고
변두리에서 생활을 절제하며 혼자 살아가면서
무엇을 위하여 교만한 마음을 일으키겠는가.
세속의 광택 나는 옷을 입은 무리들에게도

26-41

교만은 또한 허물이거늘
하물며 집을 나온 사람으로서
뜻하여 해탈의 도를 구하면서
교만한 마음을 일으킨다면
그것은 곧 크게 옳지 못한 일이니라.
굽음과 곧은 성품이 서로 어긋나
서리와 불꽃처럼 함께하지 못하는 법
출가하여 곧은 길 닦는 이에게

26-42

아첨과 굽음은 어울리지 않나니
아첨과 거짓과 허황됨과 간사함도
오직 법만은 속이거나 기만하지 못하느니라.
많이 구하면 곧 괴로움이 되고
욕심이 적으면 곧 안온하나니
편안함을 위하여서도 응당 욕심이 적어야 하거늘
하물며 진실한 해탈을 구함에 있어서이겠는가.
아끼고 인색하면 많이 구하는 이를 두려워하나니

그 재산과 보물을 손해볼까 두려워하기 때문이요
보시 좋아하는 이도 또한 두려워하나니
공양할 재물이 모자랄까 부끄러워서 이느니라.
그러므로 마땅히 욕심을 적게 하여
다른 이에게 보시함에 두려운 마음을 없게 하여라.
이 욕심 적은 마음으로 말미암으면
곧 해탈의 도를 얻을 것이니
만일 해탈을 구하고자 하거든

또한 응당 만족함을 익힐 줄 알아야 하느니라.
만족할 줄 알면 언제나 기쁨이 있고
기뻐함이 곧 바른 법이니라.
가지고 있는 삶의 살림살이가 비록 누추하지만
만족할 줄 알기 때문에 항상 편안하느니라.
만족한 줄 알지 못하는 사람
비록 하늘에 나는 즐거움을 얻더라도
만족할 줄 알지 못하기 때문에

괴로움의 불길이 항상 그 마음을 태우느니라.
부자이면서도 만족할 줄 알지 못하면
그것 또한 가난함의 괴로움이 되고
비록 가난하여도 만족한 줄을 알면

그것은 곧 제일가는 부자이니라.
그 만족을 알지 못하는 이에게는
다섯 가지 욕망의 경계가 더욱 넓어지리니
오히려 다시 구하여도 싫어할 줄을 몰라

26-46

긴긴밤 동안 달리며 고통스러워하고
허겁지겁 걱정과 근심이 마음에 있어
만족할 줄 아는 이에게 도리어 가련함을 받는다.
많은 권속을 갖고 있지 않으면
그 마음이 언제나 편안할 것이요
편안하고 고요하기 때문에
사람과 하늘들이 모두 다 받들어 섬기리라.
그러므로 마땅히 친하거나 먼 사람이거나

26-47

두 가지 권속을 버려야 하나니
마치 넓은 늪의 외로운 나무에
많은 새들이 많이 모여 깃드는 것 같으리라.
많은 권속 기르는 것 또한 그러하여
오랜 세월 많은 괴로움에 시달린다.
권속들 많으면 얽매임도 많아
마치 늙은 코끼리가 진흙탕에 빠진 것과 같음이라.
만일 사람이 부지런히 정진하면

어떤 이익이고 얻지 못할 것이 없으리라.
그러므로 마땅히 낮이든 밤이든 간에
부지런히 힘쓰고 게으르지 말라.
산골짜기 흐르는 실 개울물도
늘 흐르기 때문에 돌을 뚫느니라.
마찰하여 불 일으키는 일도 열심히 안 하면
보람 없이 수고로울 뿐 얻지 못하리라.
그러므로 마땅히 꾸준하게 정진하여

힘센 사내가 마찰하여 불 일으킴과 같게 하여라.
착한 벗이 아무리 좋다 하여도
바르게 생각함에는 미치지 못하나니
바른 생각이 마음에 있으면
많은 악한 것들 모두 다 들어오지 않으리라.
그러므로 수행하는 사람은
항상 마땅히 그 몸을 생각하여야 하느니라.
만약 몸에 대한 생각을 잊어버린다면

일체의 선함을 곧 잊어버리리라.
비유하면 저 용맹스러운 장군이
갑옷을 입고 강한 적을 제어함과 같이
바른 생각은 겹 갑옷 되어

능히 여섯 경계의 적을 제어하리라.
바른 선정은 깨닫는 마음을 단속하여
세간의 나고 멸함을 관찰하나니
그러므로 수행하는 사람은

26-51

마땅히 삼매의 경지를 익혀야 하느니라.
삼매에서 이미 고요하여지면
능히 일체의 괴로움이 멸하여 지리라.
지혜는 능히 밝게 비추어
거두어 받아들임을 멀리 여의고
평등하게 관찰하고 마음으로 생각하여
도리를 따라 바른 법에 나아가나니
세속에 사는 사람이든 출가한 이든 간에

26-52

응당 이 길을 따라가야 하리라.
태어남, 늙음, 죽음의 큰 바다에서
지혜는 가벼운 배가 되고
무명의 큰 어둠 속에서
지혜는 밝은 등불이 됨이니라.
모든 얽힘과 묶임과 더러움과 질병에
지혜는 좋은 약이 되고
번뇌의 가시 숲에서

지혜는 예리한 도끼가 되며
어리석은 애욕의 빠른 물결에서
지혜는 곧 다리가 되나니
그러므로 마땅히 부지런히 익혀서
들음, 생각함, 닦음의 지혜를 일으켜야 하느니라.
이 세 가지의 지혜를 성취하면
비록 장님이라도 지혜의 눈이 트일 것이고
지혜가 없으면 마음은 거짓이 되리니

이는 곧 출가한 이가 아니니라.
그러므로 마땅히 깨달아 알아야 하니
모든 허망하고 거짓된 법을 여의게 되면
미묘한 즐거움을 체득하게 되리니
그곳은 고요하고 안온한 곳이니라.
방일하지 않음을 높이 따라야 하나니
방일은 착함의 원수가 됨이니라.
만일 사람이 방일하지 않으면

제석천의 처소에 태어남을 얻지만
마음을 놓아 방일하는 이는
곧 아수라 세계에 떨어지리라.
편안하게 하고 위로하여 주는 자비의 업을

응하는 대로 나는 이미 마쳤으니
너희들도 마땅히 열심히 노력하여
훌륭하게 스스로 그 업을 잘 닦으라.
숲이나 비어 있고 한가한 곳에서

26-56

고요한 마음을 더하고 기르되
마땅히 스스로 부지런히 힘쓰고 힘써서
훗날에 후회와 여한이 없게 하여라.
마치 세상의 좋은 의사가
응당 병세에 따라 맞는 약을 말하여 주어도
병을 앓는 사람이 먹지 않으면
그것은 훌륭한 의사의 잘못이 아닌 것과 같이
부처가 이미 진실된 이치를 말하여

26-57

평평하고 고른 길 나타내 보였으나
말을 듣고도 받들어 행하지 않으면
그것은 말한 이의 잘못이 아니니라.
네 가지 참된 진리에 대하여
분명하게 알지 못하는 바가 있으면
너희들은 지금 모두 다 응당히 물어야 하리니
마음에 품은 의심 숨기지 말아야 하느니라."

26-58

세존께서는 가엾고 연민하여 말씀하시니

모인 대중들은 잠자코 조용하게 있었다.

그때 저 아나율은

모든 대중들을 관찰하여 보니

가진 의심이 없어 잠자코 아무 말이 없자

합장하고 부처님께 여쭈었다.

26-59

"달은 따뜻하고, 햇빛은 차며,

바람은 머무르고, 땅의 성품은 움직인다는 등

이와 같은 네 가지의 의혹은

이 세간에는 모두 이미 없는 것과 같이

고, 집, 멸, 도의 참된 이치도

진실하여 일찍이 어긋남이 없나니

세존께서 말씀하신 그대로여서

대중들은 아무도 의심이 없습니다.

26-60

다만 세존께서 열반하심을

모두 다 슬퍼하고 있을 뿐

세존께서 말씀하신 것에 대하여

궁극이 아니라는 생각은 일으키지 않습니다.

설령 처음 새로이 출가하여

아직 마음속 깊이 이해하지 못한 자라도

이제 그 간절하신 가르침을 듣고

의혹이 모두 다 이미 없어졌습니다.

이미 나고 죽음의 바다를 건너

욕망도 없고 구하는 바도 없지만

이제 모두 슬퍼하고 애달파하는 것은

부처님의 열반이 너무 빠름을 한탄함입니다."

부처님께서는 아나율이

갖가지로 근심하고 슬퍼하는 말을 들으시자

다시 자애롭고 가엾은 마음으로

편안하게 위로하여 말씀하였다.

"설령 몇 겁 동안을 머문다 하더라도

마침내는 마땅히 이별하여 돌아가리니

다른 몸이면서 서로 모인 것

본래 언제나 함께할 수 없는 이치이니라.

자기와 남을 이롭게 함을 이미 마쳤으니

부질없이 머물러 무엇할 것인가.

하늘이나 사람으로 응당 제도하여야 할 자는

모두 다 이미 해탈을 얻었느니라.

너희들 모든 제자는

서로 바른 법을 펴고 전하여 이어가거라.

있다고 하는 것은 반드시 부서지고 없어짐을 알아

다시는 근심이나 슬픔을 일으키지 말라.

마땅히 스스로 방편으로 힘써서

이별 없는 곳으로 나아가야 하리라.

나는 이미 지혜의 등불을 밝혀

세간의 어둠을 비추어 없앴느니라.

26-65

세상은 다 굳건하거나 단단하지 못하니

너희들은 마땅히 부처를 따라서 기뻐하여라.

마치 어버이가 중한 병을 앓다가

병을 고쳐 괴로움의 근심에서 벗어남과 같이 하여라.

부처는 이미 괴로움의 그릇 버리고

나고 죽는 바다의 흐름 거슬러

모든 괴로움과 근심을 영원히 버렸으니

이 또한 응당히 부처를 따라 기뻐해야 하리라.

26-66

너희들은 진실로 잘 보호하여

방일함을 일으키지 말라.

있다고 하는 모든 것은 반드시 끝이 있고 멸하는 법

부처는 이제 열반에 들리라.

말은 이것으로 끊을 것이니

이것이 곧 최후의 가르침이니라."

26-67

초선의 삼매에 들어

차례로 아홉 번째 선정에 들고
거슬러 차례로 선정에 들었다가
돌아와 다시 초선에 드셨다.
다시 초선에서 일어나
제4선에 드셨다가
선정에서 나와 마음을 의지할 곳이 없어
곧 열반에 드셨다.

26-68

부처님께서 열반에 드시자
대지는 두루 진동하였고
허공 가운데에선 비처럼 불을 내려
섶나무도 없이 저절로 타올랐다.
또 다시 땅에서도 일어나
8방이 모두 스스로 타오르고
이에 모든 하늘 궁전까지 이르러
불타는 것도 또한 그러하였다.

26-69

우레와 천둥은 천지를 뒤흔들고
벼락은 산천을 진동하였는데
마치 하늘의 아수라들이
북을 치며 싸우는 소리와 같았다.
미친 바람은 사방에서 격하게 일어나고
산은 무너져 재와 먼지로 쏟아졌고

해와 달은 빛과 광채가 없어지고
맑게 흐르던 물들도 모두 끓어올랐다.

26-70

굳고 단단하던 숲은 마르고 시들어
꽃이나 잎은 때 아닌데 떨어지며
날던 용은 검은 구름을 타고
다섯의 머리를 떨군 채 눈물을 흘렸다.
사천왕들과 그 권속들은
슬픔을 머금고 공양을 베풀었다.
정거천이 하늘에서 내려와
허공에 멈추어 늘어서 모시고

26-71

항상 함이 없이 변함을 관찰하면서
근심하지도 아니하고 또한 기뻐하지도 않으며
세상이 훌륭한 스승과 멀어짐을 탄식하여
'스승의 열반이 어찌 이리 빠른가.'라고 하였다.
팔부신장과 모든 하늘의 신들은
허공 가운데에 가득 메우고 있었으며
꽃을 흩뿌려 공양하면서
마음이 서러움에 잠겨 기뻐하지 않았으나

26-72

오직 마왕만은 기뻐하여
음악을 연주하면서 홀로 좋아하였다.

염부제는 빛을 잃어
마치 산이 무너져 내리며
큰 코끼리의 흰 상아가 부러지고
큰 소의 두 뿔이 꺾이며
허공의 해와 달이 없어지고
연꽃이 찬이슬을 맞은 듯이
여래께서 이제 반야열반에 드시자
세간의 처량함도 또한 그러하였다.

(26장. 대반열반품. 大般涅槃品 終)

27장. 탄열반품(歎涅槃品)
- 부처님의 열반함을 한탄하다.

그때 한 천자가 있었는데
천개의 흰 고니 궁전을 타고
하늘의 허공 가운데에서
부처님께서 반야열반에 드심을 보고
두루 모든 하늘의 대중들을 위하여
널리 항상 함이 없는 게송을 설하였다.

27-2
"일체의 성품은 항상 함이 없는 것이어서
신속하게 일어났다가 신속하게 사라진다네.
태어남은 곧 괴로움을 동반하나니
오직 적멸만이 즐거움이라네.
행하여 쌓이고 모인 업의 섶나무 더미를
지혜의 불로써 태워 없애고
이름을 칭찬하는 연기 하늘을 찌를 때
때맞추어 비가 내려 그것을 멸하는 것이
마치 겁의 불길이 일어남을
물의 재앙이 소멸시키는 것과 같음이네."

27-3

그때 다시 범상한 하늘의 선인이 있었는데
가히 제일가는 진리의 선인으로
하늘의 뛰어나고 묘한 즐거움에 머무르면서도
그 하늘의 과보에 물들지 않았다.
여래의 적멸을 한탄하며
마음을 안정시키고 나서 말하였다.

27-4

"삼세의 법을 관찰하여 보면
끝내 무너지지 않는 것이 없음이네.
제일가는 묘한 진리 밝게 통달하여
세간에는 부처님과 견줄 이 없으며
지혜로 알고 또 보던 부처님
세간을 구하고 보호하던 부처님
모두 다 항상 함이 없어 무너졌나니
어느 누군들 영원히 존재할 수 있겠는가.
슬프다. 온 세간
중생들 그릇된 길로 떨어지노라."

27-5

그때의 아니룻다는
세상에 있어서는 불률타요
이미 멸하여서도 불률타이며
나고 죽음에는 니율타였던 그가
여래의 적멸을 한탄하였다.

"중생들 모두 장님이 되었네.
모든 행의 무더기는 항상 함이 없는 것으로
마치 떠다니는 뜬구름과 같아서
신속히 일어났다가도 신속히 멸하나니
지혜로운 사람은 보존하려 하지 않음이네.
항상 함이 없는 금강저가
최고로 존귀하신 왕을 부수었으니

인색하여라, 세상은 가볍고 성급하여
파괴되고 견고하지 않음이네.
항상 함이 없음이란 사나운 사자는
용상의 큰 선인을 해쳤네.
여래의 금강 깃대도
오히려 항상 함이 없음에 부서지는데
하물며 탐욕을 벗어나지 못한 이들
어찌 두려운 마음을 일으키지 않으리오.

여섯 가지 종자(육근)에 하나의 싹(몸)
한 방울의 빗물(업)을 받음으로써
네 가지 인도(지수화풍)하는 깊은 뿌리와
두 큰 그릇(생, 사)과 다섯 가지 과일(오욕락)로서
삼제(과거 현재 미래)에 걸쳐 동일한 몸인

모든 번뇌의 큰 나무를
존귀하신 큰 코끼리는 뽑아냈건만
항상 하지 않음은 면하지 못하셨네.

27-9
그것은 마치 저 식기조가
물을 좋아하여 독사까지 삼켰다가
갑자기 큰 가뭄을 만나
물을 잃고 그 몸도 잃음과 같네.
뛰어난 말이 용감하게 싸우다가
싸움 마치면 기운이 다하여 돌아오고
불은 섶나무를 인연하여 타다가
섶나무가 다 타면 곧 저절로 꺼지는 것처럼

27-10
여래께서도 또한 그와 같아서
일을 마치고 열반으로 돌아가셨네.
비유하면 마치 밝은 달빛이
널리 세상을 위하여 어둠을 없앴는데
중생들 모두 그 빛을 받다가
달이 다시 수미산에 숨은 것처럼
여래께서도 또한 그와 같아서
지혜의 광명으로 어둠을 비추어

27-11
중생을 위하여 어둠을 없애주시다가

열반의 산에 숨어 버리셨네.

큰 이름과 훌륭한 광명

이 세간을 두루 비추고

일체 어둠을 멸해 없애되

멈추지 않음이 빠른 물결과 같네.

잘 조련된 일곱 마리 준마가

군사들과 무리지어 따라 놀 때

저 빛나던 태양이

깊은 산으로 드는 것 같네.

해와 달에 다섯 가지 덮어 가림이 있어

중생이 그 광명을 잃는 것 같나니

불 받들어 하늘에 제사 지내 마치면

오직 검은 연기만 남아 있듯이

여래께서 이미 빛을 감추자

세상이 빛을 잃음 또한 그와 같네.

은혜와 애정의 희망을 끊고

중생의 소망에 두루 응하시다

중생의 소망 이미 가득 채우고

일을 마치자 희망을 끊어버렸네.

번뇌로 결박된 몸을 떠나서

진실한 도를 얻으니

군중들이 모여 들어 시끄럽고 어지러움 떠나
고요한 곳으로 들어가셨네.

27-14

신통으로 허공에 올라 노니셨지만
괴로움의 그릇이기에 버리셨네.
어리석음의 어둠이 무거운 어둠이니
지혜의 광명으로 비추어 제거하고
모든 번뇌의 티끌과 먼지는
지혜의 물로 씻어서 깨끗하게 하셨네.
다시는 빈번히 돌아옴 없는
영원히 고요한 곳으로 가셨나니

27-15

일체의 나고 죽음을 멸하여
일체가 모두 다 높이고 공경하였네.
일체로 하여금 법을 즐기게 하고
지혜로써 일체를 가득 채우며
일체를 모두 다 편안하게 하셨고
일체의 덕을 널리 흘러가게 하셨네.
명성은 일체에 두루 하였고
겹겹이 비추던 광명이 이제는 그쳤으니

27-16

모든 덕의 다툼이 있던 자들도
슬퍼하고 가엾게 여기는 마음 가득하네.

네 가지 이익(신수심법)도 기뻐하지 아니하고
네 가지 손해(신수심법)도 슬퍼하지 않았나니
모든 정을 잘 거두어 잡아
모든 감각기관 모두 밝게 통하였네.
맑은 마음으로 평등하게 관찰하여
여섯 가지 경계(색성향미촉법)에 물들지 아니하고

27-17

일찍이 없었던 것을 얻었으니
다른 이가 얻지 못한 것 얻었다네.
모든 벗어나는 중요한 물로써
허기짐과 목마름을 한껏 풀어주셨고
다른 이가 주지 못한 것을 주셨지만
또한 그 과보도 바라지 않으셨네.
지극히 고요하고 묘한 모습 가진 몸은
일체의 생각을 모두 다 알고

27-18

좋고 나쁨에 흔들리지 않으며
그 힘은 일체의 원수들을 이겼으며
일체의 병에 좋은 약이 되었건만
항상 함이 없음에 무너져 버렸네.
일체 중생의 무리들
좋아하는 법이 제각기 다르지만
그 구하는 바에 널리 응하여서

그 원하는 바를 모두 채워 주셨네.

거룩한 지혜로 크게 베푸시던 주인
한 번 가시면 다시는 돌아오지 않음이
마치 세간의 사나운 불길이
섶나무 다하면 다시는 타지 않듯 하시네.
여덟 가지 법(이익, 불이익, 명예, 불명예,
논의, 무논의, 괴로움, 즐거움)에도 물들지 아니하고
다루기 어려운 다섯 가지(오욕락)를 항복받아
셋으로써 셋을 보시고
셋을 떠나 셋을 이루셨으며

하나를 간직하여 하나를 얻으셨고
일곱을 뛰어넘어 길이 잠드셨으니
최후의 경지인 적멸의 도는
현명한 성현들이 떠받드는 바이네.
이미 번뇌의 장애를 끊고
따르고 받들던 사람들 이미 제도하셨으며
굶주리고 목마른 가난한 이에게는
감로를 마시게 하셨네.

욕됨을 참는 두꺼운 갑옷을 입고
모든 성냄을 항복받아

457

부처님의 열반함을 한탄하다.

훌륭한 법과 미묘한 이치로
많은 사람의 마음을 기쁘게 하셨네.
세계에 선함을 닦는 이에게는
거룩한 종자를 심게 하고
바른 것 익히건 바르지 않음을 익히건
차별 없이 거두어 버리지 않으셨네.

27-22

위없는 법륜을 굴리실 때에
온 세상 기쁨을 받았나니
일찍이 법을 좋아하는 인연을 심었기에
이들은 모두 해탈을 얻었다네.
인간 세상에 노니시면서
아직 제도하지 못한 이 모두 제도하고
진실을 보지 못한 사람
모두 진실을 보게 하셨네.

27-23

모든 외도를 배우는 이에게는
심오한 법으로써 가르쳐 주시고
나고 죽음의 무상함과
주인도 없고 즐거운 존재도 없음을 설하였다네.
큰 이름의 칭송하는 깃대를 세워
마군의 무리들을 쳐부수었고
나아가고 물러남에 기쁨과 슬픔이 없이

일어남을 업신여기고 적멸을 찬탄하셨네.

27-24

건너지 못한 이 건너가게 하고
벗어나지 못한 이 벗어나게 하였으며
고요하지 못한 이 고요하게 하고
깨닫지 못한 이 깨닫게 하셨네.
존귀한 분께서는 적정한 도로써
중생을 거두어 주셨으나
중생은 거룩한 도를 어겨
모든 바르지 못한 업을 익히네.

27-25

마치 큰 겁이 다한 것처럼
법을 가진 어른은 길이 잠이 드셨네.
두터운 구름은 천둥과 벼락을 울려
수풀을 꺾고 감로의 비를 내릴 때
어린 코끼리들 가시 숲을 꺾듯이
마음을 수양하는 이들을 능히 이익 되게 하였네.
그러나 구름은 흩어지고 코끼리는 늙었나니
이는 다 감당할 수가 없었기 때문이네.

27-26

그릇된 견해를 부수고 능히 바른 견해를 이루어
세상에서 건질 것을 능히 건졌네.
모든 그릇된 주장 이미 무너뜨려

자유자재한 도를 능히 얻으시고서
이제 크게 고요함에 드시니
세간을 구원하고 보호해 줄 분이 없네.
마왕의 많은 군사들
무기를 휘둘러 천지를 흔들면서

27-27

존귀하신 높은 분을 해치려 하였으나
조금의 움직임도 능히 못하게 하였거늘
어떻게 갑자기 하루아침에
항상 함이 없음이란 악마에게 무너지셨는가.
하늘 사람들은 널리 구름처럼 모여들어
허공을 가득 메우고
다함없는 태어나고 죽음을 두려워해
마음으로 크게 근심을 일으켰네.

27-28

이 세간의 멀고 가까움 없이
천안으로 모두 다 비추어 보아
업의 과보를 밝고 명확하게 살펴보기를
거울 속의 모양을 보는 것과 같으셨네.
천이통은 가장 밝게 트여
먼 곳의 소리도 듣지 못함이 없으셨네.
허공에 올라 모든 하늘의 신들을 교화하고
인간 세계에 노니시며 교화하실 때

몸을 나누기도 하고 몸을 합하기도 하고
물을 건너도 적시지 않으셨네.
과거의 생을 모두 기억하시어
몇 겁이 지나도 잊지 않았고
모든 감각기관을 경계에 놀려
많은 사람의 각기 다른 생각을
타심통의 지혜로써 아시고
일체 모두에 대하여 다 아셨네.

신통의 깨끗하고 묘한 지혜는
평등하게 일체를 관찰했고
일체의 번뇌를 모두 다 다하여
일체의 일을 이미 마치셨으며
지혜는 남음이 있는 세계를 버려두고
지혜는 쉬어 길이 잠드셨네.
중생의 굳세고 강한 마음도
보면 곧 부드럽고 연함을 얻게 되며

근기가 둔한 모든 중생들도
보면 곧 지혜가 밝아지고 날카로워지네.
한량없는 나쁜 업의 허물도
보면 제각기 통하는 길 얻었으니

461

하루아침에 갑자기 길이 잠드심이여
그 누가 다시 이러한 덕을 나타내리오.
세간은 구하고 보호할 이 없어
희망이 끊어지고 숨의 기운이 막혔으니

27-32

누가 맑고 시원한 물을
그들에게 뿌려 다시 살아나게 하리오.
할일은 모두 힘써 마치고
크신 자비가 이미 길이 쉬었으니
이 세간의 어리석음의 그물
누가 마땅히 그것을 다시 찢으며
나고 죽음의 빠른 흐름을 향하여
누가 마땅하게 설하여 돌리게 할 것인가.

27-33

중생의 어리석고 미혹한 마음에
누가 있어 해탈의 도를 설하며
누가 있어 안온한 곳을 보이고
누가 있어 진실한 이치를 나타내며
중생들은 큰 괴로움을 받고 있는데
누가 자비의 아버지 되어 구제하리오.
오히려 많이 쟁론하면 뜻을 잊어버리고
말은 주인이 바뀌면 위엄을 잃으며

임금이 나라 잃고 망한 것처럼
세상에 부처님이 없음도 또한 그러함이네.
많이 알아도 말솜씨가 없고
의사가 되어도 지혜가 없으며
사람의 왕이 광명의 모습을 잃은 듯
부처님 멸하시자 세상은 빛을 잃었네.
좋은 말들은 훌륭한 말 조련사 잃고
배를 탔는데 뱃사공을 잃었으며

삼군은 훌륭한 장군을 잃고
장사하는 이들은 그 길라잡이를 잃고
병든 이는 좋은 의사를 잃고
어진 임금은 일곱 가지 보배를 잃었으며
많은 별들은 밝은 달을 잃고
목숨을 아끼는 이는 목숨을 잃은 것처럼
세간도 또한 그와 같아서
부처님 멸하자 큰 밝음을 잃었네.”

이와 같이 아라한은
해야 할 일을 이미 다해 마치고
모든 번뇌가 모두 다 이미 다하였으나
은혜를 알고 은혜를 갚기 위하여

슬퍼하고 아쉬워하며 되풀이하여 말하고
부처님 덕을 찬탄하고 세상의 고통을 늘어놓았다.
아직 탐욕을 떠나지 못한 모든 이는
슬피 울면서 스스로 견뎌내지 못하고

27-37

그 모든 번뇌가 다한 사람은
오직 나고 죽는 괴로움을 한탄하였다.
그때 모든 힘센 사람의 무리들은
부처님이 이미 열반하셨다는 말을 듣고
어지러운 소리로 슬피 통곡할 때
마치 고니의 무리가 매를 만난 것 같았다.
모두 몰려 와서 사라쌍수로 갔는데
여래께서 길이 잠드심을 보고

27-38

다시 깨어날 기색이 없는 것에
가슴을 치며 하늘에 울부짖음이
마치 사자가 송아지를 잡을 때
무리의 소들이 어지럽게 울부짖는 소리와 같았다.
그중에 한 힘센 사람이 있었는데
마음으로 이미 바른 법을 즐겼나니
자세하게 살펴보고 거룩한 법의 왕이
이미 대열반에 드신 모습을 분명히 보고

말하기를 "중생들 모두 잠들었을 때
부처님께서는 깨우쳐 일어나게 하시더니
이제 대열반에 들어
마침내 길이 잠드셨네.
중생들 위하여 법의 깃대 세웠다가
이제 하루아침에 무너지셨도다.
여래는 지혜의 태양으로서
큰 깨달음으로 밝게 비추셨으니

정진은 뜨거운 불꽃이 되고
지혜는 천 개의 광명이 빛나고
모든 어둠을 멸하고 제거하였건만
어찌 다시 길이 어둡게 되었는가.
한 지혜로 삼세를 비추어
널리 중생의 눈이 되었건만
이제 갑자기 눈이 멀어
온 세상 나아갈 길을 알지 못하네.

태어나고 죽음은 큰 강물의 흐름이요
탐욕, 성냄, 어리석음은 큰 파도인데
법의 다리 하루아침에 끊어졌으니
중생들은 길이 빠져 헤매리라."

그 모든 힘센 사람들은

혹은 슬피 울어 부르짖으며

혹은 소리 없이 남몰래 탄식하고

혹은 몸을 던져 땅에 뒹굴며

혹은 잠자코 깊은 생각에 들고

혹은 번민하여 길게 신음하였다.

금과 은의 보배로 꾸민 가마에

향과 꽃으로 장엄하여 갖추어

여래의 몸을 편안히 모시고

보배 장막으로 그 위를 덮었다.

당과 번과 꽃 일산을 갖추고

갖가지 모든 풍류 잡이들과

모든 힘센 사람들과 사내와 아낙들

앞과 뒤에서 따르며 공양을 하였다.

모든 하늘은 향기로운 꽃을 흩뿌리고

공중에서는 하늘의 음악을 연주하니

사람과 하늘 하나같이 슬퍼하고 탄식하며

소리를 합하여 다 같이 서러워하였다.

성 안으로 들어가니 보는 사내와 여자

어른과 아이들의 공양을 받아 마치고

용상 문을 나와
희련 강을 건너서
과거의 모든 부처님이
열반하셨던 차이트야에 이르렀다.

27-45

적우두와 전단향과
또 갖가지 이름 있는 향나무를
부처님의 몸 위에 올려놓고
또 갖가지 향유를 붓고
그 밑에다 불을 지폈는데
세 번을 지폈으나 타지 않았다.
그때 저 대가섭이
먼저 왕사성에 머물다가

27-46

부처님께서 열반에 드시려 함을 알고
그 권속을 데리고 그곳에서 올 적에
깨끗한 마음으로 묘한 서원을 일으켜
세존의 몸을 뵙기를 원하였나니
그 간절한 소원이 있었기 때문에
불은 꺼지고 붙지 않았다.
가섭과 그 권속이 이르러
슬피 탄식하면서 존안을 우러르고

두 발에 공경하여 예배하자
그런 연후에야 비로소 불이 붙었다.
마음에 번뇌의 불이 끊어졌으니
바깥 불은 능히 태우지 못하고
비록 바깥의 가죽과 살을 태우더라도
금강 같은 진실한 사리는 남아 있었다.
향유가 모두 다 타고 난 뒤에
금으로 된 병에 그 사리를 담았는데

법계가 다하지 않는 것처럼
사리가 다하지 않음 또한 그러하였다.
금강과 같은 지혜의 열매는
수미산과 같이 움직이기 어려워
힘센 금시조도
능히 움직여 옮기지 못하였었다.
이제는 보배의 병 속에 담겨져
응당 세상을 따라 흘러 퍼지게 되었으니

이상하여라, 세간의 힘이여
적멸의 법을 능히 굴릴 적엔
덕의 칭송 널리 흘러 퍼져
시방에 두루 가득 찼었건만

세상 이치를 따라 길이 적멸하시자
오직 사리가 남았음이라.
큰 광명이 천하를 비추어
중생들 모두 그 광명을 입었건만

27-50

하루아침에 빛을 감추고
그 사리가 병 속에 담겼음이라.
금강 같은 예리한 지혜는
번뇌의 괴로운 산을 부수어
모든 괴로움이 그 몸에 쌓였어도
금강 같은 뜻은 능히 편안케 하시어
큰 고통을 받는 모든 중생들
모두로 하여금 제거하고 멸함을 얻게 하시더니

27-51

그와 같은 금강 같으신 몸도
이제는 불에 타고 말았음이라.
저 모든 힘센 사람의 무리들
용맹하고 건장하기 세상에 짝할 이 없어
원수들이 주는 고통 꺾어 항복받아서
능히 괴로운 이 구제해 귀의하게 하였고
친한 사람 고난을 겪을 때에도
뜻이 굳세어 능히 근심이 없었는데

이제 여래의 멸도하심을 보고는
모두 근심하고 슬퍼하며 눈물을 흘렸다.
건장한 몸에 기운은 왕성하고
교만은 천운을 업신여길 정도거늘
근심과 괴로움이 그 마음 핍박하여
성으로 들어갔을 때 마치 빈 못 같았다.
사리를 가지고 성 안으로 들어갈 때
거리마다 사람들 모두 공양하였고
높은 누각에 모셔 두자
하늘과 사람들 모두 받들어 섬겼다.

(27. 탄열반품. 歎涅槃品 終)

28장. 분사리품(分舍利品)
– 부처님의 진신사리 나눠 갖다.

28-1

그 모든 힘센 사람의 무리들
사리를 받들어 섬길 때
훌륭하고 묘한 향과 꽃으로
위없는 공양을 받들어 올렸다.
그때 일곱 나라의 모든 왕들은
부처님께서 이미 열반에 드심을 듣고
힘센 사람들에게 사자를 보내
부처님의 사리를 청하여 구하였다.

28-2

저 모든 힘센 사람의 무리들
여래의 몸을 공경하고 존중하며
또한 자기들의 용맹을 믿고
이에 교만한 마음을 일으켰다.
차라리 그 목숨을 버릴지언정
부처님의 사리는 내놓지 않으리라.
그 사자들 모두 빈손으로 돌아가자
일곱 나라의 왕들은 크게 성내고 분노하여

28-3

구름과 비처럼 군사를 일으켜

쿠시나가라성으로 몰려왔다.

성 밖에 나갔던 백성들은

모두 다 놀라고 두려워 돌아와서는

모든 힘센 사람들에게 알렸다.

28-4

"모든 나라 군사와 말들이 몰려왔는데

코끼리와 말과 수레와 또 보병들이

쿠시나가르 성을 에워쌌고

성 밖의 모든 동산 숲과

샘물과 연못과 꽃과 열매와 나무를

군사들이 모두 짓밟아 버려

빛나던 경관 모두 다 못쓰게 되었습니다."

28-5

힘센 사람들 성에 올라 바라볼 때

생업의 터전이 모두 다 파괴되어졌다.

전쟁의 도구를 든든하게 갖추어

바깥의 적들과 맞섰다.

화살들과 쇠뇌와 돌을 날리는 수레들과

날아다니는 횃불들이 모두 쏟아져 왔다.

일곱 나라의 왕들은 그 성을 에워쌌는데

군사들은 모두 잘 훈련되어 날쌨으며

28-6

위용은 왕성하게 빛나고 밝아

마치 일곱 개의 빛이 빛나는 것 같으며
종과 북소리는 우레와 같고
용맹한 기세는 구름과 안개 같았다.
힘센 사람들은 크게 분노하여
성문을 열고 적군들에게 명령했다.
나이 많은 모든 남자와 여자들은
마음으로 부처님의 법을 믿는 사람은

28-7

놀라고 두려워서 정성을 다하여 소원을 빌었다.
'항복하여도 저들이 해치지는 말았으면'
가까운 사람을 따라 서로 권하고 간하여
전쟁하고 싸움하지 말기를 바랐다.
용사들은 두꺼운 갑옷을 입고서
창을 휘두르며 긴 칼을 번쩍이고
종과 북소리를 어지럽게 울리면서
무기는 들었으나 접전하지는 않았다.

28-8

어느 한 바라문이 있었는데
그 이름을 도루나라 하였다.
많이 알고 지략이 뛰어났으며
겸허하여 많은 이의 존경을 받고
자비스런 마음으로 바른 법을 즐겼나니
그가 모든 왕들에게 아뢰었다.

"저 성의 형세를 보니

한 사람으로도 또한 족히 마땅하거늘

하물며 다시 모두 마음과 힘을 합친다면

능히 항복받지 못하겠습니까.

설령 저들을 무찔러 멸한다 한들

거기에 어떠한 덕스러움이 있다고 말하겠습니까.

날카로운 무기가 서로 맞붙고 나면

그 세력 양쪽 다 안전할 수가 없으리니

이쪽 위태롭게 하고 저쪽도 피해를 끼쳐

둘 다 상함만 있을 뿐입니다.

싸움이란 그때그때 변화가 많아

그 형세를 헤아리기가 어렵나니

혹은 강함이 약함을 이기기도 하고

혹은 약함이 강함을 이기기도 합니다.

힘센 사람이라 하여 독사를 가벼이 여긴다면

어찌 그 몸을 상하지 않을 수 있겠습니까.

어떤 사람은 성품이 부드럽고 약하여

많은 여자들의 칭찬을 받다가도

전쟁터에 임하여 전사가 되면

마치 불이 기름을 얻은 것 같나니

싸움에서 약하다고 하는 적을 얕보지 말아야합니다
이른바 저들은 감당할 수 없을 것입니다.
몸의 힘이란 족히 믿을 것이 못되니
법의 힘 강한 것만 같지 못합니다.

28-12

옛날에 훌륭한 왕이 있었는데
그 이름 가란타마라 하였나니
단정히 앉아 자애로운 마음을 일으키어
능히 큰 원수의 적을 조복 받았습니다.
비록 사천하의 왕으로서
명성과 재물이 많더라도
마침내는 또한 모두 다 사라짐으로 가리니
소가 한껏 물마시고 돌아가는 것과 같습니다.

28-13

응당 이 법과 옳음으로써
응당 온화한 방편을 써서 하여야 하리니
싸움으로 이기면 그 원한을 늘리지만
온화함으로 이기면 후에 근심이 없습니다.
이제 피를 마시는 원수를 맺는 것
이 일은 참으로 옳지 못합니다.
부처님께 공양하고자 하거든
응당 부처님의 인욕을 따라야 합니다."

부처님의 진신사리 나눠 갖다.

이와 같이 바라문이
결정하여 정성된 마음을 토하였나니
옳은 이치와 온화한 진리의 방편을 가지고
그 일에 두려움 없이 말하였다.
그때에 그 모든 왕들은
바라문에게 말하였다.

"그대는 이제 때를 잘 맞추어
지혜로운 이치로 이익 되게 하였으며
친밀하고 지극하며 정성된 말은
법에 순응하고 이치에 맞는 강변이었으나
또한 우리의 말을 들어 주시오.
왕의 자리의 법이라는 것은
혹은 다섯 가지 탐욕으로 말미암아 다투고
미워하고 원망하여 힘센 이와 다투며

혹은 그 즐거운 유희거리로 말미암아
성급히 전쟁을 치르기도 하나니
우리들은 지금 법을 위함이거늘
전쟁이 다시 어찌 이상하겠는가.
교만하고 또 이치에 어긋나더라도
세상 사람은 오히려 복종하나니

하물며 사람을 교화하여 겸손케 한
교만을 떠나신 부처님이겠는가.

28-17
우리들은 능히
몸을 죽여서도 공양할 수가 없구나.
옛날의 여러 국왕들로서
필실아난타는
한 단정한 여자를 위하여
전쟁하여 서로 죽이고 멸하였거늘
하물며 이제 맑고 깨끗한
탐욕을 떠난 스승에게 공양함이겠는가.

28-18
몸을 사랑하고 목숨을 아낀다면
힘으로 다투어 구하지 않아야 하리라.
옛날 왕 교라바가
반나파와 더불어 싸울 때
계속하여 서로를 쳐부순 것은
바로 이익을 탐했기 때문이거늘
하물며 탐욕 없는 스승을 위하여
다시금 살기를 탐할 것인가.

28-19
라마 선인의 아들이
천비왕을 미워하고 원한을 품어

나라를 파괴하고 백성을 죽인 것은
바로 노여움과 분노가 났기 때문이거늘
하물며 성냄 없는 스승을 위하여
그 몸과 목숨을 아낄 것인가.
라마는 사타를 위하여
모든 귀신의 나라를 살해하였거늘

28-20

하물며 집착이 없으신 스승님을 위하여
그 목숨을 죽이지 않을 것인가.
아리와 바구
두 귀신 언제나 원수 맺어
바로 어리석고 미욱함 때문에
중생을 널리 해쳤거늘
하물며 지혜로운 스승을 위하여
다시 몸과 목숨을 아낄 것인가.

28-21

이와 같은 그 많은 무리들도
아무런 의미 없이 스스로를 상하게 하였노라.
하물며 이제 천상과 인간의 스승에게
널리 세상이 공경을 하거늘
몸을 헤아리고 목숨을 아껴
힘써 공양함을 힘쓰지 아니하겠는가.
그대가 만일 이 싸움을 그치게 하려거든

우리들을 위하여 저 성에 들어가

그들로 하여금 깨닫도록 권하여
우리들의 소원을 이루어 만족하게 하여 주시오.
그대의 법다운 말로 인하여
우리의 마음이 조금은 가라앉았습니다.
비유하면 마치 사나운 독사가
주문의 힘 때문에 잠깐 그친 것 같습니다."

그때 바라문은
여러 왕들의 분부를 받고서
성으로 들어가 힘센 사람들에게 나아가
인사한 후에 정성껏 말하였다.

"바깥의 여러 왕들은
손에는 날카로운 무기를 잡고
몸에는 겹으로 된 갑옷을 입고
잘 훈련된 날쌘 군사들이 햇빛처럼 번쩍이며
사자 같은 용맹한 기운으로 떨쳐 일어나
모두 이 성을 쳐부수려 합니다.
그러나 그것들은 법을 위함인데
법 아닌 행동이 일어날까 두렵습니다.

그러므로 나를 여기로 보냈으니
이곳에 온 뜻을 말하겠습니다.
나는 토지를 원하여서도 아니요
또한 재물을 구하기 위해서도 아니며
교만한 마음을 가진 것도 아니요
또한 원망하는 마음을 품지도 않았습니다.
큰 선인을 공경하기 때문에
이곳으로 찾아왔나니

그대들은 마땅히 저의 뜻을 알아주소서.
무엇하러 괴롭게 서로 버티십니까.
존귀하신 분 받들기는 피차 같으니
곧 법으로써는 형제가 되리오.
세존께서 남기신 정신을
한마음으로 다 함께 공양하여야 합니다.
재물을 아끼고 아까워하는 것
그것은 곧 큰 잘못 아니지만

법을 아끼는 허물 가장 심하니
온 세상의 업신여김을 받으실 것입니다.
'결정하여 이 뜻이 통하지 않으면
마땅히 손님 대접하는 법을 행하여라.

찰제리의 법도 없거든
문을 닫고 몸소 방어하여 보아라.'
저들은 모두 이와 같이
이 길하고 흉한 법을 알렸나니

28-28

나도 이제 내가 가진 생각을
또한 정성껏 진실 되게 말하겠습니다.
피차에 서로 거스르는 행동하지 말고
이치에 맞게 서로 화합하여야 합니다.
세존께서는 세상에 계실 적에
언제나 인욕을 가르치셨으니
그 거룩한 가르침을 따르지 않으면
어떻게 공양을 올린다고 말하겠습니까.

28-29

세상 사람은 다섯 가지 탐욕 때문에
재물과 밭과 집의 이익을 다투지만
만일 바른 법을 위하는 이라면
마땅히 성인의 이치를 따라야 할 것입니다.
법을 위하여 원수를 맺는 것
그것은 곧 이치에 서로 어긋남이니
부처님의 고요함과 자비로움은
언제나 모두를 편안하게 하고자 하였거늘

부처님의 진신사리 나눠 갖다.

크게 자비로우신 분께 공양한다 하면서
도리어 큰 재앙을 일으키겠습니까.
마땅히 사리를 고루 나누어
널리 공양할 수 있게 한다면
법에 따라서 훌륭한 명성이 퍼지고
정의에 통하고 바른 이치 곧 널리 퍼질 것입니다.
혹 그들의 행동이 법답지 않더라도
마땅히 법으로써 그것을 화답하면

그것은 곧 법을 즐기는 것이 되어
법으로 하여금 오래 머물 수 있게 할 것입니다.
부처님께서는 모든 보시 가운데
법 보시가 가장 훌륭하다 하셨으니
사람들은 재물의 보시 행하지만
법 보시를 행하기란 어려운 것입니다.”

힘센 사람들은 이 말을 듣고
마음으로 부끄러워 서로 바라보면서
저 바라문에게 대답하였다.

“그대가 온 뜻에 깊이 감동하였습니다.
좋은 우정은 법다운 말을 따랐으며

이치에 맞는 아름답고 반듯한 말이었습니다.
바라문이 행했던 뜻은
본래의 공덕을 그대로 따랐습니다.
저들과 우리의 사이를 잘 화해시키고
우리에게 중요한 길을 보여주었으니
마치 길을 헤매는 말을 제어해

28-34

바른 길로 돌아가게 한 것과 같습니다.
이제 마땅히 합당한 이치를 따라
그대가 말한 바대로 따를 것입니다.
정성스런 말을 돌아보지 않으면
후에 반드시 회한이 생길 것입니다."

28-35

곧 부처님의 사리병을 열어
여덟 몫으로 균등하게 나누어
그 한 몫은 자신들이 공양하고
바라문에게는 일곱 몫을 주었다.
일곱 나라 왕들은 사리를 얻자
기뻐하면서 정대하여 받아
자기들 나라로 가지고 돌아가
탑을 세우고 공양을 더하였다.

28-36

그 바라문은 다시 힘센 사람들을 찾아가

사리를 담았던 병을 얻었고
또 그 일곱 왕에게서
여덟째 몫을 나누어 받아
가지고 돌아가 지제를 세우고
그것을 금병탑이라 이름하였다.
또 쿠시나가르 사람들은
다비하고 남은 재를 거두어 모아

28-37
하나의 지제를 세우고
회탄탑이라 이름하였다.
여덟 왕이 여덟 탑과
금병탑, 회탄탑 등을 세우니
이리하여 염부제에는
비로소 열 개의 탑이 세워졌다.
온 나라의 모든 남자와 여자
모두 보배로 만든 꽃 일산을 가지고

28-38
탑을 따라 공양하였나니
그 장엄은 마치 금으로 된 산과 같았으며
갖가지의 모든 풍류를
밤낮으로 쉬지 아니하고 길이 찬탄하였다.

28-39
그때에 5백 나한들

큰 스승의 그늘을 영원히 잃고
의지할 데 없음을 두려워하여
모두 기사굴산으로 돌아갔다.
그들은 제석 바위에 모여
모든 경장을 결집할 때
일체 모두 다 함께
장로 아난다를 추대하였다.

28-40

"여래께서 언제나 말씀하셨던
크고 작은 내용을 장로님은 모두 들었으니
존귀하신 비제혜는
마땅히 대중들을 위하여 설하여 주십시오."

28-41

아난은 대중 앞에서
사자좌에 올라
부처님께서 말씀하신 것과 같이 말하고자
"이와 같이 나는 들었노라."고 거행하였다.
함께 앉아 있던 모두는
나는 들었노라. 는 소리에 감격하여 눈물을 흘렸다.
법도 같고 그 시간도 같으며
그곳도 같고 그 사람도 같았다.

28-42

설함을 따라 글자로 받아써서

마침내 경장을 완성하였고

부지런한 방편으로 닦고 배워서

모두 다 열반을 얻게 되었나니

현재에 얻고 앞으로도 얻을

열반 또한 다시 그러하였다.

28-43

아쇼카왕이 세상에 나와

강한 자에겐 능히 근심을 하게 하고

약한 이에게는 근심을 없애주었나니

마치 무우화 나무와 같았다.

왕이 염부제를 다스릴 때

마음은 언제나 근심하는 일 없고

바른 법을 깊이 믿었나니

그러므로 근심이 없는 왕이라 이름하였다.

28-44

공작왕의 후손으로서

바른 성품을 받아 태어났나니

널리 온 천하를 건지고

아울러 모든 탑 묘를 일으키었다.

본래는 강한 두려움이 없는 이라 이름하였으나

지금은 법에 두려움이 없는 이라 이름하니

그는 저 일곱 왕이 만든 탑을 열고

거기서 사리를 모셔 내어

28-45

그것을 나누어 하루아침에 펼쳐
8만 4천 개의 탑을 세웠다.
다만 여덟 번째 탑은
저 마라 마을에 있었는데
귀신과 용들이 지켜 보호하기에
왕이 모셔 내려 하였으나 능히 얻을 수가 없었다.
비록 사리를 얻지는 못하였지만
부처님께서 남기신 사리가 있으므로

28-46

귀신과 용들이 공양하는 줄을 알고
그 믿고 공양하는 마음이 더욱 더하였다.
비록 왕은 나라를 다스리고 있었지만
첫 거룩한 과위를 증득하게 되어
능히 온 천하 백성들로 하여금
여래의 탑을 공양하게 하였으며
과거로부터 지금 현재까지
모두 다 해탈을 얻었다.

28-47

여래가 현재에 계신 곳이나
열반하신 곳 그리고 그 사리를
공경하고 또 공양하는 사람은
그 복이 똑같아 차이가 없을 것이다.

밝은 지혜와 보다 거듭 더하는 마음으로
여래의 덕을 깊이 살펴
도를 생각하고 공양을 일으키면
그 복 또한 함께 훌륭할 것이다.

부처님께서 훌륭하고 높은 법 얻었기에
마땅히 일체 공양을 받을 만하고
이미 죽지 않는 곳에 이르셨으니
그것을 믿는 이도 또한 따라서 편안할 것이다.
그러므로 모든 하늘과 사람들은
모두 다 마땅히 항상 공양하기를 원하노라.
제일가는 큰 자비로
제일가는 이치를 통달하시어

일체 중생을 건지셨으니
그 누가 듣고 감격하지 아니하겠는가.
태어나고, 늙고, 병들고, 죽는 괴로움
세간의 어떠한 괴로움보다 더한 재앙이 없으며
죽음의 괴로움은 고통 중에도 큰 것이라
모든 하늘도 두려워하는 바이다.
두 가지 고통 영원히 벗어나셨으니
어떻게 공양하지 아니하겠는가.

후생의 몸을 받지 않는 즐거움
세간의 즐거움에는 그보다 더한 것이 없나니
삶을 늘려 괴로움이 커지면
세간의 괴로움은 비길 데가 없을 것이다.
부처님께서 삶의 괴로움에서 벗어남을 얻으셨고
다음 생의 몸을 받지 않는 즐거움을 아시어
세상을 위하여 널리 나타내 보이셨으니
어떻게 공양하지 아니하겠는가.

찬탄하노니 모든 존귀한 분 가운데 존귀하신 분의
처음부터 끝까지 행하신 바를
스스로 알고 본 것을 드러내지 아니하고
또한 명예와 이익을 구하지 않으며
부처님 경전을 이어받고 따라 설함으로써
모든 세간을 구제하려 함이었음이라.

(28장. 분사리품. 分舍利品 終)

시로 쓴 부처님의 생애
佛所行讚 불소행찬

편역 編譯   정왜

펴낸곳   도서출판 도반
펴낸이   이상미
편집   김광호, 이상미, 최명숙
대표전화   031-983-1285
이메일   dobanbooks@naver.com
홈페이지   http://dobanbooks.co.kr
주소   경기도 김포시 고촌읍 신곡리 1168